本书系国家软科学研究计划项目

"中部地区新型城镇化重点问题研究"
（编号：2014GXS4D134）的阶段性成果

新型城镇化视角下的区域发展研究

童中贤 黄永忠 刘 晓 等 著

XINXING CHENGZHEN HUA SHIJIAO XIA DE
QUYU FAZHAN YANJIU

人民出版社

代序

迈向城市化的自由王国

童中贤

我国的城市化以前所未有的姿态展开,已经走进一个伟大的新时代,即城市社会。中国城市文明复兴也正在成为这个时代的文化表现。但人们在不断感受城市文明成果的同时,也日益遭遇诸多始料不及的城市问题。这就要求我们的各级城市政府运用科学的城市化方法,正确地处理好城市系统中的各种纷繁复杂的关系,富有成效地进行城市化活动,以更好地推进城市社会,开创城市文明。为此,亟须研究和总结现代城市化的规律,通过对城市化活动中种种现象和问题的认识与透析,掌握这一活动的本质特点与内在联系,进而实现从城市化活动的"必然王国"走向"自由王国"这一理性的飞跃。

城 市 势

"势",本义是指以上临下。古人曾经提出过"势治"的治国之道,即以居高临下的权势和威势来实行其统治。我们所说的"城市势",与专制时代的"势治"主张有着本质的不同。所谓城市势,是一座城市对外的影响力或竞争力。在现代社会条件下,一座城市仅仅依靠行政等级和权力优势来实施城市化活动是一种片面和无能的表现。关键在于如何有效地发挥好城市势的作用。

城市势的大小由城市规模、经济实力、城市文化、创新能量和公共服务决定,并随周边城市竞争力强弱而发生变化。农业社会时代,农村作为独立的社会经济单元体,是社会经济生活的中心,城市则处于从属地位而依附于农村,城市未能形成自己的势,城市对整个区域的影响力很弱。只有随着城市社会时代的到来,从对农村的依附地位走向地域空间的中心时,城市的势才真正形成并与其他城市的势在空间上相互作用。一个城市比周边城市是否更具有发展潜力和竞争力,直观地转化为城市势的变化。哪一个城市占据的势更大,就越能在发展中占据主动地位,城市势的大小和城市势的变动也就成为城市发展的关键所在。

城市势有两层含义:一是指规模优势;二是指品牌优势。前者来源于城市规模影响力,后者来源于城市品牌影响力。城市规模主要指城市大小和经济实力,一般来说,一个城市的规模越大,就越能在纵横运行中位居于城市体系结构主体地位,并形成自己独特的城市势。这种城市势是一种客观存在,任何否认或夸大城市势的观点都是不符合城市活动实际的。规模优势是城市势的基础,是保持城市活动有序化运作的一个须臾不可或缺的基本条件。但是,一个城市仅仅依靠规模优势来实施城市活动是不够的。关键在于如何有效地发挥好城市势的另外一个层面——品牌优势的作用。品牌优势是指城市在长期发展过程中形成的一种品质力量和文化表率的先导作用,以此来引导和影响区域发展。品牌优势是城市势的升华,是现代城市发展应予追求和实现的高境界。

城 市 术

所谓"术",即方法手段。经城治市都应注重城市术的运用。现代城市经营与治理活动中主、客观环境及各种要素动态纷呈、复杂多变,城市经营与治理者必须选择和运用好各种行之有效的方法手段,以保证城市使命的切实完成。方法手段的适合与得当,是城市工作臻于成功的一个重要前提。一般而言,城市术可分为以下三类。

一是刚性城市术。这种城市化方法较多地关注制度守恒的效用,强调凭借城市组织的体制性权威,对城市进行有效的经营、管理与控制;主张以等级链为基础保证城市管理进程的稳态、有序,认为稳定是城市化活动高效化的关键前提。刚性城市术的核心是"制本"(以制度为城市化活动的根本),强调以制度化管理作为一切城市行为的作用基础。毋庸置疑,对于我国这样一个有着长期"人治"传统的国度来说,采用"制本"式的城市化方法确实是一大进步。但是,如果极端化地强调"制"的因素,而将"人"的因素置于不顾,就会步入城市化方法论上的形而上学谬误。

二是柔性城市术,它正好构成了刚性城市术的反题。这种城市化方法的核心是"人本"(以人为城市化活动的根本),在具体运用中较注重社会组织和公民之间达成共识、互信和合作的良好氛围,强调积极地发挥市民的工作热情和自主作用,以各种有益的措施来激发和鼓励市民产生积极的心理反应和行为反应,从而使城市在良好的沟通与协调过程中完成好工作任务。但是,柔性城市术亦有其不足之处,即过于强调人性向善的一面,易于忽略市民中亦不乏消极行为的另一面;较多地注重发挥沟通与协调的作用,忽略了制度的功能和正式组织的刚性效应;这一方法产生作用的过程往往需要较多的时耗、较长的周期,难以适应某些执行性、指令性和时效性要求较高的城市活动。

三是综合性城市术,它的特点是刚柔相兼互补,对任何一种城市化方式方法的运用都不搞绝对化,使之具有较强的整合性和权变性。在综合性城市术的具体运用中,应力求做到:多法并举,灵活运用;刚柔相兼,宽猛相济;文武之道,一张一弛。实践证明,某些城市经营与治理活动的失败与失效,与其说是城市权威的流失或城市功能的弱化,不如说是城市术的运用不当或城市模式的错位。欲使城市治理活动真正取得功效,就应倡导综合运用各种城市术之长处,真正做到相辅相成,取长补短,从而促进城市化活动的优化运行。

城 市 度

度是指事物保持其质的量的界限、幅度和范围,是事物质和量的互相结合和相互规定。量变与质变相区别的根本标志在于事物的变化是否超出了度。度是关节点范围内的幅度,要把度和关节点、临界点区分开来。在城市化实践过程中,要掌握适度的原则,学会把握分寸。成功的城市在其城市活动过程中,总是恰到好处地处理好城市度这一规律性问题。

规模上要把握好度。人类城市史证明,城市发展长大是一条铁的规律,但一个城市到底能长多大,又不是由人的主观意志决定的。理性地讲,城市规模大小的问题,应该是因城制宜,宜大则大,宜小则小,不可强求,否则就要受到规律的惩罚。但这里有个误区需要厘清,这就是城市病绝对不是拒绝发展大城市的理由。虽然时下大城市中的城市病多一些,但造成城市病的根本原因却并不在大城市本身,有些城市病就是人类劣根性在城市中的一种集中反映,大城市反而更有条件集中加以解决。

速度上要把握好度。历史发展到今天,造城是大大地容易了。以现有的实力,要在极短时期内造出一座城市来,已经不是什么难事了。但是,我们不要忘了,真正的城市是不可能在短期内长大的。短期内实现的城市化,更不是真正意义上的城市化。推进城市社会条件下的城市发展,务必掌握好城市度这一规律,辩证地处理好城市化活动中发展的速度、改革的力度和稳定的程度这三方面的关系,从而在循序渐进的城市行为取向下,逐步推进城市化活动,逐步地实现决策目标和城市使命。

当然,把握城市度这一规律,远不止一个规模和速度的问题。正确地调控好城市度,关键是要审慎地研究和掌握好现代城市化活动过程中的"适应态"问题。所谓城市化活动的适应态,是指城市政府在推进城市化的总过程中应有一个循序渐进、适时盈缩的调适过程。有作为的城市政府,应以积极调适的城市适应态取代盲目适从的城市紊乱态,从而实现辩证管理城市,推进城市化又好又快地科学发展。

城 市 责

城市责,在这里是指城市的责任,包括政府责、企业责和市民责。从法理意义上来说,城市责属于"义务"这一范畴,城市职能的设立是为了履行好为城市和市民利益服务的责任。从某种意义上说,城市就是服务。城市是什么？它既是一个有形的、具体的、物化的、供人们生产、生活的具有物质和文化双重特征的载体,也是一个不断满足人们物质和精神需求的过程,它的本质是为市民服务！人是城市最基本的细胞,促进人的全面发展就是一个城市最大也是最根本的责任。

履行好城市责,必须坚持职、责、能、利一体化的原则。"职责能利"的提法,可谓是耳熟能详,人所共知。但是人们在日常城市工作中提及"职责能利"时往往是"一言以蔽之",笼统概括,不加细究。实际上,无论是从现代城市化的实践上来看,还是从现代城市科学的理论上来看,职、责、能、利均具有相对独立的内涵,并各有其相应的作用范围。职,即职能,是城市发展与管理活动的前提;责,即责任,是城市发展与管理活动的中心;能,即功能,是城市发展与管理活动的保证;利,即利益,是城市发展与管理活动的偿付。

城市欲使其城市化活动有效地进行,"职责能利"四者缺一不可。实现职、责、能、利的一体化,要求这四个方面做到有分有合、相辅相成,围绕切实履行"城市责"这一中心要求,努力保持四个方面的动态平衡。应避免城市发展与管理工作中时有所见的那些"职"高"责"轻、"责"大"能"小或"责"轻"利"重、"职""能"不符等不合理现象,保证四个方面在有机耦合的基础上形成一个辩证统一、共同作用的连续体。当然,不同的城市和城市发展的不同阶段,其城市责履行要求亦相应地有所侧重。

为了履行责任,不仅城市间应该真诚合作,城乡间更是应该真诚合作,这样才能最大限度地谋求人类共同利益。在城市合作上,应以大城市为主导,在城乡合作上应以城市为主导,我国的城乡问题从来都不是孤立存在的,也不可能在各自的小范围内被根本解决。它们需要城市与城市之间的广泛协作,需要城市与乡村之间的良性互助。尤其是对于城市而言,更应履行责任,给予"三农"问题解决以最大限度的支持。

城　市　善

单纯地讲"善",是指人与事物的一种感情,是具体事物的运动、行为和存在对社会和绝大多数人的生存发展具有的积极意义和正价值。城市善是城市包容发展的伦理底线,也是人们在城市活动中所追求的一种境界,在这种境界中人的行动同人的社会关联和人的社会需要在城市中达到了高度的一致。它直接的引申是"什么是好的城市"以及"如何建设好的城市"的问题。它是"什么是好的城市"与"如何建设好的城市"的辩证统一,是对城市发展目的、发展手段、发展路径的"人本性"的自觉反映。

善理。时下,和西方发达国家城市相比,我们更关心城市面貌的差距、现代化程度的差距、城市文化的差距甚至富有程度的差距。然而,我们更应该关心经营与治理城市理念的差距,即对人的发展的重视程度。在推进城市化、发展城市的同时,应该关注阳光、水、空气、食品、健康和住房,这是人的基本需求。应该关注公共服务体系、就业保障体系、快捷交通体系、人际交往体系、生态环保体系等涉及人的社会需求的体系,所有这些体系的构建,都应围绕"以人为本"的理念来展开。

善制,简单地说就是指好的制度。推进"城市善",没有设计良好的制度保证,好的城市就会成为空中楼阁。善制是善治的基础,面对不合理的城市化手段及其引发的矛盾纠纷、冲突事件、社会问题,规范城市发展手段势在必行。因此,需要用善制进一步规范城市发展手段,正确处理好城市发展与人的发展的关系,城市空间扩张与人的权利保障的关系,经济增长与环境保护的关系等,这也是评价城市发展手段合理与否的重要标准。

善行,是指好的行为。在推进现代城市化过程中,善行需要满足合法性、透明性、责任性等方面的要求。合法性,即社会秩序和权威被自觉认可和服从的性质和状态,没有对法律的充分尊重,没有建立在法律之上的社会程序,就没有善行;透明性,即政治信息的公开,并对城市公共管理过程实施有效的监督;责任性,指的是城市政府及其管理机构由于其承担的职责而必须履行的职能和义务。"城市,让生活更美好",这是一个城市的美好愿景,更是一个城市应该履行的终极责任,具有基础性善行的意义。

城 市 美

这里的"美",是指给人视角和心情的好的感受,尽管美的定义可能根据人的不同而不同，但能让人赏心悦目的城市无疑都是美的。城市之美有形而又无形，在城市之中，又游离城市之外。城市给人的初始意象一直都是美的，城市是最能体现人们创造性的作品和舞台，好的城市处处都充满美。人们不会喜欢没有审美价值的城市，城市美才有凝聚力、激励力和生命力。

对于城市美的认识，可以从不同的视阈来讨论，这里仅从城市物化形态方面来归结一些规律性的东面。一般地说，人们认识一座城市的美，首先都是从城市的物化形态开始的，包括城市建筑、城市布局、城市环境等，尤其是建筑，这是组成城市最基础的细胞。而对于建筑，人们总是有一种喜新情结。但一座建筑又不能靠其新而传承下去，能够传承建筑的是它体现出的美和文化价值。一般说来，人们是不会去珍惜一座不美的建筑的，在现实生活中，没有美的价值的建筑总是要消失得快些。然而，如果一座建筑在它未满应有的生命周期内就消失，对社会来说无疑都是一种损失、一种浪费，甚至是一种破坏。

在建筑艺术中，人们提到其他民族的主要建筑多为供养神灵的庙堂，如希腊神殿、伊斯兰清真寺、哥特式大教堂，这是一种孤立的、摆脱世俗生活，象征超越人间的出世的宗教建筑；而与之对比的中国建筑，除此之外还有宫殿建筑，这是一种入世的、与世间生活环境联在一起的宫殿宗庙建筑。这些建筑被人推崇、令人喜爱，除了其体现出的建筑美的价值给人陶冶外，还给人向往、给人追求、给人启迪。这也是这类建筑受到保护得以传承的最深层的原因。

城市是由多元建筑艺术组成的一幅拼贴画，而建筑作为一种视觉产品，在其创作以及建造过程中既要突出创新元素，更要艺术性地与其周边的地域环境、人文环境以及整体风貌相结合，才能更好地体现出城市建筑的美学价值，形成具有独特个性的城市，建筑作品必须担负起促进城市资源节约、环境友好、诗意栖居、永续发展的责任和使命。

城　市　格

"城市格"，包括格调、个性、特色，它体现在本土性和文脉之中。城市的格调、个性、特色是城市的地域、历史、文化积淀的结果,是城市内在素质的外部表现。推进城市化,建设城市社会,首先需要明确自己是谁,身在何处,又向何处去,也就是要解决城市格的问题。这个问题解决得好,城市就有魅力,发展也就顺利。否则,城市不仅没有魅力,发展也会受到更多的折腾。

随着世界城市化的发展,城市格却出现了"特色危机"。在 20 世纪 50 年代我国许多城市建筑仿效苏联样式;改革开放后,不少城市建筑又时兴美国样式。英国皇家建筑学会前会长伯金逊访华时指出:"全世界有一个很大的危险,我们的城镇正在趋向同一个模样,这是很遗憾的,因为我们生活中许多乐趣来自多样化和地方特色。我希望你们研究中国文化城市的真正原有特色,并且保护、改善和提高它们。"突出城市格,要求我们既不能放弃自己的传统文化,又不能排斥吸收西方文化的长处,要做到古为今用,洋为中用,坚持创新。

明确城市格的定位,确认具有自身特色的"城市格",需要处理好五个关系,即城市目的的一般性与特殊性,城市结构的一般性与特殊性,城市功能的一般性与特殊性,城市形态的一般性与特殊性,以及城市发展的连续性与断裂性。从而实现城市文化保存意识与城市文化创新意识的双重自觉,使我们的城市发展、城市形态、城市文化既符合城市发展的一般规律,又具有鲜明格调、特色和个性。

综上所述,城市化新时期的城市发展应从实际出发掌握好城市势、城市术、城市度、城市责、城市善、城市美和城市格等城市活动规律。城市无"势",则无从引带;城市无"术",则无法行事;城市无"度",则无控无序;城市无"责",则无以为据;城市无"善",则无以包容;城市无"美",则无以和谐;城市无"格",则无所作为。我们应力求在城市活动中实现"势""术""度""责""善""美""格"的辩证统一。

目　　录

从一定意义上说,当代湖南的快速城镇化与全国一样,都是一种"压缩型"的城镇化模式。这种模式固然提高了发展效率,但也浓缩了快速城镇化所带来的诸多问题和矛盾,特别是近年来以交通拥堵、雾霾污染、垃圾围城、城市积水等为突出特征的"城市病"的集中爆发,严重影响了城镇化的可持续发展,倒逼经济增长方式与城市发展模式的快速转变。因此,在我国经济发展进入新常态条件下,湖南省域新型城镇化战略及其推进路径如何抉择;已经提前到来并日趋加剧的"城市病"怎样有效"诊治";如何让城里的月亮点亮田野的梦想;等等。这也是"十三五"期间中国区域新型城镇化发展亟待研究破解的重大课题

新型城镇化是国家长江经济带新一轮开放开发的六大战略重点之一,是新常态下推进我国大流域地区城镇化科学发展的重大历史使命。湖南作为长江流域发展中的重要区域板块,大力推进长江经济带新型城

镇化进程,进一步优化空间职能,加快推进主体功能区建设,有利于促进区域协调共生发展,激活城镇经济动能与社会资源潜能,规模释放城镇集群联动效应,更好地落实国家重大战略部署,营造跨域发展新高地与集合成长新优势

群域篇:长江中游城市群融合中的城镇联动发展路径　　/ 91

长江中游城市群的构建是长江经济带建设的重要推动力,驱导其城镇的联动发展有利于落实国家战略部署,实现长江中游城市群的融合发展,打造中国经济新增长极。面对千载难逢的历史机遇,作为长江中游城市群的重要成员,湖南应放眼未来,张怀伸臂,纵横呼应,多层面展开共建共创行动。积极推进城市群城镇在功能配置、交通体系、产业分工、生态环保与公共服务等方面协同发展,加速环长株潭城市群在长江经济带发展中的全面崛起

市域篇:国家战略背景下长沙城市发展定位优化设计　　/ 117

在城市竞争全球化的背景下,一个城市要在世界城市体系中占据一定的位置,就必须对其进行科学定位。未来一个时期是我国城镇化深入发展的关键时期,更是长沙担当国家战略使命的重要时期,如何适应新常态,向更高能级、更优品质、更大规模、更富活力全面提升跨越,长沙正面临新的战略抉择。科学谋划城市发展定位,进一步明晰未来战略取向,将对长沙广泛凝聚社会共识、深度激发城市势能、持续增强竞争实力产生深

远历史影响

市域篇：常德构建泛湘西北区域中心城市重点问题研究 ／141

常德市地处长江中游地区，位于湖南省西北部，东滨洞庭，西接黔渝，南通长沙，北连荆襄，是湖南西北部历史悠久的重要城市。随着基础设施的进一步改善，常德市加快推进新型城镇化、实现城乡统筹发展已具备良好的基础条件。应抢抓国家新型城镇化战略机遇，依托有山有水、近山近水、山水交融的水乡特色资源禀赋，引导城乡空间功能布局优化与资源集聚，大力推进"四个常德"建设，加快建成泛湘西北现代化区域中心城市

市域篇：吉首加快建设武陵山区域中心城市的战略进路 ／163

2015年2月，湖南省人民政府《政府工作报告》提出：发挥大湘西地区生态资源和沪昆高铁优势，把邵阳、怀化、吉首培育成各具特色的区域性中心城市。吉首市作为这一决策部署中的主要对象城市，既迎来了新的重大建设机遇，更面临跨越发展的新挑战。应立足吉首经济社会发展新阶段的现实基础，主动抢抓新机遇，全面取向新愿景，超常作为，锐意奋进，大力培育并释放后发成长的新空间、新优势与新能量，加速打造为武陵山区域中心城市

县域篇：桃源县推进融入区域中心城市发展的理性选择　／191

在国内经济社会发展步入新常态、区域城镇集群化纵深演进的宏观背景条件下，推进桃源县城与常德市城区、桃花源景区两城三地的相向对接与组团融合，是桃源县统筹城乡发展、推进新型城镇化的必然选择，是发挥县域比较优势、参与市、区两地协作分工的迫切需要，是加速转型升级、壮大县域经济的客观要求。全力推进"融入常德城、对接桃花源"战略，对整合资源要素，实现跨越发展，打造桃源经济升级版，具有重大而深远的意义

景域篇：桃花源旅游管理区"十三五"新型城镇化路径指引　／207

桃花源作为我国重要的旅游风景名胜区，随着近年来旅游基础设施的进一步改善，全区加快推进新型城镇化、实现城乡统筹发展已具备良好条件。应以创造优良人居环境作为推进新型城镇化的中心目标，抢抓国家新型城镇化战略机遇，依托山水交融的特色旅游资源禀赋，引导城景空间功能布局优化与资源集聚，把好山好水好风光融入城市，营造人在城中、城在景中、城景交融的优美城市生境，加快建成具有仙境品质、驰誉海内外的精致精美城镇和人见人爱景区

省 域 篇

"十三五"时期湖南省域新型城镇化战略设计

推进新型城镇化与打造经济"升级版",已成为我国现代化的两大主要引擎。《国家新型城镇化规划(2014—2020年)》明确提出,规划期内,"全国城镇化水平和质量稳步提升,城镇化格局更加优化,城市发展模式科学合理,城市生活和谐宜人","2020年城镇化率将达到60%左右"。"十三五"期间,湖南省域新型城镇化将步入加速发展期和转型成长期,客观评价全省"十二五"城镇化发展的主要成就和发展趋势,深入分析新常态下面临的新愿景、新机遇、新挑战,系统研究新型城镇化加速转型的重大机遇与环境条件,顶层设计"十三五"新型城镇化的发展目标、主导路径、推进机制和政策策略,不仅对湖南全面建成小康社会、实现中国梦湖南篇章,具有重要现实意义,而且对"十三五"期间我国其他区域新型城镇化发展,也具有借鉴意义。

一、湖南"十三五"新型城镇化发展的背景分析

"十三五"时期是我国全面建成小康社会的关键时期,是全面深化改革、加快转变经济发展方式的攻坚时期,也是大力推进新型城镇化、进一步实施国家区域发展战略的转型升级时期。作为新常态下湖南"四化两型"①战略的重要内容和富民强省的积极举措,新型城镇化的发展机遇当前,任务艰巨,使命光荣。

1. 时代背景

(1)国际城市竞争呈现多取向态势。当前,全球范围内一个显著的发

---

① "四化"是指新型工业化、农业现代化、新型城镇化、信息化,"两型"是指资源节约型、环境友好型。湖南省委九届十中全会提出。

展潮流就是加速的城市化。在经历了两百多年持续的城市发展之后,2007年5月23日,世界人口的空间分布中,城市人口首次超过乡村人口。据联合《世界城市展望》(2011年)的预测,至2050年的未来四十年里,世界人口多达23亿的增长量将全部被城市吸收,这一快速的城市化进程在非洲和亚洲显得尤为突出。发达国家的城市化历经集聚城市化、郊区化、逆城市化、再城市化等阶段后,已进入后工业化阶段的信息化时期,城市化水平基本处于稳定状态。未来世界的城市化主要是发展中国家的城市化,尤其将集中在亚洲、南美和非洲等地。工业化和信息化将成为世界城市化的主要推动力量,未来的城市竞争将更多地聚焦于城市的集群化、低碳化、生态化和智慧化上展开激烈角逐。

(2)城市社会环境孕育全新挑战。2010年,中国城市人口首次超过乡村人口,达51.3%,超过一半的国民成员和入境人员居住并生活在城市,标志着城市社会逐步形成,由此呈现出城市社会结构的多重性(复杂的人口结构、复杂的社会关系结构、复杂的文化生态结构)、城市社会组织的多元性(政治组织、经济组织、文化组织、群团组织、跨域跨国组织等)、城市社会问题的多发性(交通拥挤、犯罪率上升、就业困难、城市贫困、环境恶化等)等密集性挑战特征。城市化的根本发展动力源自人们对美好生活的内在向往,城市的发展能否为生活于其中的人们提供良好的栖息环境和公共空间、多样而包容的文化、便利而不断创新的社会服务,将考量不同城市的策应能效与竞争地位,创新、绿色、智慧、人文城市建设正在成为城市社会发展的主导方向。

(3)迈向小康社会亟须释放城镇潜能。到2020年全面建成小康社会的目标提出以来,经过10年的不懈奋斗,我国在全面建设小康社会进程中不断迈出坚实步伐,现已跨入决定性阶段。当前,国内外发展环境正在发生深刻变化,传统的发展模式和路径已难以为继,必须探寻新的增长源,激发新活力。新型城镇化作为农村人口向城镇转移、要素资源向城镇集聚、乡村社会向城市社会转型的现代化过程,无论从供给还是需求角度,对经济社会发展都有举足轻重的传导作用,既是推动未来我国经济增长的新动力,更是全面建成小康社会的重要载体和有效手段,理性聚集、高效释放其充沛能量,将对"十三五"时期的湖南小康社会建设产生深远的积极影响。

(4)长江中游城市群构建大幕全面开启。改革开放以来,发展大城市,构建城市群,培育增长极,是国家推动经济增长的成功实践。基于宏观布局的战略视野,国家出台了《全国主体功能区规划》《促进中部地区崛起地区规划》《关于大力实施促进中部地区崛起战略的若干意见》等重大决策举措,提出鼓励并支持武汉城市圈、环长株潭城市群和环鄱阳湖城市群开展战略合作,促进长江中游城市群一体化发展。新一届中央领导集体在其施政方略中进一步明确提出,加快推进长江中游城市群建设,推动长江经济带发展。推进长江中游城市群建设,宏观大势已成,各项事业方兴未艾,将成为新一代领导集体推展区域协调发展和壮大新兴经济增长极的伟大创举,湖南位列其中,参膺使命,责无旁贷。

(5)湖南省域城镇化转型升级任重道远。面对当前湖南城镇化进程中的产业支撑乏力、资源利用粗放、生态环境污染、社会矛盾多发等严峻形势和突出问题,全省新型城镇化已步入时不我待、不进则退的历史性抉择与转折关键期,必须实现发展模式由速度型向速度、质量与效益并重型转变,由规模扩张向规模扩张与品质提升并重转变。只有积极应对气候变化,加快生态文明建设,全面推进产业转型,走绿色生态的新型城镇化发展道路,大力发展互联网经济、低碳经济、节能与新能源产业,才能创新并激发城市建设活力,提升以绿色城市建设为路径的可持续发展能量、以智慧城市建设为取向的竞争优势和以人文城市建设为特色的时代魅力,营造湖南新型城镇化发展的升级版。

2. 重大意义

(1)推进新型城镇化是实施国家城镇化战略的重要内容。《国家新型城镇化规划(2014—2020年)》是今后一个时期指导全国城镇化健康发展的宏观性、战略性、基础性规划。湖南省推进新型城镇化是对国家城镇化战略的具体实践和行动探索,有利于创造新模式、积累新经验、加快新发展。

(2)推进新型城镇化是对接国家区域战略的重要举措。党的十八届三中全会出台了全面深化改革的决定,必将为我国经济社会发展带来巨大红利。湖南省处于中部崛起、长江中游城市群、长江经济带等多个国家区域战略叠加层,推进新型城镇化有利于发挥区位优势、落实"一带一部"①"一带一路"战略,更好催生省域后发能效。

(3)推进新型城镇化是加快实现富民强省的理性选择。新型城镇化的推进、城市活力的增强、城市综合实力的提升,对一个地区和城市的发展起着举足轻重的作用。当前,湖南已进入全面建成小康社会的加速跃变期,迫切要求将推进新型城镇化摆在更加突出的重要位置,为推进实现富民强省提供强大引擎。

(4)推进新型城镇化是推进"四化两型"的必由之路。在资源总体不足、节能降耗要求迫切、用地刚性约束紧、降水时空分布不均、缺煤少气无油等要素约束进一步趋紧的条件下,高消耗的现代化发展模式已难以维系。推进省域新型城镇化发展,有利于加快转方式、调结构步伐,不断提高人民生活品质,进一步驱导"四化两型"的示范试验取得新成效。

(5)推进新型城镇化是推动区域协调发展的有力支撑。城镇是区域发展的重要依托,新型城镇化有助于统筹城乡发展、区域协调发展、经济社会均衡发展。湖南区域板块的发展差异很大程度上就体现在城镇化水平的差距,推进新型城镇化,有利于形成以城市群为主体形态、体系健全、定位明确、分工合理的大中小城市和小城镇协调发展新格局,促进区域产业分工的关联协作,实现人口、生态、经济等主体功能的优化布局,提升区域统筹发展的整体竞争力。

3. 发展现状

(1)城镇化率快速提升。自改革开放以来,随着经济的快速发展,湖南省城市化水平与质量快速提升,特别是"十二五"期间,城市化迈入了快速发展阶段。同时,城市化进程的加快,又为社会经济发展注入了重要推动力。全省城镇人口由 1978 年的 593.86 万人增加到了 2015 年的 3451.88 万人,城镇化率也从 11.5% 提升到 50.89%(见图 1-1)。在"十一五"期间提高 4.6 个百分点的基础上,"十二五"期间呈现了加快趋势,2011—2015

---

① 东部沿海地区和中西部地区过渡带、长江开放经济带和沿海开放经济带结合部(简称"一带一部"),2013 年 11 月,习近平总书记在湖南考察时提出。

年提高了 5.79 个百分点,比全国快了 0.96 个百分点,与全国的差距由 2010 年的 6.7 个点缩小到 5.21。

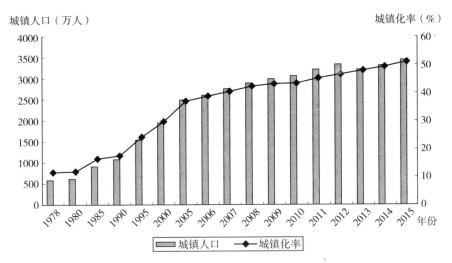

图 1-1 1978—2015 年湖南省城市化进程

(2)城镇体系日趋完善。全省 29 个设市城市中,有百万人口以上的大城市 3 个(其中长沙城市人口突破了 300 万),50 万—100 万人的中等城市 7 个,20 万—50 万人的小 I 城市 7 个,20 万人以下的小 II 城市 12 个(见图 1-2);全省 71 个县城中,有 20 万—50 万人口的 7 个,10 万—20 万人口的 34 个,10 万人口以下的 30 个;县以下建制镇 979 个。初步形成了以城市群为主体形态,长株潭复合城市为核心,区域中心城市为依托,县(市)城和中心镇为基础的大中小城市和小城镇协调发展的城镇空间格局。

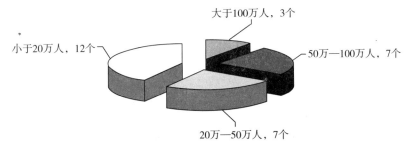

图 1-2 2012 年湖南省设市城市人口规模

（3）城市群主体作用显著。由长沙、株洲和湘潭三市组成的长株潭城市群在 2007 年被批准为全国"两型社会"综合配套改革试验区后，标志着湖南城市群建设进入新的发展阶段。全省以推进长株潭城市群为重点，启动了环长株潭城市群（即"3+5"城市群）建设，纳入国家"十二五"规划和全国主体功能区规划，成为国家重点开发区域，跻身全国十大城市群之一。2015 年，长株潭城市群和环长株潭城市群分别以全省 13.3% 与 45.6% 的国土面积，聚集了全省约 28% 与 66% 的城镇人口，创造了约 43.2% 与 80.5% 的 GDP，在带动全省、辐射中西部中发挥了重要作用。

（4）综合承载能力增强。随着近年来城市基础设施建设投入力度的不断加大，各地更加注重提高城市发展的内涵和质量，不断增强城市功能，改善城市生态和人居环境，城市社会公共服务功能进一步增强，综合承载能力全面提升。到 2014 年，全省城市用水普及率、燃气普及率、生活垃圾无害化处理率、污水处理率分别达到 97.05%、91.24%、99.7% 和 89.9%，人均道路面积、人均公园绿地面积和人均居住面积分别达到 13.76、9.85 和 38.96 平方米（见表 1-1），相比 2005 年均有较大提升，有三项指标超过全国平均水平，人居环境持续改善，城镇面貌焕然一新。

表 1-1　2005 年和 2014 年湖南与全国城市基础设施主要指标对比

指　标　项	2005 年		2014 年	
	湖　南	全　国	湖　南	全　国
用水普及率(%)	91.1	91.1	97.05	97.6
燃气普及率(%)	75.4	82	91.24	94.6
生活垃圾无害化处理率(%)	39.7	37	99.7	91.8
污水处理率(%)	40.6	52	89.9	90.18
建成区绿地率(%)	29.5	30	38.6	40.2
人均公园绿地面积(m²)	6.9	7.9	9.85	13.1
人均道路面积(m²)	9.6	10.9	13.76	15.3
人均居住面积(m²)	26	26.1	38.96	32.7

（5）城乡统筹步伐加快。在城镇化规模持续扩大和城镇产业结构的不

断优化过程中,城镇经济的拉动作用日益增强,进一步拓展了农村剩余劳动力的就业空间和收入渠道,促进了农村居民收入大幅增加和城乡差别的逐步缩小。2015 年全省城镇居民人均可支配收入 28838 元,农村居民人均可支配收入 10993 元,城乡居民收入比由 2008 年的 3.06 下降到了 2015 年的 2.6(见图 1-3),2015 年城镇和农村居民家庭恩格尔系数分别下降到 31.2%和 32.9%。覆盖城乡的社会保障、基本医疗卫生、社会养老等基本公共服务体系不断完善。

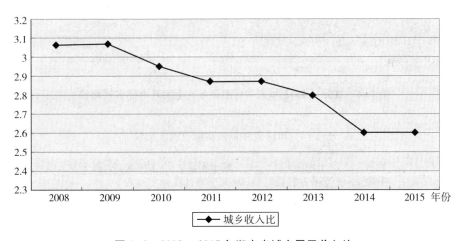

图 1-3　2008—2015 年湖南省城乡居民收入比

不容忽视的是,在城镇化加速推进过程中,目前仍然存在一些必须高度重视并着力解决的深层矛盾和累积问题。

(1)城镇综合实力不强,辐射带动域面小。城镇化水平相对滞后,2015 年,湖南的城镇化率比全国平均水平还低 5.21 个百分点。在中部 6 省排名虽居第 4(见图 1-4),但滞后于经济总量全国排名第 10、中部第 3 的发展水平。城镇化质量不高,2013 年全省户籍人口城镇化率仅 22.14%,低于常住人口城镇化率 24.51 个百分点,这一差距高出全国 7.23 个百分点。城市人口数量和规模与人口大省的地位明显不相称,湖南不仅城市数量少,全省每万平方公里城市 1.37 个,低于中部 1.64 个的平均水平,排倒数第二位,而且大城市不大不强,全省 7 个中等城市中,有 5 个城市中心城区人口在 60 万左右,29 个设市城市中有 13 个中心城区人口在 20 万以下,71 个县城平均人口规模仅 11.86 万。

城镇化率（％）

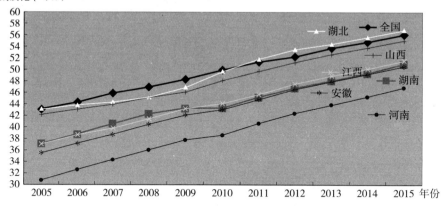

图 1-4　2005—2015 年湖南城镇化率与全国及中部省份比较

表 1-2　2014 年中部六省城市密度比较

	城市个数	土地面积（万平方公里）	城市密度（个/万平方公里）	常住人口（万人）	每千万人城市数（个）
山西省	22	15.67	1.40	3648	6.06
安徽省	22	14.01	1.57	6083	3.65
江西省	22	16.69	1.32	4542	4.87
河南省	38	16.7	2.28	9436	4.04
湖北省	36	18.59	1.94	5816	6.21
湖南省	29	21.18	1.37	6737	4.33
中部地区	169	102.84	1.64	36262	4.68

资料来源：《中国统计年鉴 2015》，见 http://www.stats.gov.cn/tjsj/2015/indexch.htm。

（2）城镇经济结构不优，控污节能使命重。目前，湖南多数城市经济总量偏小、产业结构不优问题明显，大部分城镇新兴产业发展不快、服务业发展滞后，尤其是小城镇产业基础薄弱，不能提供足够的就业岗位，城镇吸纳人口和就业功能不强，洞庭湖经济区、大湘西地区和大湘南地区的区域中心城市的集聚力、带动力、辐射力和影响力均较弱。城市发展与环境保护之间的积压性矛盾日显突出。2011 年，全省市级城区工业废水排放量、工业二氧化硫排放量分别为 99498 万吨、73.7 万吨,比上年分别增长 6.2%、22.1%,城市控污节能节水的任务仍然很重。

(3)城镇空间管控不严,产城融合度较低。空间城市化明显快于人口城市化。城市人口增长与土地扩张不匹配。2011 年全省市级城区城市建设用地为 1339 平方公里,比 2005 年增加 484.76 平方公里。2012 年湖南户籍人口城镇化率仅 22.14%,低于常住人口城镇化率 24.51 个百分点,有半数以上城镇居民未能真正享受市民待遇,这一差距高出全国 7.23 个百分点。城镇人均建设用地高达 139 平方米,高于国家 100 平方米的执行标准,城市平均容积率 0.4,低于全国 0.51 的平均水平。一些中心城市产城融合度不高,以开发区为代表的产业空间与城市空间统筹协调发展不够,开发区空间占用率与其对应的城市经济和就业的贡献率之间存在较大差距,园区地均投资和地均 GDP 仅为全国平均水平的 60%。

(4)城镇主体财源不广,债务积累风险大。很多城市正处于城市化进程加速、基础设施投资相对集中阶段,建设资金投入需求巨大。在现行财政体制下,地方政府可支配财力的增长远不能满足各项支出增长的需要,举债建设成了城市建设投融资的主要方式。据省审计厅发布的《湖南省政府性债务审计结果》(2014 年 1 月)显示,截至 2013 年 6 月底,省市县三级政府财政负有偿还责任的债务余额为 3363.03 亿元,比 2010 年增加 1320.69 亿元,年均增长 22.08%。其中省级、市级、县级年均分别增长 10.83%、12.93% 和 34.39%。地方政府债务增长较快,偿债能力不足,累积风险加大。

(5)城镇建设品质不高,文化魅力影响弱。城镇基础设施和公共服务设施欠账较多。城市道路、环卫、供排水、供气、照明、污水垃圾处理、公共停车场等设施建设水平有待提升,乡镇道路、供水设施、生活污水和垃圾处理设施、绿化美化和文体设施建设相对落后。城镇发展定位趋同,城镇群内部功能关联性、互补性不强,集群效应低下。城镇建设个性不鲜明,大量建设性破坏自然环境和古街区、古村落、古遗迹等历史人文资源的不良行为在一些地区表现突出。如何更好传承历史文脉、丰实内涵底蕴、彰显独特个性、增强城镇魅力,亟待全面补课。

（6）城镇服务功能不足，社会治理创新少。城镇基础性、公益性、便利性服务功能总体偏弱，一些居留民求学难、就医难、就业难、住房差、安全保障不足等问题较为普遍，城镇公共服务设施短缺，公共绿地、游乐公园以及创业支持组织偏少，严重抑制着城镇内生活力。城乡社会治理体制改革创新相对滞后，一些行业和领域政府行政职能缺位、行为越位现象屡见不鲜。现行城乡分割的户籍、土地、社保、财税金融以及行政管理体制，极大地阻碍着农业转移人口的市民化和城乡一体化发展进程。城乡要素平等交换和公共资源均衡配置仍存在制度性缺失，城乡交通及公共基础设施、公共服务供给差距明显，农村教育、医疗和社会保障水平较低，人口服务管理水平有待提高，居民自我服务、自我管理能力和城市社会创造活力提升的制约因素较多，社会治理创新能力需全面加强。

4. 发展态势

（1）产业转型升级中的利弊权衡与秩序调适可选择空间小。产业转型升级是推进新型城镇化的必然要求，随着内外部发展环境和条件的深刻变化，产业准入门槛的不断提高，可用土地的减少，传统粗放型的城镇化发展模式已难以支撑产业低效扩张，政策规制的普遍严厉也将大大压缩城镇产业的选择调适空间。

（2）城乡统筹发展与公共服务保障的成本压力增大。统筹城乡发展和保障公共服务均等化是推进新型城镇化的重要方向。但将农村转移人口纳入城镇公共服务体系，各级财政的巨量支出将更为沉重。据中国社科院《中国城市发展报告 No.6》测算①，全国一个农民工市民化的公共成本为13.1 万元，随着城乡统筹的全面推展，公共支出的成本压力将不断增大。

（3）城市现代化治理体系创新与能效释放的改革挑战多。当前改革已进入攻坚期和深水区，驱导城市以更高的质量发展比推进城市以更高的速度发展更困难、更复杂、更艰巨。在改革创新中构建一整套系统完备、科学规范、运行有效的城市现代化治理体系，提升现代化治理能力，将面临诸多挑战和考验。

① 参见潘家华、魏后凯：《中国城市发展报告 No.6》，社会科学文献出版社 2013 年版。

（4）城镇化转型发展的承载功能与过程控制刚性趋强。粗放的生产生活方式与脆弱的生态环境承载能力之间的矛盾加剧。生态环境总体上仍处在高污染、高风险阶段，能源消耗总量较大，节能减排任务繁重。随着主体功能区规划、节能减排、大气污染防治等约束性指标要求的落实，国家对新型城镇化发展的刚性追责管控将进一步加强，传统的路径依赖与短期难以完全摆脱的矛盾冲突需积极消弭化解。

二、湖南"十三五"新型城镇化发展的总体思路

紧紧围绕"四化两型""三量齐升"①"五位一体"总部署，发挥"一带一部"新优势，以提高城镇化质量为主题，以转变城镇化发展方式为主线，解放思想、遵循规律、因地制宜、先行先试，重点加快以人的城镇化为核心，有序推进农业转移人口市民化；以城市群为主体形态，推动大中小城市和小城镇协调发展；以综合承载能力为支撑，提升城镇可持续发展水平；以体制机制创新为动力，有序释放城镇化发展潜力、活力与魅力，走以人为本、四化同步、优化布局、生态文明、文化传承的新型城镇化道路，为湖南率先中部地区全面建成小康社会，基本实现现代化奠定坚实基础。

1. 战略重点

放大新型城镇化对于优空间的正能量。把优化城乡空间布局形态作为推进新型城镇化和城乡发展一体化的重要方向。严格按照主体功能区定位推动区域发展和城镇化进程。根据资源环境承载能力，加强生态空间保护与建设，严格保护耕地资源，统筹安排全省城乡建设用地，积极提高城镇建设用地集约利用效率。提升特大城市、大城市建设用地效益，积极开发城市空层资源，防止特大城市、大城市盲目扩张，合理安排中小城市和小城镇建设用地，促进中小城市和小城镇健康发展。强化城市群和城镇圈在推进新型城镇化进程中的引领和带动作用，促进城镇化和新农村建设协调推进，形

---

① 2012 年 1 月 11 日，时任湖南省省长徐守盛在政府工作报告中提出。三量齐升是指经济总量、人均均量和运行质量的同步提升。

成体系更加完善、定位更加明确、分工更加有序的城乡空间布局形态。

放大新型城镇化对于扩内需的正能量。新型城镇化是湖南省推进现代化建设的历史任务,也是扩大内需的最大潜力,无论从供给侧还是需求端,对经济社会发展都有举足轻重的传导作用。应开放政策,积极引导适宜农民进城入镇,变农民消费为市民消费,有效释放本土消费存量和预期需求增量;应开放准入,深广激活社会投资需求,重点加大交通、供水、供电、通信、文体康娱等短缺性公用基础设施建设,带动相关产业共生发展;应开放资源,大力助推现代服务业创兴繁衍,既提高以教育、医疗、社保、就业等为主要内容的公共服务发展能效,又提高以金融、保险、物流、商贸、餐饮、旅游、娱乐、养老等为主要内容的现代服务业发展水平。

放大新型城镇化对于转方式的正能量。应加快转变城乡发展方式,推动城镇发展从以外延扩张为主的粗放型向以内涵增长为主的集约型、共生型转变。要因应本底资源,精准、科学定位,高远、前瞻规划,务实推进城镇发展,形成节约资源和保护环境的空间格局、产业结构、生产方式和生活方式。以体制、机制和科技创新为基础,综合运用经济、法律、行政、信息、技术等各种手段,节约、集约利用资源,提高资源利用效率,加大环境治理力度,强化对资源环境的监控保护,构筑省域城镇化健康发展、自然资源有序开发和产业合理布局的环境支撑基础。推行绿色低碳的生产生活方式和城乡建设运营模式,走集约化、生态化、低碳型、宜居型的城乡生态文明和可持续发展道路。

放大新型城镇化对于保生态的正能量。加强山水自然地貌保护和修复,在推进新型城镇化过程中,牢固树立生态文明观念,实现城镇发展与资源合理利用、生态环境保护的有机结合。要按照因地制宜、循序渐进、节约土地、集约发展、合理布局的原则,优化生态功能,推进城镇绿色化发展。体现尊重自然、顺应自然、天人合一的新地域主义理念,依托现有山水脉络及其独特风貌,让城市融入大自然,让居民望得见蓝天、看得见碧水、呼吸到干净空气。秉持营造居民舒适生境、幸福生活的人本理念,寓城镇规划、建设、管理、服务于每个街道、每个社区、每个家庭、每个机构单元的不同需求细节之中。

放大新型城镇化对于强文化的正能量。深度挖掘历史遗产资源、地域文化资源、建筑传统元素和经典民俗风尚,注重延续城乡文脉,保存文化记忆与优异底蕴。充分尊重城镇和乡村在产业结构、功能形态、空间景观、社会文化等方面的个性禀赋差异,因地制宜,优化城乡规划与整体设计。务实保持各具特色的城乡风貌,让平原地区凸显田园特色、丘陵地区充满山村情趣、河湖地区洋溢水乡风韵。加强历史文化名城名镇、历史文化街区、民族风情小镇、特色乡村文化资源挖掘和文化生态环境的整体保护,严厉控制各种不适性再开发行为,理性促进旧城空间的功能完善与文化提质。创新城乡文化传承和保护体制机制,强化历史文化遗产破坏监察与责任追究,不断充实并丰富城镇文化生活。

2. 推进模式

集群融合发展模式。推进湖南省新型城镇化无疑要提升区域发展的层次和空间,对接国家区域发展战略、统筹本土城镇发展,而推动环长株潭城市群积极对接、融入长江中游城市群,无疑将引领湖南新型城镇化开创两型、统筹、集约、生态发展的全新模式。在共筑长江中游城市群过程中,环长株潭城市群将获得更高的发展平台,打开更广的发展视野,站在与长三角、珠三角、环渤海国家核心增长区对等的制高点上,推进新一轮发展。通过与鄂赣的积极合作,整合省级层面的资源和力量,更大程度地获得国家支持,将环长株潭城市群打造成中国最有活力、最具潜力、最富魅力的城市群之一。应以环长株潭城市群"两型"建设为契机,以提升区域发展能级和空间资源聚集能量为重点,积极对接国家区域发展战略,探索区域统筹、资源集约、产业升级、生态高效、城乡共生的新型城镇化发展模式。

中心城市驱导模式。突出中心城市带动,构建区域性城镇群,更好地发挥核心集聚功能和辐射作用,形成带动地区经济发展的重要增长极。要立足省域内洞庭湖城市群、大湘南城市群、大湘西城市带区域中心城市,通过实施分区战略,突出中心城市特色,进一步明晰城市群城市间的职能分工,强化区域内城市的关联协作,以中心城市协同促进区域城镇化协调发展。同时,着力构建以岳阳、衡阳、常德、郴州、邵阳、吉首等中心城市为主体,以周边县城为场径,以壮大适宜产业为支撑,加快农村劳动力就近转移,构建区域城乡共生依存型城镇群,培育造就地区经济增长极。

轴线分布组构模式。加快沿高铁轴线做强做优沿线中心城市,注重培育宜居宜业、特色鲜明的节点城镇,构建沿省内重大交通轴线城镇带和由"大中城市—县城—中心镇—集镇"四级网络集成的城镇体系,全方位拓展新型城镇化的广度和深度。主要打造京港澳、长益常张、潭娄邵怀、常娄邵永、张吉怀等城镇发展轴带,形成支撑湖南新型城镇化发展的主体骨架。同时,在加快构建对接长江经济带的城镇发展组团,协同长江经济带城镇、产业发展的基础上,以长江经济带建设为切入点,以洞庭湖生态经济区建设为依托,以岳阳长江新区为"桥头堡",以湘、资、沅、澧四水为纽带,充分发挥沿江临湖区位优势,大力推进临港产业集群发展,形成独具特色的沿江产业体系和独具魅力的城镇发展组团,全面融入长江经济带建设。

边际城镇崛起模式。利用与周边多个省市区接壤的有利条件,加快培育、发展省际边界城市,构建一系列充满生机活力的边际增长极,全面推进湖南省新型城镇化进程。进一步强化"北口岸"岳阳、"南大门"郴州,以及内联外接枢纽常德、怀化、永州、吉首等边界中心城市的辐射带动功能,以交通、商贸、物流、金融、文卫科技服务及新兴业态繁育为重点,大力发展现代服务业,着力增强边界中心城市的跨域影响力与亲和力。积极扶持并推动龙山、凤凰、新晃、新宁、道县、宜章、汝城、浏阳、醴陵、临湘、澧县(津市)等一批具有一定基础规模和较强传统影响力的重要边界节点城市和大瑶、羊楼司、黄山头、南北、里耶、清水坪、边城、阿拉营、鱼市、崀山、河路口、白石渡、三江口、东富等一批边界中心镇加速成长。

产城融合发展模式。产城融合的关键在于培育特色产业和营建特色城镇,应注重通过深广开发包括珍稀物产、重大矿业、旅游消费、边际商贸、交通枢纽、民族遗产、老区文化等在内的特色资源,根据市场需要,充分挖掘并释放自身的禀赋优势,将资源优势转化为产业优势,将产业优势打造为经济优势,形成资源集聚、要素集聚、产业集聚,促进和支撑新型城镇化发展。依靠特色资源发展特色产业,应建立在推动产业和城市互促融合发展的基础上,即以产业的发展为推进城镇化提供动力,以城镇平台优化和承载力提升为产业发展提供良好基础和环境,走出一条资源高效利用、产城融合发展的新型城镇化道路。

旅游开发联动模式。湖南拥有丰富多彩的旅游资源和市场优势,以张家界、韶山、衡山、凤凰、吉首、新宁、桃花源等为标志的一批旅游服务产业主导型城镇正在茁壮成长。伴随人们休闲度假消费需求的日益高涨和景区各项综合服务配套设施的同步跟进,将迎来并催生一批占据独特旅游资源的城镇步入中期扩张与品质提升的竞相崛起机遇,推动新型城镇化向禀赋性传导的深度递延与宽度融合轨道迈进。宜以张家界大旅游经济圈为核心,打造中国文化生态旅游第一走廊,同时以国家风景名胜区、国家古城古镇、国家级旅游景区等为依托,突出空间优化与人流、商流、信息流往来交错需求,加速省域旅游服务主导型城镇的基础设施与专业服务配置,促进旅游景区功能分异提升,让景区城镇发育成长为一座独具持续魅力的大众消费品与天人和谐的现代化休憩宜居之地。

3. 发展目标

城镇化水平和质量稳步提升。城镇化健康有序发展,到 2020 年,全省城镇化力争达到全国平均水平,常住人口城镇化率达到 60% 左右,户籍人口城镇化率达到 45% 左右,努力实现户籍人口城镇化率与常住人口城镇化率差距缩小 10 个百分点以上,努力实现 1000 万人左右农业转移人口和其他常住人口在城镇落户(其中 14 个市州中心城区 500 万人、86 个县(市)城区 350 万人、县以下建制镇 150 万人),努力实现义务教育、就业服务、基本养老、基本医疗卫生等基本公共服务和保障性住房覆盖城镇常住人口。

城镇结构体系更加优化。城镇规模等级体系更加完善,空间布局结构更加合理,形成"一核四轴三组团"的城镇化战略格局,环长株潭城市群现代化水平和综合竞争能力大幅跃升,长株潭成长为 1000 万人口的复合巨型城市,衡阳、岳阳、常德、郴州、邵阳 5 座城市和益阳、永州、娄底、怀化、张家界、吉首、浏阳等 20 座城市加速成长为大城市和中等城市,以城市群为主体形态的城镇体系更加完善,中心城市辐射带动作用和中小城市、小城镇服务功能显著增强,新的区域和次区域增长极基本形成,中心带动、轴线辐射和集聚发展势能日趋强劲。

"一核四轴三组团"城镇化战略格局

一核	长株潭复合城市
四轴	岳阳—长株潭—衡阳—郴州城镇发展轴、龙山—张家界—吉首—怀化—通道城镇发展轴、长株潭—娄底—邵阳—怀化—新晃城镇发展轴、长株潭—益阳—常德—张家界—龙山城镇发展轴
三组团	即三大区域性城市群:洞庭湖城市圈、大湘南城市群、大湘西城市带

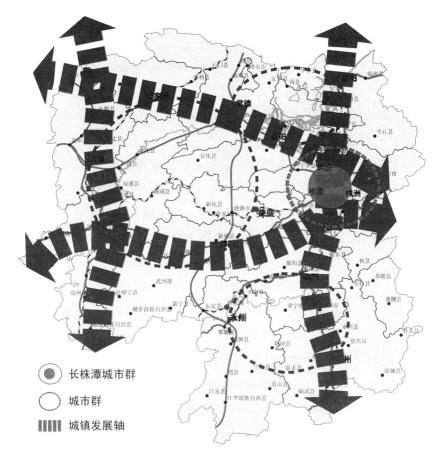

图 1-5 湖南省城镇化空间格局示意图

城乡人居环境大幅改善。城乡基础设施和公共服务设施显著改善,城乡居民生活品质和文明水平显著提高,城镇服务能力和保障能力不断增强,污染防治与生态环境保护取得有效进展,空气质量逐步好转,饮用水安全得到保障,人居环境显著改善。城镇生态景观得到有效保护,人文特色得到传承发展,城镇个性鲜明、形象突出、文化特色浓郁,城镇发展彰显个性化、优美化、品质化、高效化。绿色生产、绿色消费、绿色文化成为经济社会生活的主流。城乡统筹成效显著,一体化格局形成,广大人民群众安居乐业,幸福感、满意度大幅提高。

城镇治理创新绩效显著。新型城市社会治理机制基本建立,社会更加和谐稳定。农业转移人口的市民化问题基本解决,城市内部二元结构问题基本消除,农民工融入城镇的政策进一步开放。城镇吸纳就业能力显著增强,基本公共服务更加完善,社会发展成果更加公平共享。城镇住房供应体系进一步完善,城乡基本养老保险、基本医疗保险和城镇保障性住房覆盖率稳步提高。户籍管理、土地管理、社会保障、住房保障、财税金融、就业创业、行政管理、生态环境等制度改革取得重大进展。

三、湖南"十三五"新型城镇化发展的主要任务

1. 着力优化省域城镇布局形态

根据土地、水资源、气候和生态环境承载能力,优化城镇化空间布局和城镇规模等级体系,在《湖南省主体功能规划》确定的城镇化地区,依托高铁时代到来形成的新优势、城市社会来临呈现的新常态和湖南"四大板块"①成长的新省情,着力构建"一核四轴三组团"新型城镇化发展新格局。

(1)提升城乡规划建设水平。创新规划理念。把以人为本、尊重自然、传承历史、智慧绿色、低碳生活理念全面融入城乡规划体系与设计方案之中,实现从数量增长型规划向功能效益型规划转变,从生存需求型规划向包容性增长型规划转变,从规模扩张型规划向集约节约型规划转变,从城市优

---

① 指湖南省的长株潭地区、洞庭湖地区、大湘南地区和大湘西地区。

先型规划向城乡统筹型规划转变。科学确立城市功能定位和风貌形态,加强城市空间开发利用的前端管控,合理划定城市"三区四线"①,合理确定城市规模、开发边界、开发强度和保护性空间。统筹规划市区、城郊和周边乡村发展。加强城市规划、乡镇规划与经济社会发展、主体功能区建设、国土资源利用、生态环境保护、基础设施建设等专项规划的相互衔接。推动有条件地区的经济社会发展总体规划、城市规划、土地利用规划、产业布局规划等"多规合一"。

严格规划程序。城乡规划的编制和调整涉及面广、专业性强、与人民群众利益密切相关,必须依法依规,切实完善并严格履行城乡统筹规划发展的前期研究、规划编制、衔接协调、专家论证、公众参与、审查审批、实施管理、评估修编等重大行政决策程序与专项工作程序,坚持开门编规划、民主编规划、科学编规划,广泛调研、深入论证、依法决策,提高规划编制科学化、民主化水平。维护规划的严肃性,加强地方人大对城镇规划实施的监督检查,将城镇规划实施情况纳入地方党政领导干部的年度考核和离任审计,严格执行规划实施责任追究制度。

完善规划体系。根据《国家新型城镇化规划(2014—2020年)》要求,遵循"多规合一、多规同向、多规同步"原则,在深入贯彻实施《湖南省域城镇体系规划(2010—2020年)》《湖南省主体功能区规划》《湖南省土地利用规划》《湖南省产业发展规划》的同时,全面加强省域城镇体系规划的动态调适,进一步优化各地城镇总体规划,建立科学的城乡规划评价指标体系,引导全省城镇科学合理布局,促进大中小城市和小城镇协调发展。以城市总体规划为纲,积极编制好多专业控制性详规,修改完善交通、供水、供气、社区、医疗、教育、信息、安防等专项规划。加快县(市)城区、中心镇、村庄规划编制,构建协调发展的县域及村镇规划体系,促进城乡一体化发展。

厉行规划管控。开展对城乡规划的公共设施建设、建筑用地产出强度、

① 三区:禁建区、限建区、适建区。四线:绿线(绿地)、蓝线(河海湖泊)、紫线(文物保护区)和黄线(城市基础设施)。参见《国家新型城镇化规划(2014—2020年)》。

建筑容积率、绿化容积率、建筑景观风貌、家具配置要求等重要规划指标的管控行为进行分类评价考核,并纳入各级政府绩效考核指标范围,提高规划实施的严肃性与权威性。建立健全城乡规划建设管理动态监控机制,将城乡规划项目工程寓于市县和部门年度建设行动计划之中,定期对城乡规划实施效果组织专项监察和第三方评估,严格执行建设项目选址意见书、建设用地规划许可证、建设工程规划许可证等管控制度,严格执行城市绿线、紫线、黄线、蓝线"四线"管理制度;加大规划执法监察力度,确保规划有效实施。

(2)发挥城市群的主体作用。按照统筹规划、合理布局、分工协作、以大带小的原则,发展集聚效率高、辐射作用大、城镇体系优、功能互补强的区域性城市群,使之成为支撑全省经济增长、促进区域协调发展、参与国家区域竞争合作的重要平台。

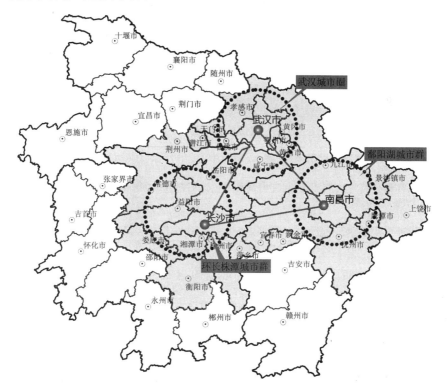

图1-6　长江中游城市群空间分布示意图

把环长株潭城市群打造成国家"两带一群"的重要增长极。深入实施"一带一路""一带一部"战略,推进环长株潭城市群转型升级,以"两型"建设为契机,优化城市空间布局,推动区域高端创新要素集聚,建设具有国际水平的战略性新兴产业策源地和智能制造中心。着力增强环长株潭城市群势能,加快城市群城际轨道交通网络和快速大外环建设,以长株潭复合城市为核心,推进长(株潭)岳、长(株潭)益常、长(株潭)娄、长(株潭)衡城镇轴线和以岳阳、常德、衡阳、娄底为副中心的城镇群建设,提升环长株潭城市群辐射力和带动力。发挥环长株潭城市群在"两带一群"(即长江经济带、京广经济带、长江中游城市群)的战略支点作用,协同打造国家区域发展战略增长极。

积极发展省域性城市群。立足国家战略,突出省域特色,结合国家洞庭湖生态经济区、国家承接产业转移示范区以及国家脱贫攻坚和生态文明先行示范区建设要求,大力构建中国大湖城市圈,大力推进湘南城市群对接珠三角都市圈,大力培育中西结合部地区民族文化生态城市带。以三大省域性城市群为主体形态,全方位、多层面推进湖南新型城镇化,构建省域经济社会发展的重要增长极。

省域性城市群

> 洞庭湖城市圈。以岳阳、常德、益阳为中心,华容、澧县(津市)、汉寿、沅江、汨罗、平江等县(市)城为重要节点组成的区域。应以推进洞庭湖生态经济区建设为契机,以环湖公路为纽带,因地制宜集聚发展各类平湖城镇,着力打造水乡特色浓郁的中国大湖城市圈。
>
> 大湘南城市群。以衡阳、郴州、永州为中心,汝城、宜章、江华、东安、耒阳、衡山等县(市)城为重要节点组成的区域。应以推进开发开放和国家级承接产业转移示范区建设为契机,主动对接珠三角世界级都市圈,打造开放特征明显的产业承接主题型城市群。
>
> 大湘西城市带。以张家界、吉首、怀化、邵阳、娄底为中心,桑植、花垣、凤凰、芷江、洪江、沅陵、洞口、涟源等县(市)城为重要节点组成的区域。应以生态文明示范区建设和武陵山片区扶贫开发为契机,立足当地丰富的文化、旅游、生态等资源优势,打造中西结合部地区民族文化生态城市带。

培育构建地区性城镇群。在优化提升环长株潭城市群与积极发展省域性市群的基础上,因地制宜地发展不同类型、不同层次的地区性城镇群。重点推进岳阳"长江新区"、郴州"大十字"、衡阳"西南云大"、常德"桃汉临"、怀化"鹤中洪芷"、邵阳东部城镇群等城镇群,打造省域空间战略支点。

2020 年重点地区性城镇群规模

名　　称	区域范围	城镇总人口（万人）	建设用地（km²）
岳阳城镇群（即岳阳"长江新区"）	以岳阳楼、君山、云梦城区为中心,包括临湘、华容、岳阳 3 县（市）。	320	280
郴州城镇群（即郴州"大十字"城镇群）	以北湖、苏仙城区为中心,包括资兴、桂阳、永兴、宜章 4 县（市）。	280	250
衡阳城镇群（即衡阳"西南云大"城镇群）	以蒸湘、雁峰、珠晖、石鼓城区为中心,包括南岳、衡山、衡东、衡南、衡阳 5 县（区）。	350	300
常德城镇群（即常德"桃汉临"城镇群）	以武陵、鼎城城区为中心,包括汉寿、桃源、临澧 3 县。	320	280
邵阳城镇群（即邵阳东部城镇群）	以大祥、双清、北塔城区为中心,包括新邵、邵东、邵阳、隆回 4 县。	300	280
怀化城镇群（即怀化"鹤中洪芷"城镇群）	以鹤城、中方城区为中心,包括洪江市、洪江区、芷江 3 县（市、区）。	150	150

建立城市群发展协调机制。建立健全行政驱导机制、市场对接机制、利益共享机制等"三位一体"的城市群发展协调机制,完善城市群区域共治机制与调控手段,协同推进经济转型升级、空间结构优化、资源永续利用和区域生态环境以及各类遗产保护的跨域合作。统筹制定实施省域城市群规划,明确城市功能定位和组团分工,探索创建各类城镇发展联盟,加快城市集群一体化进程。完善城市交通基础设施网络,建立高效畅通的城际物流体系。加强城市产业对接与错位异质配套发展,以市场为导向,营造分工合理、协作互融的城际产业集群。建立统一开放的市场体系,推动城际要素自由流动、资源优化配置、信息互通共享。加快人才信息、金融服务、科技服务、贸易网络等跨区域平台建设,夯实区域协同、规则统一、共生共赢的制度基础。

（3）促进各类城镇协调发展。增强长株潭复合城市辐射带动功能。秉持推进区域布局一体化、基础设施一体化、产业发展一体化、城乡建设一体

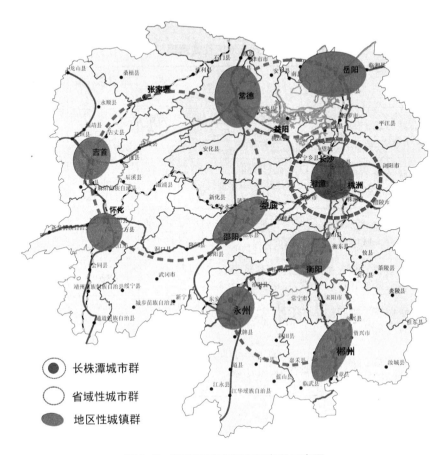

图 1-7 湖南省城市群空间布局示意图

化、市场体系一体化、生态环保一体化、社会治理一体化"七个一体化"的发展思路,将长株潭三市"融三为一"做好、做大、做强,加快构筑三市有机衔接的综合立体交通网络,建造高效便利的共享信息平台、构建安全强大的能源供应体系、安全有效的水利保障体系以及功能完备的城市基础设施体系,以完善服务功能、改善人居环境为重点,进一步增强长株潭复合中心城市的凝聚力和影响力,发挥其带动区域发展的主导作用,缔造国际化大都市。理顺长沙作为核心城市和湘潭、株洲作为次中心的职能分配关系,强化长沙作为省会城市的科技文化、经济金融中心地位和高新科技、高端产业、高尖人才、高额投资、丰富信息等发展要素集聚功能,不断提升其现代化和国际化水平。株洲市更加突出新兴工业基地、交通枢纽基地、有色冶金和化工基地的重要地位,湘潭市进一步突出重工业基地、钢铁、机电和汽车生产基地的积淀优势,实现三市功能互补,错位发展。

加快区域中心城市发展。充分发挥区域中心城市在吸纳农业转移人口和产业发展中的重要作用,重点打造岳阳为长江经济带重要中心城市,郴州为对接珠三角城市群的重要中心城市,推进张家界国际旅游城市优化发展,加快衡阳、常德、邵阳、益阳、永州、娄底、怀化、吉首等区域中心城市的发展,强化其在区域板块中的中心地位,增强各中心城市在区域中的辐射带动能力,提升城市综合服务功能,加快特色产业发展,塑造城市特色风貌,逐步培育成为支撑区域发展的大城市和重要增长极。

促进县域县(市)城发展。加快县(市)城基础设施建设,不断增强道路、通信、供电、供水、排水、供热、环卫、绿化等各项基础设施载荷功能。依托优势资源发展特色产业,积极承接中心城市产业转移,加强县(市)城与区域性城镇群在交通、通信、管网等基础设施的纵横对接,创造更多就业岗位和创业机会,促进农业转移人口就近市民化。以县城扩容提质为突破口,推进中心镇向现代新型小城市、县(市)城向中等城市转型,支持有条件的县(市)城发展成为50万以上人口的现代化城市。引导县城与中心镇及其他小城镇的协调发展,促进城镇基础设施向农村延伸、城镇公共服务向农村覆盖、城市文明向农村辐射。

2020 年城市人口规模目标

人口规模	城市个数	城　市　名　称
1000 万	1	长株潭复合城市(其中长沙过 600 万人口)
100 万—300 万	5	岳阳、衡阳、郴州、常德、邵阳
50 万—100 万	20	益阳、永州、娄底、怀化、吉首、张家界、澧县(津市)、耒阳、浏阳、醴陵、宁乡、常宁、涟源、邵东、祁东、新化(冷水江)、隆回、桃源、祁阳、湘乡
20 万—50 万	35	桂阳、安乡、衡阳县、平江、宁远、华容、新宁、道县、石门、慈利、龙山、沅陵、邵阳县、汉寿、溆浦、双峰、安化、南县、永兴、桃江、湘阴、攸县、武冈、茶陵、洞口、沅江、资兴、衡山(南岳)、衡南、衡东、东安、汨罗、临湘、凤凰、汝城

人口规模	城市个数	城　市　名　称
<20万	25	炎陵、桑植、嘉禾、临武、桂东、安仁、绥宁、城步、江永、蓝山、新田、江华、辰溪、会同、麻阳、新晃、芷江、靖州、通道、临澧、泸溪、花垣、保靖、古丈、永顺

促进湖湘特色城镇发展。依托湖南现有山水脉络等独特自然风光,以及历史文化、区位优势和发展基础,挖掘湖湘文化和地方文化的固有基因和独特魅力,促进湖湘文化本底资源与湖湘山水生态资源的有机结合,积极改善人居环境,着力营造一批既能承载乡村乡土记忆和历史文化风貌的优宜聚居之所,也能适应现代生活的产城互动、节约集约、生态宜居、和谐发展的新型特色城镇,更好地服务农村、带动乡村发展,实现"城乡互动、以城带乡"。

湖湘特色城镇

山地特色:注重桑植、慈利、安化、涟源、新化、新宁、城步、洞口、会同、沅陵、石门、桃源武陵山雪峰山地特色,浏阳、醴陵、攸县、茶陵、炎陵、桂东、安仁等罗霄山地特色,江永、江华、东安、蓝山、临武、汝城、宜章等南岭山地特色。

滨湖特色:突出岳阳、汨罗、湘阴、沅江、南县、华容、澧县、津市、汉寿、安乡等地区的滨湖景观与滨湖产业。

古城特色:加强凤凰、吉首、永顺、龙山、黔阳、洪江、汝城、靖港、乔口、铜官、新康等古城古镇文化保护。

民族特色:加强吉首、桑植、古丈、凤凰、花垣、龙山、城步、绥宁、隆回、通道、新晃、会同、江华、江永、桃源等少数民族分布地区民族民俗文化的传承与保护。

边际特色:临湘、澧县(津市)、龙山、凤凰、新晃、通道、新宁、道县、蓝山、宜章、汝城、茶陵、醴陵、浏阳等。

(4)强化城镇建设空间管控。合理划分城镇空间。按照"严控增量、盘活存量、优化结构、集约高效"的原则,转变城镇发展方式,实现单纯追求城镇空间的变化过程和集聚过程转变为追求城镇空间的关联过程和重组过程,科学厘清城镇发展边界,规范新城新区建设,加强工业园区管控,集约利用城镇建设用地,促进生产空间集约高效、生活空间宜居适度、生态空间山清水秀,形成生产、生活、生态空间的合理组构与集团对接。适度压缩工矿建设空间,适当增加生活用地,特别是居住用地,切实保护耕地、园地、菜地等农业空间;严格保护具有重要生态服务功能和重要生态防护功能的禁止性、限定性开发区域。

城镇空间优化路径

厘清城镇发展边界。从物理配置、环境承载、易居宜居等方面厘清城市发展边界,让城镇发展有序、适度、安全、长效。根据城镇区域实际和发展预期,明确城镇发展面积、道路、建筑等物理基础的配置规模;合理调控城镇发展规模、人口规模和产业支撑等承载能效,保护城市外部开放空间,保护乡村与基本农田,确保城镇生态环境的可持续发展;坚持以人为本,科学界定城镇发展的"易居""宜居""乐居"的阶段性发展目标,引领城市经济、人文、生态走向"天人合一"的良性轨道。彻底转变城镇发展方式,实现从扩张型向约束型转变,加大盘活城市土地存量,防止城市边界无序蔓延,以人口密度、产出强度和资源环境承载力为基准,合理确定城市新增建设用地规模。

规范新城新区建设。严格新城新区设立条件,防止城镇边界无序蔓延。新城新区设立必须以人口密度、产出强度和资源环境承载力为基准,与行政区划相协调,科学编制规划,严格控制建设用地规模,控制建设标准过度超前。统筹新城新区的生产、生活、办公、生活服务业、商业网点布局等功能的规划建设,推进功能混合和产城融合,在聚集产业的同时聚集人口,防止新城新区空心化。

加强产业园区管控。因地制宜确定城镇发展战略,科学定位主导产业,推动产业集聚、企业集群,优化生产要素配置,重点支持成长型、专业化、特色化园区发展。进一步严格产业园区的设立审批,严禁突破规划设立各类园区。在优化城镇产业布局的基础上合理确定产业园区定位,避免园区定位同质化和无序竞争。强化产业园区用地存量挖潜、投资风险管控,促进园区用地节约集约,提高工业用地效率和经济贡献度。

推进城镇综合体建设。按照"政府引导、企业主导、市场推进"的原则,引导各类城镇综合体因应异质发展,有序推进综合度高、带动性强、景观形态美的城镇综合体建设,把城镇综合体营造成为新型城镇化建设的新亮点和促进区域经济发展的新动力。

开发利用城镇地下空间。大力促进城镇地下空间开发利用,促进城市由地上开发向立体开发转型。按照发展需求,各级城镇对地下空间实行统一规划、分类开发,逐步将各类市政管网线缆集中收纳地空运维。加强对地下交通系统、地下市政系统、地下空间安防及其技术保障系统的综合研究和科学管理。尽快编制各市州中心城区地下空间规划,完善相关政策法规,健全保障措施,形成科学周全的地下空间开发管控机制。

科学利用国土空间。立足全省国土空间的自然状况,以是否适宜或如何进行大规模高强度工业化、城镇化为基准,以县级行政区为基本单元,科学、适度开发利用国土空间资源,积极推进全省主体功能区建设,努力构建区域布局合理、功能定位清晰、人与自然和谐相处的国土空间开发格局。按国土开发内容,以城市化地区、农产品主产区和重点生态功能区等三个国土空间类型确定不同的城镇化发展目标取向。积极盘活城镇存量用地,挖掘存量用地潜力。加大土地整理和闲置土地处置力度,对城中村、棚户区等用地开展二次开发,积极整合边角用地,最大限度提高土地利用率,增加建设用地有效供给,建立农村宅基地退出补偿机制,提高土地资源利用效率。

优化保护生态空间。牢固树立生态文明观念,进一步优化全省生态空间分布,加强武陵山片区、湘江源头区域国家生态文明先行示范区、长株潭城市群生态绿心、张家界市等国家主体功能区试点、东江湖、大围山生态旅游示范区建设,探索建立以世界自然文化遗产、国家自然保护区、国家风景名胜区为主体的国家公园体制,保护以重要生态功能区为主体、以禁止开发区域为支撑的生态空间,提升重点生态功能区质量,确保重要生态系统以及主要物种得到有效保护,提高生态产品供给能力,着力构建以洞庭湖为中心,以湘资沅澧水域为脉络,以武陵—雪峰、南岭、罗霄—幕阜山脉为自然屏障的生态安全战略格局,为全省城镇化发展、自然资源持续开发和产业有序配置提供地理基础资源。

2. 着力推进农村转移人口市民化

按照尊重意愿、自主选择,因地制宜、分步推进,存量优先、带动增量的原则,以农业转移人口为重点,兼顾高校和职业技术学校毕业生、城镇间异地就业人员和城区城郊农业人口,到2020年,全省完成510万农民工的落户任务。

(1)推进符合条件的农业转移人口落户城镇。实行农村转移人口迁转并举方针。大力发展以二、三产业为主导的城镇经济,统筹开拓城乡就业渠道,为农业转移人口进城就业创造更多公平公正的有利机会,注重吸纳具备一定劳动技能的农村剩余劳动力转移进城,积极帮助实现其生活方式与社会角色市民化的逐步转型。充分尊重有意愿在城镇落户的进城务工人员及其家庭成员的居住选择权,建立健全公开透明的市民化帮扶工作机制。按照先存量、后增量,先本地、后外地,先省内、后省外,先失地农业人口、后其他农业人口,先进城务工人员及家属子女、后投靠亲友人员的安排次序,分门别类推进不同群体转为城镇居民。在全面推进常住人口基本公共服务均等化的同时,优先解决本地失地农民市民化待遇问题;积极稳妥推进异地务工人员本地长成子女市民化,对不愿意放弃农村各项权益的本地进城农村居民和异地转入常住人口,按常住人口管理并让其平等享有城镇居民基本公共服务。

有条件地开放外来农民工及家属落户。全面实施居住证制度,基本建立以合法稳定住所和合法稳定就业为基本条件、以经常居住地登记为基本形式的户口迁移登记制度。保障持居住证的农村转移人口在就业、教育、社保、医疗卫生、证照办理、公共交通等领域享受市民待遇,规定居住证持有人员转为户籍人口的具体年限,放宽限制性随迁条件。健全完善移民安置保障措施,对于因国家、省、市实施异地扶贫搬迁工程、生态移民工程、避险移民工程、城镇扩容工程和大型交通、水利等工程项目产生的迁移人口,尽可能将有条件地就近安置在城镇转变为城镇居民。外来农业人口转户后,同等参加城镇企业职工基本养老保险、城镇职工基本医疗保险等五大社会保险,转户居民可以平等申请公租房,平等享受创业、就业政策扶持,随迁子女平等接受当地教育,消除或缩短待遇等待期。

吸引返乡农民工选择就近城镇落户。在资源条件较好并具有一定发展优势的地区,通过大力推进农业现代化,优化提升城镇企业,积极培育乡村服务业,营造宜居、宜业、宜商的优良环境,增强就业吸纳能力,吸引和鼓励第一代农业转移人口返乡创业和再就业,引导新增农业转移人口在家乡就近城镇落户定居,让更多存量与增量农业转移人口自觉自主选择在本地实现市民化、镇民化。

推动农业转移人口信息系统建设。以省公安户籍信息平台为基础,加快构建涵盖全省各行业的城乡统筹改革信息平台和人口资源变动数据库,及时准确记录转户人口的户籍、居住、就业、社保、医保、劳保、教育、土地权属、生活状况等基础信息。全面建成全省城乡统筹改革信息共享系统和综合数据库,加快实现各级、各有关部门的系统互联、信息互通、数据共享、动态查询,确保转户信息有据可查、转户信息服务安全高效。改进并完善居民户口网上迁移业务,规范专项业务流程,简化办事程序,严格办理时限,提高服务效能。

(2)推进农业转移人口享有城镇基本公共服务。保障农业转移人口平等享有城镇公共服务。全面推进城乡民生普惠共享进程,创新基本公共服务均等化体制机制,建立覆盖农业转移人口的城市公共服务体系,将农业转移人口家庭对教育、医疗、安全、娱乐等公共服务需要全面纳入城镇发展规划与政策统筹,保障其平等享有城镇公共服务的市民、镇民待遇。按照保障基本、循序渐进原则,积极推进城镇基本公共服务由主要对本地户籍人口提供向对常住人口提供转变,逐步解决在城镇就业居住但未落户的农业转移人口平等享有城镇基本公共服务的底层诉求,保障与城市居民同样享有城镇住房、养老、医疗、就业、教育等各项权利。加快推进城乡医保、社保、就业、教育、住房等保障体系的规范性对接和城乡政策制度之间的有效衔接,努力实现居民均享"同票同权、同命同价、同工同酬、同城同教、同地同保"的基本公共服务"五同"目标。

完善城乡托底型基本公共服务体系。加强城乡公共服务的资金配套与政策引导,制定对城乡公共服务基础设施的投入与扶持政策,把农业转移人口的公共服务支出纳入各级政府财政预算,确保稳定的经费投入与增长渠道。合理划分省级政府与地方公共服务支出责任,省级财政主要围绕推进基本公共服务均等化目标,结合各地承载农业转移人口数量和提供基本公共服务均等化实情,加大对地方的转移支付力度,尤其是适当递增财政性转移支付额度。地方财政主要着力优化财政支出结构,不断增加基本公共服务投入,稳步推进城镇基本公共服务常住人口全覆盖,把进城落户农民纳入社会保障体系,扩大市民化农民的社会保障覆盖面,让进城务工人员与城镇职工平等参加养老、医疗、失业、工伤、生育保险并享受相应待遇,在农村参加的养老保险和医疗保险规范接入城镇社保体系,逐步建立起覆盖城乡的托底型基本公共服务体系。

建立城乡发展型基本公共服务体系。建立健全城乡基本公共服务设施完善、平台支撑、资金支持、人力资本提升等强化发展要素保障的政策体系,构建发展型基本公共服务体系,满足城乡居民日益增长的公共服务需求。不断提升城镇基础设施功能,注重优化公共服务设施建设,逐步满足不同人口公共服务需要。创建农村土地退出机制、城镇就业收入机制和成本分摊机制等经济融合机制,建立农业转移人口"创业就业,个人参保"个人发展账户,提高农业转移人口自身的物质资本。健全就业服务体系,完善各类免费就业服务制度,加大转移就业援助力度,提升农业转移人口的就业能力与现代文明素质,确保农业转移人口无障碍转移就业和城乡就业困难人员实现就业、再就业。进一步完善城乡公共文化服务体系,增强文化对经济发展的支撑引领作用,满足城乡居民的各类文化消费服务需求。

(3)建立健全农业转移人口市民化推进机制。建立多元化的成本分担机制。建立健全由政府、企业、个人共同参与的农业转移人口市民化成本分担机制,根据农业转移人口市民化成本分类清单,明确政府、企业、个人共同参与的农业转移人口市民化成本分担主体与支出责任。根据基本公共服务的事权划分,进一步提高各级政府专项转移支付的比重,承担义务教育、就业服务、基本养老、基本医疗卫生、保障性住房以及市政设施等方面公共服务领域的成本,进一步增强吸纳农业转移人口较多地区政府的公共服务保障能力。企业要维护农业转移人口的合法权益,确保按时足额支付并正常增长工资,依法办理基本的养老、医疗、失业、工伤、生育等社会保险费用,为农业转移人口分摊合理的市民化转型成本。鼓励农业转移人口带资进城,支持参加城镇社会保险、职业教育和技能培训等积极行为,提高融入城镇社会的自助能力。

建立就业技能培训长效机制。建立健全农业转移人口就业技能培训组织领导体系,将培训规划目标纳入相关部门就业目标考核的重要内容,建立就业培训督导体系、就业和创业指导中心,加强就业指导和协调督促。规范农业转移人口培训的市场行为,加强对职场培训的统筹规划与管理,实现农业转移人口人力资源开发与城乡劳动力资源开发的有机结合。整合职业教育和培训资源,建立以公共培训机构为主体,社会培训资源为补充的多元化就业培训体系,鼓励企业建立职工岗位培训制度,强化企业开展农业转移人口的岗位技能培训责任,提高社会成员就业创业能力和职业素质。鼓励高等学校、各类职业院校和培训机构积极开展职业教育和技能培训。构建覆盖全省,直达乡村(社区)的城乡一体化的公共创业培训服务体系与服务网络,帮助农业转移人口自主创业免费开展项目推介、创业指导、场地安排、融资服务、政策咨询、跟踪回访等一站式服务。加大农业转移人口创业政策扶持力度,健全农业转移人口劳动权益保护机制。

建立市场主导的人口转移机制。加快完善多种形式的农民承包土地经营权流转市场,提高进城农民定居城镇能力。消除城乡二元结构对农业转移人口市民化的制度障碍,建立以市场主导的人口转移机制,减少约束农业转移人口自由流动的制度因素,让农业转移人口在择业过程中通过权衡成本、收益,自由选择可进入性城市,降低人口城镇化的制度壁垒和个人成本。探索建立集体经营性建设用地入市制度,建立兼顾国家、集体、个人的土地增值收益分配机制,合理提高个人收入。探索集体经济组织成员资格认定办法和集体经济有效实现形式,保护成员的集体财产权和收益分配权。

3. 着力提高城镇化可持续发展能力

以建立产业动力机制对城市转型发展影响的"纵轴"和制度创新下的城市空间优化对城市转型支撑的"横轴"为重点,增强城市经济、基础设施、公共服务和资源环境对人口的承载能力,有效预防和治理"城市病",营建彰显山水之美、人文之美、建筑之美的现代城市。

(1)提升城镇基础设施建设水平。完善现代综合交通运输体系。适应综合交通运输大通道对运输枢纽的需求,着重加快综合交通运输枢纽建设步伐,加快高铁建设,构建以长沙为中心的4小时高速公路网,提高湘江航运能力,把黄花机场打造成全国十大空港之一,探索铁路、公路、航空、水运、管道等运输方式的一体化,把湖南建设成为承东启西、连南接北的重要综合交通枢纽和大型门户。继续巩固和强化长沙国家级综合交通枢纽地位,以长沙黄花国际机场航空枢纽、长沙高铁枢纽、公路枢纽为主体,与绕城高速公路、城市轻轨及快速公交相衔接,提升长沙核心枢纽综合组织能力。加快建设环长株潭"二环四射"高速路网、长株潭城际轻轨、长沙湘江枢纽、地铁、长渝高铁等重大工程项目;依托高速客运专线、高速公路、城际铁路、黄花机场的聚集效应,进一步提升环长株潭城市群在全国的综合交通枢纽地位。加快岳阳通江达海的交通枢纽建设,巩固怀化作为湘桂黔边境铁路枢纽地位,构建郴州作为通往粤港澳门户的新兴交通枢纽,建设各市州交通次枢纽,形成具有衔接公路、铁路、航空和水运等多种运输方式,承担地方性各类客货集散运输功能的地区性综合交通枢纽网络。

加强市政公用设施建设。提高城镇市政公用设施建设水平,统筹电力、通信、给排水、供热、燃气等地下管网建设,鼓励和推行"城市地下综合管廊"建设模式。加强中心城市和缺水县城供水工程和城镇供水水质监测能力建设,保障城镇供水安全。推进重点城镇供水管网工程建设,加大贫困县、严重缺水县城和重点特色小镇供水设施建设,完善供水安全保障。加强城镇污水处理及再生利用设施建设,推进雨污分流改造和污泥无害化处置。提高城镇生活垃圾无害化处理能力。加强防洪设施建设,完善城镇城市排水与暴雨外洪内涝防治体系,提高应对极端天气能力。加快推进城市清洁能源供应设施建设,完善燃气输配、储备和供应保障系统。推进市政公用设施市场化进程,建设安全高效的市政公用设施网络体系,提高城镇市政公用设施综合承载力,实现城镇市政公用设施建设与城镇化进程协调发展。

注重城乡公共服务设施建设。完善与城乡居民点体系相适应的公共服务设施配套建设。优化社区生活设施布局,健全社区养老服务体系,完善便民利民服务网络,打造包括物流配送、便民超市、平价菜店、家庭服务中心等在内的便捷生活服务圈。完善学校、医院、交通、邮政、通信、养老设施、文体场馆、农贸市场、休闲娱乐等公共服务设施,以县域为基本单元,统筹城乡公共服务设施建设。以解决就业服务、社会保障、医疗卫生等基本公共服务区域间、城乡间发展不均衡为重点,按照城乡居民点体系,分级配置公共服务设施,引导公共设施合理布局,实现基本公共服务均等化。

优化城镇信息化网络结构。统筹城镇物质资源、信息资源和智力资源的开发利用,推动物联网、云计算、大数据等新一代信息技术创新应用,发展微电子、信息技术、计算机和现代移动通讯为重点的城镇信息化网络服务业,将物联网从技术领域推向城镇管理领域,打造城镇完整、高端的物联网产业链,实现与城市经济社会发展的深度融合。强化城镇信息网络、数据中心等信息基础设施建设,促进跨部门、跨行业、跨地区的政务信息共享和业务协同,强化信息资源社会化开发利用,推广智慧化信息应用和新型信息服务,促进城市规划管理信息化、基础设施智能化、公共服务便捷化、社会治理精细化。统筹规划建设密码保护体系、身份认证体系、农业转移人口市民化数据存储体系、防灾减灾体系、安全监管体系等基础设施与服务平台,完善与全省信息化水平相适应的、全网联动的信息网络安全保障体系、基础信息网络和重要信息系统应急响应机制和协调机制。

(2)促进城市产业转型升级。促进产业结构战略性调整。以转型升级传统产业为重点,以产业链创新为抓手,促进产业各个环节的关联聚集和高效沟通,以提升经济效益为目标,延展垂直一体化的产业链条。壮大发展先进制造业和节能环保、新一代信息技术、生物、新能源、新材料、新能源汽车等战略性新兴产业。适应制造业转型升级要求,推动生产性服务业专业化、市场化、社会化发展,引导生产性服务业在中心城市、制造业密集区域集聚;适应居民消费多样化需求,提升生活性服务业水平,扩大服务供给,提高服务质量,推动各城市群域内的中心城市形成以服务经济为主的产业结构。强化城市间专业化分工协作,增强中小城市产业承接能力,构建大中小城市和小城镇特色鲜明、优势互补的产业发展格局。

推动产业集群集聚发展。以园区经济为载体,加大招商引资力度,推进重点项目建设,引导企业向园区集中,围绕园区主导产业和龙头企业,促进产业上下延伸、系统配套,衍生或吸引更多相关企业集聚,积极培育壮大特色产业,形成特色产业集群。根据各地方的不同条件和优势,以产业集群布局为重点,充分发挥政府的主导作用,打造各具特色的低碳产业集中区,推进产业集群循环化、低碳化、洁净化发展。以绿色消费、资源循环利用和废弃物回收再利用等低碳理念为导向,积极推进两型产业集聚,加快构建湖南节能型产业体系,促进集群产业结构的优化升级。

科学推进产业园区建设。整合产业优势,延伸产业链条,发展专业化分工协作,引导同类和相关联的企业、项目集中布局、集聚发展,加快形成特色产业集中区或新兴业态专业园区。完善园区交通、能源、通信等市政基础设施建设,科学配置园区医疗、卫生、体育、文化、公安等社会公共服务事业,提高园区的综合承载能力和吸引力。以园区主导产业为核心,设立国家级或区域级研发中心与产学研基地,加强企业、政府与科研院所之间的技术研发与合作,建立"科技成果孵化器"与创业支持中心。建立健全产业园区信息共享协调机制和工作网络,搭建统一的公共信息服务平台,组织相关部门共同参与、协调推进。支持综合竞争力较强的省级园区升格为国家级开发区,支持符合条件的园区扩区调区,鼓励有条件的中心镇发展非农服务业为主的特色产业园区。

营造良好的创业就业环境。发展众创、众包、众扶、众筹支撑平台,推动大众创业、万众创新,营造政府激励创业、社会支持创业、劳动者勇于创业创新的文化氛围。运用财政支持、税费减免、创业投资引导、政策性金融服务、小额贷款担保等手段,为中小企业特别是创业型企业发展提供良好的经营环境,促进以创业带动就业。促进以高校毕业生为重点的青年就业和农村转移劳动力、城镇困难人员、退役军人就业。结合产业升级开发更多适合高校毕业生的就业岗位,实行激励高校毕业生自主创业政策,合理引导高校毕业生就业流向,实施离校未就业高校毕业生就业促进计划。

(3)提升城乡人居环境质量。完善中心城区和村庄功能。着力优化省域中心城市城区空间结构与产业业态分布,盘活低效存量土地资源,强化城市空间集约高效利用,提升中心城区的辐射带动功能。积极提升长株潭城市群中心城区综合服务能效,强大中心城区高端商务、现代商贸、金融证券、信息服务、文化创意、创新服务功能。强化省域性城镇群、地区性城镇群区域中心城市产业服务、信息集散等哺育功能,推动部分可转移产业向周边县城扩散。完善中心城区功能组合,统筹规划地上地下空间开发,推动公共服务、办公、居住、生态空间与交通体系的合理布局。坚持改造更新与保护修复并重,优化提升老城区的功能品位。大力推进棚户区改造,稳步实施城中村改造,有序推进旧住宅小区综合整治、危旧住房和非成套住房改造,全面改善中心城区人居环境。发挥规划先导作用,合理开发利用村庄空间,加快村级行政中心与公共服务配置建设,逐步推进村庄功能现代化。

加强保障性安居工程建设。积极推进城镇廉租住房和公共租赁住房建设,把在城镇稳定就业的外来务工人员、新就业大学毕业生、符合条件的农转城人员纳入城镇保障性安居工程服务范畴。鼓励和引导民间资本通过投资参股、委托代建等形式参与城镇保障性安居工程建设。优化城市棚户区改造布局规划,方便居民就业、就医、就学和出行,全面加快非集中成片城市棚户区(危旧房)、旧住宅区以及各类城市棚户区改造。有序推进农村危房改造,积极推广农村建筑节能和抗震设防技术,优化农村居民居住布局,建设新型村庄。

推进城乡环境同建同治。科学编制城乡环境保护规划,统筹推进城乡环境基础设施建设,将城镇环境基础设施向农村延伸,加大垃圾收运系统、雨污分流系统、公共绿地系统、环境卫生系统等基础设施建设力度,实现基本环境设施共建共享。实施城镇社区生活垃圾分类,推行水泥窑协同处置、焚烧发电等垃圾综合利用方式,完善污水管网,提升污水处理能力。引导村民按照"回收、堆肥、填埋"等方法从源头对农村生活垃圾进行分类减量,再按照"村收集、镇中转、县处理"的方式集中无害化处置。建立健全城乡环境同建同治长效管理机制,推进农村环境综合整治,全面改善农村人居环境。

推进城乡绿色廊道建设。以绿环、绿楔、绿带建设等为基础,推进绿色廊道建设工程。重点加强生态功能区、中心城市周边、农村林网带、道路

(高速公路、国省干线公路及铁路沿线)、河流森林生态系统建设,构建区域景观整洁、生态功能完善、生境自然和谐的绿色廊道系统。加强洞庭湖生态经济区、长株潭城市群、湘南承接产业转移示范区、武陵山片区绿道网建设,严格城乡重要生态区规划管制,强化生态用地和农用地保护,推进城乡绿化美化一体化,保护有利于改善城市生态环境质量的生态缓冲地带。

(4)加强和创新城市社会治理。完善城镇治理结构。创新社会治理体制,发挥政府主导作用,鼓励和支持社会各方面参与,实现政府治理和社会自我调节、居民自治的良性互动。强化源头治理,以网格化管理、社会化服务为方向,健全基层综合服务管理平台,及时反映和协调人民群众各方面各层次利益诉求。强化依法治理,运用法治思维和法治方式化解社会矛盾,优化经济社会秩序。强化综合治理,统筹各界各方资源和积极力量,倡导社会良善,规范市场行为,有效调节多元利益关系,切实维护社会和谐安定。进一步推进城镇社会治理法律法规、体制机制、人才队伍和信息化建设,加快实施政社分开,引导社会组织明确权责、依法自治、正向作为,激发社会发展活力。

强化社区自治和服务功能。健全社区基层群众自治制度,推进社区居民依法民主管理社区公共事务和公益事业。加快公共服务向社区延伸,整合人口、劳动就业、社保、民政、卫生、健体、养老、文化以及综治、维稳、信访等管理职能和服务资源,加快社区信息化与社区综合服务管理平台建设。发挥业主委员会、物业管理机构、驻区单位积极协调作用,引导各类社会组织、志愿者参与社区服务和管理。加强社区社会工作人才和志愿者队伍的专业化与职业化建设,改善流动人口随机服务管理。

创新城镇公共安全治理。建立健全源头治理、动态协调、应急处置相互衔接、相互支持的社会治安综合治理机制。创新立体化社会治安防控体系,改进治理方式,促进多部门城市管理职能整合,鼓励社会力量积极参与社会治安综合治理。建立健全城镇应急预警管理机制,完善突发公共事件应急预案、突发事件预警信息发布系统和应急保障体系,增强突发性公共事件处置能力,及时解决影响人民群众生产生活安全的社会治安问题,加强对城镇治安复杂部位的隐患巡察和重点治理。理顺城管执法体制,提高执法效能和服务水平。完善互联网管理体制,依法加大对网络信息传播的管理力度,确保网络和信息安全。

提高城镇精细化管理水平。以国家宪法与法律法规为依据,以人本化、专业化、标准化、市场化为取向,以各方协同、社会共治为路径,大力推进城镇精细化管理。创建城镇精细管理标准化委员会统筹协调机制,建立健全市政市容、公共安全、城市交通、城市环境、应急管理、城市生态等领域的城镇精细化管理标准体系,构筑各部门无障碍高效沟通的标准化信息共享平台和高权威、全息化、透明化的城镇精细管理操控平台。进一步完善城镇网格化管理、市场化保洁、社会化考评监督等治理机制,全面提升城镇管理绩效和现代化水平。

4. 着力推动城乡一体化发展

坚持工业反哺农业、城市支持农村和多予少取放活方针,加大统筹城乡发展力度,推进美丽乡村建设,增强农村发展活力,逐步缩小城乡差距,促进新型城镇化、农业现代化与新农村建设健康协调发展。

(1)完善城乡一体化体制机制。创新城乡一体化空间整合机制。以保育和谐、绿色、生态安全的自然环境为目标,以城乡统筹规划为引领,以城乡公共服务均等化为重点,创建城乡空间资源一体化开发的组织协调机制与统筹共营机制。合理安排市县域城镇建设、农田保护、产业集聚、村落分布、生态涵养等各类空间职能,实现城乡战略发展规划、产业规划、土地利用规划、环保规划和基础设施规划等规划目标的有机衔接,加快构建城乡空间功能互补、资源开发有序的一体化格局。推进城镇现代服务业资源向农业生产的加工、销售、科技、信息等农村经济空间延伸,促进农业产业结构布局优化,增强城乡产业联系,构筑城乡互动产业链。

改进城乡一体化要务统筹机制。按照城乡发展一体化要求,改革城乡分割的经济社会发展和管理体制,全面加快城乡规划、产业发展、基础设施、社会保障、公共服务、生态环保和社会治理"七个一体化"进程,促进城乡协调发展和共同繁荣。加快城镇基础设施向农村延伸与对接,推动水、电、路、气等基础设施城乡联网、共建共享,实现城乡基础设施一体化。以农村道路、饮水安全、清洁能源、环境整治、信息畅通为重点,大力推进美丽乡村建设。以市、县为单位制定并落实基本公共服务均等化规划体系,强化政府公共服务供给责任,建立健全多元化供给机制。充分发挥市场作用,鼓励和支持社会力量参与提供医疗卫生、健康养老、教育培训等公共服务,促进基本公共服务在城乡之间、区域之间、群体之间均衡配置。健全城乡社会治理体系,借鉴城市社区管理模式,建设新型农村社区,增强农村社区自我管理和自我服务能力。

完善城乡一体化利益共享机制。健全城乡统一的公正透明的规则机制,保障居民共同享有改革发展和城镇化成果的权利。充分发挥市场配置资源的决定性作用,建立城乡统一的建设用地市场,保障农民公平分享土地增值收益。引导科技人员、大中专毕业生以及其他城镇投资者到农村创业展业,与农业资源拥有主体共同获取科技红利和合法收益。通过财政引导、加征环保税、补贴转移等手段,构建城乡之间的生态补偿机制。通过建立郊区生态补偿基金等财政政策手段,对郊区因环境建设而造成的经济损失给予一定补偿。对工业企业产生的诸如燃煤烟尘、重金属排放、危害物填埋、水源水质污染、宜耕地毁坏、林木砍伐等有害郊区环境的各种经济活动,探索开征环保税,用于改善和保育当地生态。

(2)加快农业现代化进程。构建农业现代化产业体系。以增强农业竞争力为核心,以保障粮食安全为目的,加快推进农业结构战略性调整和优质粮食、蔬菜、油料、水果等优势农产品区域布局,优化农产品加工业、农业现代化物流业、农业现代服务业生产力布局,着力构建具有湖南优势的现代化农业产业体系,重点发展优质粮食、生猪、蔬菜、双低油菜、棉花等基础性战略产业;不断提升柑橘、茶叶、家禽、草食动物、水产品等重点优势产业;优化布局苎麻、蚕茧、中药材等区域特色产业;重点突破农产品加工业;积极发展现代化设施农业、休闲观光农业、创意生态农业与游憩体验农业。积极对接新型工业化,服务新型城镇化,不断拓展农业经济内涵及其产业领域,提升农业产业外延竞争力。

强化农业现代化科技支撑。一是支持现代农业产业技术体系建设,加大农业科技创新平台基地建设和集成技术推广力度,推动发展农业科技园区协同创新战略联盟,增强农业科技自主创新能力。二是不断增加农业科技投入,强化农业科技创新团队建设,促进产学研密切结合,形成开放、竞争、协作、共赢的农业科技发展与推普机制,提高农业科技展业能力。三是建设以农业物联网和精准装备为重点的农业全程信息化和机械化技术体系,推进以设施农业和农产品精深加工为重点的新兴产业技术研发,促进经济作物、设施农业和保护性耕作等机械化技术的推广和应用。四是加快农业科技创新体系和基层农技推广服务体系的市场化对接,建立健全有利于农业科技人员下乡、农业科技成果转化、先进农业技术推广的激励和利益分享机制,培养农村科技实用人才。

改进农业现代化组织保障。转变政府职能,理顺行政层级体系和权责关系,有序推进公共服务市场化、社会化,创新农业行政运行机制,提高农业经济运营管理效率,从体制上保障现代农业发展。坚持"米袋子"省长负责制和"菜篮子"市长负责制。把粮食生产、农民增收、耕地保护作为考核地方特别是县(市)领导班子年度与任期工作绩效的重要内容,完善考核体系与评价机制,全面落实耕地和基本农田保护领导离任审计制度,全面落实国家各项强农、惠农、富农政策,统筹协调推动重大工程的实施。不断完善地方农业法规体系,推进农业综合执法体系规范化建设,加大农业执法监管力度,改善农业法律服务,保护农民合法权益,维护良好的农业生产经营秩序,保障农业经济稳定健康发展。

优化农业现代化市场环境。建立健全现代农业流通体系,着力加强促进农产品公平交易和提高农业商品流通效率的各项制度建设,合理布局农产品批发市场,建设一批现代化的大宗农产品集散交易市场和仓储物流配送设施,完善鲜活农产品冷链物流体系和农村绿色物流服务体系,积极创建农产品现代流通综合示范区,支持邮政系统服务"三农"综合平台建设。加快发展农村流通设施和农产品批发市场信息化提升工程、农产品期货市场、农产品电子商务平台、物流配送、连锁超市等现代流通方式。继续实施"万村千乡市场""双百市场""新农村现代流通服务网络""新农村商务信息服务"等支农惠农工程,大力培育农村流通经纪人、经营大户和中介服务组织,严格规范农村市场行为。

(3)推进湖湘美丽乡村建设。推进宜居乡村建设。将生态文明理念全面融入乡村发展,构建绿色生产方式、生活方式和消费模式。大力推进水、电、路、讯、房等基础设施建设和公共服务配套,不断改善农村基本生产生活条件。实施乡村清洁工程,深入开展农村环境综合整治与村庄整治,推进农村垃圾、污水处理设施建设,严格控制城市和工业污染向农村扩散;加大农村危旧房改造力度,重点帮助特困农户实施危房改造;加快农村河道、水环境整治,建设生态清洁型小流域,实现村庄人居环境整洁、环保、舒适。广泛推进"秀美村庄""清洁村庄"建设,在国省道公路沿线、城镇周边地区和旅游景区,建设一批田园美、村庄美、生态美的示范性美丽宜居乡村。

推进富裕乡村建设。进一步完善强农惠农富农政策体系,加快农业、就业、创业、物业"四业富民",促进农业稳定持续增效和农民收入持续较快增长。继续推进"一村一品"工程建设,培育壮大优势特色产业,扩大农产品产销衔接,支持农民以承包经营权入股发展农业产业化经营,增加农业经营收益。鼓励农民自主创业、联合创业,扶助外出务工农民带技术、带资金回乡创业,引导农民按需培训、在岗学习,不断提高自身素质。积极发展农民股份合作社及其他专业服务组织,切实保障农民集体经济组织成员权利。探索将集体资产折股量化到人(户),赋予农民对集体资产股份占有收益权、有偿退出及抵押、担保、继承权,稳定农民在村组原有各项收益。支持农民富余性住房财产入市抵押、担保或实行资产转让,拓宽农民财产性收入来源与兴业融资渠道。

推进魅力乡村建设。深度发掘乡土文化资源,支持文化传承创新,把乡村建设成为历史底蕴厚重、时代特色鲜明的人文魅力社区。加强中国传统村落、历史文化名村、特色村寨、旅游名村及其文化生态资源的整体保育,传承和弘扬优秀传统文化,推动地方特色文化发展,保存乡土历史文化记忆与积极健康的民俗风尚。严格保护自然生态型村庄的地形地貌等空间资源,构建绿色生态网络,促进农业生产与特色旅游互动发展;严格保护历史文化型村庄中的古村落、古建筑、古设施,延续乡村独特的民间演艺、节庆活动等地域性历史文化特色,积极振兴传统手工艺,树立村庄文化品牌。完善村庄公共基础设施,美化村庄生活环境,促进农业、旅游业、文化产业融合发展。鼓励乡土文化多样化发展,促进传统文化与现代文化、本土文化与外来文化交融,创造多元开放的新时代乡土文化。

推进和谐乡村建设。科学编制县域村镇体系规划和镇、乡、村庄规划,优化村镇空间布局,分类引导村庄建设。根据村镇人口结构现状和变化趋势,在尊重农民意愿的基础上,合理确定村庄布点和建设规模,重点提升中心村、有效保护特色村、适宜改造空心村。完善乡村交通、邮政、电网、水利等重大基础设施和公共服务网络体系,建设居住适度集中、生产便利高效、生活舒适优宜的现代化新型村庄。提升自然村落功能,保持乡村风貌、民族文化和地域文化特色,保护具有重要历史、艺术、游览、科学研究价值的传统村落、少数民族特色村寨和经典民居。全面推进农村社会事业发展,合理配置乡村教育、文化、医疗、科技服务资源。进一步完善农村最低生活保障与养老、医疗、卫生等社会保障制度。

5. 着力创建新型城镇化发展体制机制

制度具有根本性、长期性、战略性作用,要尊重城镇发展规律,强化顶层设计和市场配置资源的决定性作用,统筹推进城镇化发展体制机制改革,积极营造有利于新型城镇化健康发展的制度环境。

(1)推进人口管理制度改革。建立城乡统一的户口登记制度。加快改革并取消农业户口和非农业户口的二元分割体制,逐步推进城镇户籍与居民福利脱钩,还原户籍作为人口登记的基础管理职能,促进人口有序流动、合理分布和社会融合。进一步放宽落户政策,加快有相对稳定住所、有相对稳定收入来源居民的城镇居住证发放制度,实行居住证与基本公共服务待遇挂钩。切实为流动人口的劳动就业、社会保险、义务教育、疾病预防控制、妇幼保健、计划生育、法律援助等方面需求,提供居住地的各类公共服务。

健全人口信息管理制度。加快推进人口基础信息库建设,分类完善职业、教育、收入、社保、房产、信用、计生等信息系统,构建集居住登记、房屋租赁、劳动就业、社会保障、计划生育、缴税收费等服务管理功能为一体的人口综合信息平台,推进人口信息概况、人口信息查询或交换、人口信息分析、人口信息采集管理等跨部门、跨地区信息整合和共享应用。建设覆盖全省、安全可靠的人口综合信息库和信息交换平台,为优化人口服务和精准管理提供重要基础性技术支撑,逐步在全省实行公共部门以居民身份证号码作为唯一标识,依法记录、查询和评估相关信息的社会人口管理制度。

推进人口管理体制机制创新。加快人口服务管理工作重心向社会化、社区化、法治化转变,形成以房(业)办证、以证服管、责任明确、分工协作的人口服务管理体系。建立以常住人口为基础的统计、考核、绩效评价等经济社会管理工作机制,强化人口信息、人口政策规划与人口服务管理综合协调等工作职能。把本地人口和外来人口统一纳入服务管理范畴,逐步实现常住人口公共服务均等化。

(2)深化土地管理制度改革。改革城镇用地规模调控制度。严格控制新增城镇建设用地规模,合理调控城镇建设用地布局,实行增量供给与存量挖潜相结合的用地政策,提高城镇建设使用存量用地比例。大力实施农村土地综合整治,改进城乡建设用地增减挂钩指标使用方式,探索实行城镇建设用地增加规模与吸纳农业转移人口落户数量挂钩政策。适当控制工业用地,适度增加住宅用地,合理安排生态用地,统筹安排基础设施和公共服务设施用地。建立有效调节工业用地和居住用地合理比价机制,提高工业用地价格。

推行节约集约用地制度。完善各类建设用地标准体系,健全节约集约用地政策制度体系,严格执行节约集约用地标准。强化主体功能区规划定位和开发强度标准设定的双约束,严格控制新增建设用地规模。适当提高工业项目投资强度、产出率和容积率门槛,探索实行租让结合、分阶段出让的工业用地供应制度,加强建设项目用地标准控制。建立健全规划统筹、政府引导、市场运作、公众参与、利益共享的城镇低效用地再开发激励约束机制,盘活利用现有城镇存量建设用地,建立存量建设用地退出激励机制,推进老城区、旧厂房、城中村的改造和保护性开发,发挥政府土地储备对盘活城镇低效用地的作用。严格规范新城新区开发建设,相对集中布局城镇建筑设施,提高城镇建成区人口密度。加强散乱、废弃、闲置、低效利用农村建设用地等综合整治力度。

改革农村土地管理制度。全面完成农村集体土地确权、登记、颁证工作,依法维护农民土地承包经营权和宅基地使用权,坚持最严格的耕地保护制度,赋予农民对承包地占有、使用、收益、流转及承包经营权抵押、担保权能。制定集体建设用地流转收益分配方法,合理确定政府、集体和个人的收益分配比例。在符合规划和用途管制前提下,允许农村集体经营性建设用地出让、租赁、入股,实行与国有土地同等入市、同权同价。保障农户宅基地用益物权,严格执行宅基地使用标准,严格禁止一户多宅。探索建立进城落户农民宅基地有偿退出机制,保障农民财产权利,加大复垦力度,盘活闲置用地,增加耕地数量。建立农村产权流转交易市场,推动农村产权流转交易公开、公正、规范运行。坚持依法、自愿、有偿的原则,引导农业转移人口有序流转土地承包经营权。

深化征地制度改革。强化耕地保护制度,强化耕地占补平衡和土地复垦监管。缩小征地范围,规范征地程序与征地行为,完善对被征地农民合理、合规、多元补偿与保障机制,保护拆迁居民的合法权益。落实征地补偿标准动态调整机制,建立兼顾国家、集体、个人的土地增值收益公正分配与共享机制,合理提高农民在土地增值收益中的分配比例,保障被征地农民长远发展生计。探索建立统筹规范可持续的区域征地补偿制度。建立土地承包经营权流转市场服务平台,健全争议协调裁决制度,依法依规调处土地权属纠纷矛盾。

(3)加快城镇投融资机制改革。优化政府财政性资金投向。加大对城乡结合部特别是城镇延伸到农村的基础设施和公共服务设施的投入,对吸纳农业转移人口多的城镇给予财政资金的倾斜支持,提高政府投资在环保、供水、交通等基础设施以及城镇保障性住房、农民工安居工程等建设中的比重。增加城乡规划、基本公共服务均等化、新型农业经营体制、城乡基础设施建设等方面的专项经费投入,增强公共产品供给能力和农业转移人口的城镇吸纳能力。提高公共财政和土地出让收益用于"三农"的比重。

完善财政转移支付制度。按照事权与支出责任相适应的原则,合理确定各级政府在教育、基本医疗、社会保障等公共服务方面的事权,建立健全城镇基本公共服务支出分担机制和奖补机制。完善省级财政转移支付办法,建立财政转移支付同农业转移人口市民化挂钩机制,省级财政安排转移支付额度,重点考量常住人口因素。逐步完善城镇基本公共服务补贴办法,强化信息化管理。

拓宽城镇建设融资渠道。探索地方政府通过发行市政建设债券等多种形式,拓宽城镇建设融资渠道,加强管理监督,建立相应的偿付机制。探索发行"中小城市集合市政债",规范地方投融资平台运作。创新金融服务和产品,多渠道推动股权融资,提高直接融资比重。创建城市建设专项基金,实行城市土地收益、城市建设维护税、公用事业费附加和市政设施配套费的统一归集运营,保证非经营性城市基础设施的建设与维护管理。理顺市政公用产品和服务价格形成机制,放宽准入,完善监管。鼓励公共基金、保险资金等参与具有稳定收益的城市基础设施项目建设和运营。

扩大民间资本准入领域。大力推进城市市政公用设施市场化改革,积极鼓励和吸引外资、社会资本通过股份化、股权融资、项目融资等多种方式参与城镇产业发展、公益事业及重大基础设施建设运维,鼓励民间资本、公共基金、保险资金进入城市经营性基础设施领域。探索有利于引导民间借贷规范发展的方式方法,加强对民间借贷的风险监控和预警处置。

(4)健全城镇住房保障制度。建立多元化住房供应体系。推进住房供应主体多元化,加快构建以政府为主提供基本保障,支持城镇居民自愿组建住房合作社,探索依法依规、自助开发、自主建管的住宅业发展模式。以市场为主满足多层次、多样化需求的住房供应体系。对城镇低收入和中等偏下收入住房困难家庭,提供保障性住房,满足基本住房需求;对不符合保障性住房条件、又难以通过市场解决住房问题的家庭提供政策性商品住房。稳定增加商品住房供应,大力发展、规范监管二手房市场和住房租赁市场。

健全保障性住房制度。建立各级财政保障性住房稳定投入机制,扩大保障性住房有效供给。建立符合省情的住房保障体系,优化保障性住房筹集和使用方式,完善保障性住房准入退出机制。完善租赁补贴制度,推进廉租住房、公共租赁住房并轨运行。制定公平合理、公开透明的保障性住房配租政策和监管程序,稳步推进各类保障性房源统筹建设、分类管理,提高保障性住房物业管理、服务水平和运营效率。加大特殊行业从业人员的居住需求供给,重点倾斜土地、财政政策,支持城镇学校教师、医院医护人员等特殊工作岗位需要就近在校、在院居住的公共周转房建设。

提高房地产市场调控能效。进一步落实房地产、土地、财税、金融等相关政策,共同构建房地产市场调控长效机制。完善住房用地供应机制,保障性住房用地应保尽保,优先安排保障性和政策性商品住房用地,合理增加普通商品住房用地,严格控制大户型高档住房用地。实行差别化的住房税收、信贷政策,支持合理自住需求,抑制投机投资需求。建立健全以土地为基础的不动产统一登记制度,在有效保护个人住房信息安全的基础上,实现全省住房信息联网。

(5)强化生态文明建设制度。健全自然资源资产产权和用途管制制度。建立自然生态资产统一登记制度,对水流、森林、山岭、荒地、湿地等自然生态空间进行统一调查摸底登记,并对其归属进行清晰界定,明确相应权责及监管主体。健全空间规划体系,探索推进市县国民经济和社会发展规划、城镇总体规划和土地利用规划等规划与主体功能区规划的衔接整合,实现多规合一,科学划定生产、生活、生态空间开发管制边界,落实用途管制制度。坚持最严格的节约用地制度,完善节约集约用地考核评价机制。认真贯彻《湖南省最严格水资源管理制度实施方案》,落实水资源开发利用控制、用水效率控制、水功能区限制纳污三条红线管理。

推行资源环境产权市场交易制度。探索推行自然资源产权、环境产权、使用权交易制度,建立公开、公平、公正的资源初始产权配置机制和二级市场交易体系。依托森林覆盖率高的优势,推进发展碳汇林业,探索建设碳汇资产市场,规划实施碳汇林业建设工程,对林业基础较好的森林公园、国有林场等开展造林试点,创建碳汇造林示范区。建立碳排放权交易市场和碳汇信用项目交易市场,由政府组织通过公开招标、拍卖、企业或个人通过竞标获取碳汇收益,同时加强招标拍卖挂牌、电子竞价出让等重点制度的建设和监管。加快水权交易试点,培育和规范水市场。全面推进矿业权市场建设。推进排污权交易,扩大排污权有偿使用和交易试点范围。开展城乡污水、垃圾处理等污染治理设施建设运行特许经营,推行第三方建设营运环保基础设施。运用PPP(公私合作)模式,创新生态文明重大项目建设投融资体制,鼓励社会资本进入,推动企业成为生态文明建设的实施主体和投入主体,形成市场化、社会化运作的多方并举、合力推进的投入运营格局。

完善资源有偿使用和生态补偿制度。坚持使用资源付费和谁污染环境、谁破坏生态谁付费的原则,逐步将资源税扩展到占用各种自然生态空间,实施差别化资源价格和惩罚性资源价格制度。加大生态补偿实施范围和力度,按照"达标奖励、超标处罚"的原则,建立省级生态文明转移支付专项资金,对湘江、资江、沅江、澧水四大流域、湖滨沿岸等生态功能保护区给予生态补偿,补偿重点生态功能区因加强生态保护和建设造成的利益损失,推动地区间建立横向生态补偿制度。建立吸引社会资本投入生态环境保护市场化机制,推行环境污染第三方治理。优先将武陵山、罗霄山、南岭山区各县(市、区)生态公益林保护、流域防护林、石漠化综合治理、水土流失综合治理、低产林改造等纳入国家和省重点生态建设工程给予生态补偿。建立森林(湿地)生态效益补偿长效机制,逐步提高补偿标准。积极探索农业生态补偿,确保农业可持续发展。

实行信息公开与环境监管机制。完善生态文明建设行政决策公开透明机制,推行重大项目建设生态环境保护风险评估制度。完善政府听证会制度和重大决策专家论证、群众评议制度,对涉及公众生态发展权益的建设项目,通过听证会、论证会或社会公示等形式听取公众意见,确保公众对生态文明建设的参与权、知情权和监督权。切实推进信息公开工作法治化、公开化,建立健全生态环境信息管理制度,全面推进涉及民生、社会关注度高的环境信息公开制度,提高环境信息的社会透明度,重点推进生态文明信息平台建设,建立环境管理政务信息、高污染风险企业环境信息、生态环境质量信息、重大生态环境安全应急信息以及生态环境突发事件向社会公开发布制度,在政府网站和当地主要公共媒体公开生态环保违法企业及典型违法行为。

建立生态文明考核评价机制和责任追究制度。充分发挥生态文明考核"指挥棒"的作用,建立健全生态文明目标管理责任制,实行分类差异化考核制度。对限制开发区域生态脆弱的国家扶贫开发工作重点县(市),省市不再考核生产总值。把资源消耗、环境污染、生态效益等体现生态文明建设的指标纳入生态文明考核体系和领导班子与领导干部目标考核体系。建立领导干部任期内生态环境资源审计机制,加快探索编制耕地、森林、湿地、湖泊(水面)、物种、矿山六大类自然资源资产负债表,落实领导干部自然资源资产离任审计。建立生态环境损害责任终身追究制度,让生态文明建设考核由软约束变成硬指标。

新型城镇化制度创新

"人往哪里去"——人口管理制度改革:实施迁、转、并三字并举方针,建立城乡统一的户口登记制度、健全人口信息管理制度、推进人口管理体制机制创新等。

"钱从哪里来"——投融资体制改革:优化政府财政性资金投向、完善财政转移支付制度、拓宽城镇建设融资渠道、扩大民间资本准入领域等。

"土地怎么用"——深化土地管理制度改革:改革城镇用地规模调控制度、推行节约集约用地制度、改革农村土地管理制度、强化耕地保护制度、深化征地制度改革等。

"城镇怎么建"——城建管理体制改革:城镇行政管理体制改革、城建投融资体制改革、城镇住房保障制度改革、市政公用行业管理体制改革、建设工程管理体制改革、生态文明制度建设等。

四、湖南"十三五"新型城镇化发展的推进路径

1. 实行包容增长,走以人为本的城镇化道路

加强人文城市建设。城市的形成是人类走向成熟和文明的标志,同时也是人类社会群居生活的高级形式。城市建设首先必须为民生服务,城市的革新以尊重人的个性、尊严、情感为基础,倡导人际关系、人与自然关系和谐发展,让城市规划、建设、管理行为全面回归人文关怀。摒弃以经济发展为纲的城市发展观,树立正确的城市价值理念,积极务实培育城市生态文明与商业文明,为生活在城市的居民提供更加便利的工作方式、体验方式和事业发展空间,更多彰显城市人文关怀,努力提升城市形象与生境品质。

提升城镇发展质量。按照国家区域发展总体战略和主体功能区战略的总体要求,加快环长株潭城市群、省域性城市群与区域中心城市建设的发展转型。不断完善城镇基础设施和公共服务设施,改进城镇生产、生活、生态

和谐统一的"三生"功能,增强城镇综合承载能力,满足人民群众日益增长的物质和文化生活需要。适应新型工业化、信息化和农业现代化的发展需要,科学营建绿色城镇、低碳城镇、智慧城镇、优宜城镇、活力城镇与时尚城镇。

增进城乡居民幸福。适应湖南民生需求整体上正从生存型、温饱型迈入发展型、享受型的升级需求,将幸福最大化作为城镇化建设的终极奋斗目标,在提高国民收入的同时,更加注重提高城乡居民心理满足感、家庭生活质量与健康水平,切实保障公正维护社会成员基本人权等非物质需求的公共支出,努力缩小城乡差距。改革收入分配制度,进一步"做大蛋糕""做好蛋糕""分好蛋糕",实施居民收入倍增计划,促进居民收入增长和经济发展同步、劳动报酬增长和劳动率提高同步。着力解决城镇化进程中关系人民群众切身利益的就业创业、社会保障、土地征拆等突出问题,让发展成果更多惠及广大人民群众。

促进人的全面发展。新型城镇化是人的城镇化,以人的全面发展为主要内容的社会福利水平提高是新型城镇化的主要特征。创新发展理念,明确新型城镇化发展实践主体是人,发展目的是为了人,发展过程是关怀人,在城市建设中必须以人为宗旨,以人的需求为准则。在科学发展观引领下,以经济社会和人的全面发展为根本目的,突破惯性发展模式,积极探索在新型城镇化思想理念指导下的新取向与新路径,不断提高人口整体素质,促进城镇文明全面进步和人的全面发展。

2. 促进"两新"①互动,走"四化"同步的城镇化道路

坚持新型工业化支撑。新型工业化是城镇化和农业现代化的经济支撑,是促进信息化、农业现代化和新型城镇化协调发展的主要动能。在湖南"四化两型"社会建设中,进一步明确新型工业化的主体地位,不断推进新型工业化与信息化的深广融合,适应市场需求变化,发展结构优化、技术先进、清洁安全、附加值高、吸纳能力强的湖南特色性现代制造业体系。以新型工业化的发展推动农业现代化,普及农业生产机械化。运用现代工业生

---

① 即新型工业化和新型城镇化。

产经营模式,推动农业经营的现代化和农业生产的产业化。积极引导农村传统手工业产业向城镇转移,提升农产品精深加工业发展水平与市场竞争能力,为城镇建设注入新活力。

推进智慧城市建设。智慧城市是信息技术条件下城市发展的新形态和城市社会治理的新变革。科学制定智慧城市发展规划,全面推进"数字湖南"建设,大力发展电子信息产业,提升信息化支撑能力。加快长沙国家超算中心建设和以云计算、物联网、大数据为主导的新兴智慧产业发展。利用国家将长株潭城市群列入"三网融合"试点的有利机遇,加快信息技术在社会经济发展各领域的推广。理顺政府、企业、公民三者关系,积极引入各方资金,构建智慧城市建设的专业化投融资平台,全面推展智慧医疗、智慧交通、智慧教育、智慧金融、平安城市等系列化的服务应用,创造优宜的城市生产、生活方式,提高城市管理数字化、基础设施智能化、公共服务便捷化、社会治理信息化水平。

促进产城融合发展。遵循"产业与城市规划同步"的指导思想,因地制宜,优化城镇空间功能结构,将产业高度集中的产业园区与城市发展融为一体、整体规划,注重生产要素聚集与生活要素配套,促进城市化与产业集群的同步发展。大力实施"人才兴湘"战略,增强产城融合对人才的吸引力,为城市和产业发展提供持续动力。加强差异化产城新区建设,不断改善产业园区的住房条件与宜业环境,形成一批门类齐全、环境优美的高收入群体房产项目和职工公寓住房。积极培育新兴产业,建设多元化城市宜居社区,促进产业优势激发城镇活力。

以"两新"解"三农"。作为"农业大省",大力推动新型工业化和新型城镇化是着力解决"三农"问题的必由之路。加快湖南省产业结构调整进程,在新型工业化中,大力提升农业产业现代化的经济支撑基础,加快建设产业聚集区,吸纳农民就地就业转移。推进农产品加工创业园区建设,以工业化的发展促进农产品加工和农村产业的发展,引导农民创业就业。以产业聚集区为载体,积极培育现代农业支柱产业,以产业发展促进农民就业增收。通过产业聚集区、现代农业园区、新型农村社区的共生成长,促进农村经济转型与文明进步。

3. 强大发展能量，走创新驱动的城镇化道路

加强创新城市建设。"创新城市"是新型城镇化科学发展的活力载体，是实现"四化两型"的内在动力。树立人才是城镇创新发展原动力的科学理念，注重进一步完善城乡各类教育、培训体系，大力提高城乡居民的文化素质和文明程度，提升城乡居民的就业、创业能力，促进适应城市发展创新需要的湖湘人才群体不断崛起。通过城乡户籍制度、土地制度、投融资制度等改革，实现城市制度创新。通过进一步完善城乡社会管理体系，营造和谐的城乡社会环境，实现城市管理创新。通过培育和挖掘城乡文化，加强文化人才培养和引进，实现城市文化创新。

激活创新驱动要素。不断提高城市自主创新能力，积极发展战略性新兴产业，整合各类资源，培育拥有核心技术、创新能力强、有市场竞争力的优势企业，推进一批重大具有带动作用的产业项目建设。强化以企业为主体、市场为导向、重大创新平台为支撑、产学研用相结合的自主创新体系建设，逐步确立和巩固企业技术创新的主体地位，注重发挥龙头企业的引领作用，建立企业研发中心、区域技术孵化中心和联合型技工大学，依托高校和科研院所，建立产学研一体的创新机制，不断增强产业集群的创新能力。地方政府为企业创新提供体制、机制和法制保障，加大对创新项目的投入和对创新成果的奖励，营造适宜创新的最佳社会环境，推动城市科技创新、管理创新与服务创新，提升城市整体创新能力。

推进技术创新进步。技术创新作为经济社会发展中最活跃、最具革命性的因素，已成为推动城市创新发展的重要积极力量。改进政府科技投入方式，加大政府对技术创新体系建设投入，提高政府科技投入的长期效益。加强对新型工业化过程中的关键技术、专业技术的基础研究，加强对低碳经济、循环经济、节能减排、环境保护等关键共性技术的研发和应用。充分发挥区域高校和科研机构的技术和人才优势，加快科研成果孵化、转化进程。安排专项资金或以奖励等方式鼓励高新技术产业的发展，重点扶持培育一批具有基础优势的产业，使其在新兴产业发展中起到示范和带动作用。通过技术创新，不断推出新产品，扩大销售和市场份额；改进生产工艺，降低产品成本，获得价格优势；节约资源，优化配置内部资源，不断提升新型工业化

的核心竞争能力。

实施知识产权战略。知识产权是支持城市经济社会发展具有制高优势的创新资源。通过充分运用知识产权信息,正确选择自主创新的方向、重点领域和主要项目,科学确立自主创新的技术路线,获取质量更好、数量更多的知识产权,降低自主创新成本,提高知识产权的创造能力,规避知识产权风险。加快创新成果产业化,引导、支持创新活动转化为经济活动。不断完善知识产权保护制度,提高知识产权的法律保护能力。加大知识产权应用宣传,普及知识产权基本知识和实务技能,让更多企业和居民参与知识产权的创造与维权保护行动。

4. 坚持"两型"引领,走生态文明的城镇化道路

转变城市发展方式。以资源高消耗、污染高排放、土地高扩张等为特征的传统发展方式是掣肘城市可持续发展的重要障碍。应注重城市综合承载力的提高,促进城市社会、经济与自然的协调发展,实现经济发展与生态环境的深度融合,注重城市特色发展、错位发展、个性发展、传承发展。统筹城乡资源,精细规划城市建设和环境建设,加强城市环境基础设施建设,为城乡居民生活质量的提升奠定优良的物质基础。加大政府财政投入,完善城市污水处理系统,建立垃圾集中回收、转运、处置设施,推行垃圾无害化处理。引导企业加快节能降耗技术改造,推广循环经济,普及清洁生产,强制淘汰消耗高、污染重、技术落后的生产工艺。加强城市生态文明建设,严格保护各类生态功能区,促进生态修复与保育。

推进绿色城市发展。绿色城镇发展是以人与自然和谐、经济效益与社会环境效益兼容以及人们生活质量全面提高为目标取向的新型城镇化道路。将生态文明理念和原则融入新型城镇化全过程,倡导低碳、节能、便利的城镇生产生活方式。科学规划城市扩展边界,严格实行城市扩展的红线管制。高度重视并充分考虑灾害因素和城市安全要求,提升城市防灾减灾能力。进一步改善城市中人与环境的关系,努力实现人与自然、人与社会、人与人的和谐共处,注重环境保护和生态平衡,前瞻性决处可持续发展问题、代际公平问题,保障城镇绿色、健康发展。突出抓好重点区域、流域和领域的污染防治,推进洞庭湖和"四水"流域的综合治理。积极发展生态经济,全面推进"宜居城市""宜居城镇""宜居村庄"的创建活动,努力将湖南建成中部乃至全国的最佳绿色宜居之地。

加强"两型"社会建设。"两型"社会建设是新型城镇化建设中城乡社会生产和消费方式及其社会经济结构转变与创新的主导原则。坚持把调整经济结构作为转方式、建"两型"的战略重点,构建符合"两型"要求的产业体系、技术体系和生产体系。实行"边发展、边治理",走经济生态化和生态经济化的发展道路。科学规划和管理可持续城市化进程,充分发挥财税政策的调控作用,逐步淘汰高资源消耗、高污染、高排放的产业和企业,促进相关企业转型升级。对节约资源和保护环境的企业行为给予奖励,对创新和推广节能减排技术、工艺、设备和材料的企业给予资金补贴,促进节能环保产业、高附加值产业、绿色建筑业、现代农业、现代服务业的加速发展,坚决控制"两高"企业,把不污染环境、不破坏资源、不搞低水平重复建设作为谋发展、上项目决不可触犯的"底线",积极发展绿色经济、循环经济、低碳经济。

5. 彰显城市个性,走文化繁荣的城镇化道路

强化历史文化传承创新。历史文化是城市的精神内涵,是城市的灵魂和魅力所在。严格保护历史文化名城名镇核心保护区、历史文化街区、历史建筑风貌和文物保护单位,高度重视非物质文化遗产的保护、利用和传承,加强古遗址保护和考古遗址公园建设。不断挖掘城市历史文化的丰富内涵和多重价值,并将其融入新城新区建设和旧城改造,以保持城市特有的历史文化氛围和风格特色。通过景观形态和环境空间规划设计,将城市文化的主题、内涵和外延生动形象地表现于各类具象形态之中,多层面融进新的城市精神文化、建筑文化、自然文化、公共文化、科技文化,增强城镇居民的文化归属感与外部亲和力。

完善公共文化服务体系。健康、完善的公共文化服务是凝聚和引领广大人民群众的重要力量。加快城乡公共文化基础设施与文化服务体系建设,构建城乡文化服务网络,探索城乡文化联动机制,加大对湘西等贫困地区文化服务体系建设支持力度,不断改善湖南文化设施资源不平衡、结构不平衡、投资不平衡现状。支持有条件的县(市)、中心镇建设适度规模的文化广场、中小型专业博物馆、名人名家图书馆与收藏馆或综合性文化活动室。将城镇文体设施及其服务组织建设纳入城镇总体规划和社区工作计划,加快公益性文化事业发展,积极抢救并切实保护各类民族文化遗产。充分整合城市、乡镇、农村三级文化资源,发挥各自优势,开展文化艺术交流互访活动,激发城乡居民文化创造的欲望,培育文化建设自生机制,活跃城乡文化市场,促进城乡文化繁荣。

促进文化产业快速成长。文化作为低耗能、高产出的绿色环保产业,是转变经济发展方式的重要抓手,是推动湖南经济实现跨越跃升的强劲动力。推进一批重点文化项目建设,形成若干国内一流、国际知名的文化产业园区、创意设计园区、文化名胜景区、标志性文化设施与高美誉度文化品牌,构建本土特色鲜明、传统和现代文化交融、文化与城镇发展一体的湖湘文化新高地。加大对城乡文化产业投入,引导并支持多元混合性投资主体,建设一批规模较大、个性鲜明、竞争能力强的文化产业集团、产业基地与聚集区,形成一批具有较高知名度、美誉度和社会影响力的文化主导产品,开发一批极具湖湘文化内涵的文化旅游商品,缔造一批百姓口碑优秀、国内外消费者喜闻乐见的文化作品和文化品牌。加大将城市历史文化资源转化为文化资本的力度,促进文化与旅游、金融、科技等新兴产业的融合发展。

推进特色文化城镇建设。突出文化规划引领,把城市建设成为具有鲜明地域特点、文化特色、时代特征的人文魅力空间。根据城镇不同文化资源,在时间和空间上深广发掘历史人文底蕴,塑造差异化的城镇风形态与文化生境。通过特色文化活动和支柱文化产业,培育文化品牌,将其转化为居民高度认同的城镇品质和城镇精神。重点规划建设好一批具有山丘平湖风貌、悠久人文传承、"两型"社会特征、现代时尚魅力的大中小型城镇,形成若干标志性文化建筑群落。注重城市文化艺术环境建设,推进公共设施艺术化,依托城镇重要建筑物、重要街区、重要节点、城镇公园、公共广场、江湖风光带以及建筑小品等,营造进取、惬意、优美的城镇文化生活艺术空间。

6. 强化市场作用,走多元参与的城镇化道路

正确处理政府和市场关系。在市场经济条件下,市场成为资源配置的主体和重要途径,资源要素向比较效益高的领域自由流动,市场机制发挥决定性作用,政府"看得见的手"对市场的某些错配行为具有较强的适当矫正效能。推进省域新型城镇化发展,应以市场化为导向,弱化政府对市场的过度干预,强化城镇资源的市场化运营,谋求城镇建设资金投入与产出的良性循环。各级政府需着眼于城镇功能的形成、发挥和提升,开放可由市场运营的活动空间,明确可由政府制控的法规边界,更好地提高资源利用与管控效能。对于特定的城镇资源,从功能角度和经济角度进行双重界定,对可竞争性产业及其资源经营,可由市场依法按规支配;对城镇未来发展具有重大影响基础性公共资源,在有效发挥政府的宏观统筹与调控监管作用的同时,允许并鼓励市场主体及社会民间力量自下而上地发动和推进新型城镇化进程。

促进城乡资源要素开放贯通。建立自由、开放、通畅的城乡资源要素交流平台与出入通道是新型城镇化发展的客观要求。应统筹城乡劳动力就业市场、土地市场、资金市场等要素市场,促进资源和生产要素的城乡互通,以新型城镇化和工业化带动农村剩余劳动力转移,推进农业规模经营,加速农业产业化、专业化、规模化和品牌化发展,推动农业向高效率、高附加值、高效益方向迈进。发挥城市先进生产力的聚集、扩散和辐射作用,以城市产业结构的调整和升级为契机,带动农村与农业产业结构和产品结构的调整,通过以工促农,以城带乡,城乡联动,推动城镇产业集聚、升级和结构优化,形成新的经济增长点。应注重加强城乡一体化劳动力市场建设,积极构建统一、开放、竞争、有序的劳动力市场,形成政府引导就业、市场调节就业、劳动者自主择业的市场就业机制,帮助农民进城入镇后顺利就业,及早完成新市民、新镇民的转化。应逐步推进科技、信息、金融、公共财政、社会服务等适宜资源要素向农村配置,建立长效机制,为城乡经济社会协调发展提供制度保障。

动员社会各界共推城镇化。推进新型城镇化需要发挥社会各界的力量共同参与。一方面,要引导和积聚社会力量,特别是鼓励民营资本投入新型城镇化建设,形成多渠道、多元化的投建市场与服务机制;另一方面,各级政府应树立开放化、社会化和国际化观念,营造宽松公平的竞争环境,充分挖掘本区域现有资源价值,广泛聚集境内外优秀人才,多渠道吸纳企业、法人团体、社会民众的经济、知本资源,共同献策城镇、建设城镇、运营城镇。

五、湖南"十三五"新型城镇化发展的政策策略

1. 注重顶层设计

城镇化建设是一个长期的历史过程。湖南"十三五"新型城镇化发展一定要坚持战略谋划、蓝图引领、创新作为,注重惠近利远的顶层设计。

全面深化改革。新型城镇化是集政治、经济、文化、社会、生态文明建设五位一体的综合性进程,其核心是以改革创新为突破口,形成有利于新型城镇化的制度安排。一要健全省直管县的体制改革。建立廉洁高效、运转协调、行为规范的行政管理体制,加快把政府职能转到经济调节、市场监管、社会管理和公共事务上来。减少行政层级,稳步推进简政放权工作,按照权、责、利配套、财权与事权相统一的原则,给县、市以及街道下放管理权限。赋予重点中心镇县级行政、经济和执法管理权限。二要创新城乡规划建设管理机制。着重强化专项规划、控制性详细规划、园区建设规划和村镇规划的法律地位。建立派驻总规划师制度,省政府对市州派驻总规划师,各市州政府对县(市)派驻总规划师。加大城乡规划监管力度,建立规划管理责任追究制度,提高规划制定、实施与管理的科学化、法治化、规范化水平。三要推进城市综合配套改革。新型城镇化是一个综合配套改革的过程,改革每向前推进一步,就可能产生众多的关联性制度问题。要稳健拓展、统筹推进人口管理、土地管理、市政管理、公共服务、城镇住房、生态环境、财税金融等重点领域和关键环节体制机制改革,逐步形成绵绵不息的内生型改革格局,构建有利于城镇化健康发展的制度环境。

加强政策引导。政策是推进新型城镇化发展的必要手段,要正确发挥政策的战略导向与行为引领作用。一要因地制宜地落实好国家法规政策。国家已出台或将陆续出台的一系列推进新型城镇化的新法律、新规制、新举措,是基于全国战略高度、宏观领域的大制度、大方针、大策略,要结合湖南省情、城情、镇情,因地制宜、因势利导地将国家层面的各项法制、政策实施到位、执行到底,务求实效实绩。二要加强部门协调与横向配合。通过规划、建设、城管、人口、土地、就业、社保、住房、环保、财政、公安以及其他专业

执法监管等部门的相互协作、共同配合,形成合力,确保政策绩效最大化、长远化。三要发挥城镇化考核的驱导作用。建立科学、全面、客观、公正的新型城镇化发展考核评价体系,并将其纳入各地、各部门的年度工作责任目标考核内容,对新型城镇化发展绩效给予激励性褒奖和支持。

调整行政区划。针对湖南城市规模偏小、数量偏少、带动力偏弱、结构欠合理等问题,积极、有序、稳妥地开展行政区划调整,拓展城镇化特别是县域城镇化发展空间,促进集聚效应和辐射带动能力的发挥。优化中心城市发展空间,支持长沙市、岳阳市、郴州市等周边县市调整为市辖区。拓展中心城市发展空间,支持张家界市、常德市、娄底市等增设新的市辖区。提升县级市的带动职能,支持一批区域性县级市升格为副地级城市。建议改宁乡县为宁乡市、改华容县为华容市、改攸县为攸州市、改桃源县为桃源市、改邵东县为邵东市、改道县为道州市、改汝城县为汝城市、改龙山县为龙山市。拓展县城发展空间,根据县城发展需要,将周边临近乡镇纳入县城规划区或直接并入县城。积极开展撤乡并镇,促进中心镇发展。

2. 强化组织协调

新型城镇化是一项攸关全局、惠及长远的系统工程,严密有序、执行有力、持续有为的组织协调是其推展进程的重要保障。

创建新型城镇化组织领导机制。进一步强化省委、省政府顶层制度创新与前瞻设计的制高引领作用,全面统筹驱导新型城镇化进程的重大发展战略研究、综合法规政策拟制和行政能效目标考核等决策领控使命;进一步发挥省人大、省政协的立法督政与参政议政职能,协力促进新型城镇化的科学、持续、健康发展。建立各相关部门共同参与的新型城镇化综合协调领导小组,形成党委领导、政府负责、人大监督、政协评议、各部门齐抓共管的组织领导机制,以此强化对全省各级新型城镇化工作的统筹协调和领导。各市(州)、县(市)明确专门机构,给予必要的人员编制和经费保障。城市(镇)群作为集合性主体,应创建由相关城(镇)负责人组成的城市(镇)群发展战略联盟委员会或联席会议制度及其日常联络协调机构,加强集群城镇的统筹协调与共治共管,促进共生共赢。

创建新型城镇化工作协调机制。合理确定省直部门与各州(市)城镇发展的工作事权及责任分工,建立由省住房和城乡建设厅牵头,省直相关部门配合参与的专业化工作推进机制。在省、市政府层面建立推进新型城镇化专题会议制度,定期研究解决新型城镇化发展中的重大困难和突出问题。进一步完善加快新型城镇化发展的推进机制,加大推进力度,提高工作能效,各级城镇规划、住房建设、发展改革、国土资源、环境保护、交通运输、财政、公安、城管、教育、卫生、科技、体育等部门要集成合力,精准发力,释放活力,切实催生各地区、各城镇、各行业的科学发展动能与转型升级实效。尽快建立以人为核心的新型城镇化发展监测评估机制,提高评价的科学性和指导性。

创建新型城镇化专家咨询机制。专家咨询在提高新型城镇化决策科学化水平方面发挥着日益重要的不可替代性作用。建议由省发改委牵头组织成立湖南省推进新型城镇化专家咨询委员会,下设不同专业的分委员会,更好地充分发挥专家学者的前瞻研究、决策参谋、咨询服务、技术支撑、监测评估等职业化智库作用,确保新型城镇化始终在科学理性的发展轨道上健康有序推进。专家咨询服务的方向性目标和实务指导任务主要包括:一是承担新型城镇化的重大决策咨询服务;二是参与重大项目开发前期研究、重要规划编制修订和标准化制定;三是接受专项委托课题调研,提供专业技术指导与服务支持;四是组织开展第三方监测评估;五是定期编撰出版《湖南省新型城镇化发展报告》。

创建新型城镇化社会参与机制。将公众参与作为推进新型城镇化的重要动力,让公众在主动参与新型城镇化建设过程中共享发展成果。一要切实保障公众的知情权、参与权、监督权和选择权。对涉及规划、环境、住房、社会保障等与人民群众生产生活密切相关的重大决策,必须按规定履行听证程序与公示程序,广泛听取市民意见,全面接受社会监督。对城镇重大建设项目进行生态环保风险评估和社会稳定风险评估,确保其合法性、合理性、可行性和安全性。二要公正引导社会大众对新型城镇化的自觉认同。通过大力宣传加快新型城镇化发展的重要意义及其实际政策措施,在全社会形成关注新型城镇化工作、参与新型城镇化建设、合力推进新型城镇化发展的浓厚氛围。三要在城乡建设中拓展民间资本发展空间。大力改革城乡基础设施建设、城镇社会公用事业的投入、运营与维护作业机制,切实降低社会资本的投资准入门槛,严格强化依法依规的过程化、动态化监管,有效动员社会力量为推进新型城镇化发挥积极作用。

3. 创新要素投入

生产要素的供给事关新型城镇化的推进速度和质量,应着力构建全要素投入体系。

增强要素投入的吸引力。在市场化条件,生产要素会自动流向吸引力强的区域与行业。一要通过科学规划增强吸引力。应立足发展阶段性、着眼区域整体性、追求城乡协调性,从城乡规划的战略层面,聚集具有长远能效的生产力要素。通过激活城镇发展规划的愿景引领与预期效应,聚人力、引资本、兴产业、扩财源、增优势。二要通过优美设施增强吸引力。以扩容提质、功能完善为取向,高起点、高水平推进城镇建设,增强城镇对生产要素的亲和度和美誉度,积极营造投资兴业"洼地"与展业"高地"。三要通过彰显个性增强吸引力。富有特色的城镇化最能吸引生产要素聚集。应结合四大区域板块的地域资源禀赋和发展实际,走特色城镇化道路,让生产要素有选择地流向并集聚到最适宜空间、最适宜领域和最适宜业态。

增强要素投入的协调力。湖南地域差异较大且发展极不平衡,促进四大区域板块新型城镇化的协调发展,必须增强投入体系的要素协调力。一要以制度设计促进要素协调。通过生产要素自主自由、有序流动的制度设计,促进政府、市场和社会力量在区域、城乡、行业领域之间的相互协调与高效配置。二要以市场手段促进要素协调。以城乡要素市场一体化为目标,改革城乡分割的体制机制,促进生产要素在城乡的合理分配。三要以政策创新促进要素协调。坚持工业反哺农业、城市支持农村的方针,制定切实可行的政策体系,引导城市人才、技术、资金等生产要素向农村投放。支持由社会资本发起设立服务"三农"的县域中小型银行和金融租赁公司,积极发展新型农村合作金融组织,弥补城乡建设资金不足的短板,释放农村发展潜能。

增强要素投入的整合力。新型城镇化的发展对人口、资源、资金、技术等生产要素的整合聚集效应提出了更高的要求。一要创新组织载体提高要素整合力。大力发展农村专业合作社、构建公司+农户等新型经营模式,增强城乡生产要素的整合力度。深化国有资产管理体制改革,通过股份制或众筹混合制改造,整合社会闲散资源。二要通过平台建设提高要素整合力。坚持市场导向,探索创新科技成果转化和公共服务体制机制,搭建"政产学研"发展平台,推动创新成果转化和产业化,加速生产要素整合。三要通过错位发展格局提高要素整合力。合理调整区域、城市群和城乡的生产力布局,通过取长补短、异质错位发展,增强全省生产要素的空间整合力。

4. 突出人才支撑

全面推进人才资源整体开发战略,建立健全新型城镇化人才的培养、评价、分配、流动等体制机制,全面营造优良的人才培养、引进、选任、评聘、进出、执业、兼业的政策环境,为新型城镇化的持续发展和繁荣提供强大的人才和智力支撑。

创新新型城镇化人才服务理念。思想是行动的先导。适应新型城镇化对人才的新要求,应树立三大理念。一是人才优先理念。树立人才资源是第一资源的理念,始终将人才工作放在推进新型城镇化战略的优先位置,努力做到人才制度优先创新、人才资源优先开发、人才投资优先保证。二是产业导向理念。城镇化的基础支撑是产业,城镇化的社会载体是经济业态。城镇产业发展或经济业态的培育都离不开技能性专业人才,应根据城镇的产业发展的需求取向预期,系统推进并完善全省人才资源集聚、融通的顶层制度设计。三是市场化理念。按照"加快人才发展体制机制改革和政策创新"的要求,在政策、薪酬、融聚、服务等方面充分尊重市场规律,打破限制人才合理流动的现行各种障碍,切实让人才资源更好地流动到最能发挥效能的领域和岗位上,实现智力、技术与能量的核聚变。

构建新型城镇化人才开发机制。把统筹城乡人才资源开发密切融入新型城镇化发展的全过程和各环节,更加体现时代性,更加把握规律性,更加富于创造性。一是创新高端人才的引进和培养机制。加大人力资本投入力度,出台人才引进和培养的财政补助政策及奖励措施,建立规范有力的长效激励机制,常年动态招引具有全球视野、战略思维与实务技能的城镇管理者、优秀企业家、高科技领军人才和高端技能型人才。二是完善劳动力培训投入机制。以农村转移劳动力为重点,建立"政府投资、社会参与、个人合理分担"的劳动力培训投入和保障机制以及常态化的企业转岗就业培训机制,提高农村转移劳动力在城市的就业能力与现代生活素质,为城乡产业结构调整提供人才保障。三是健全人才公共服务机制。各级组织人事部门和人才服务机构要围绕新型城镇化建设,加快完善以市场化人才配置、社会化人才服务和专业化人才培训等为主要内容的人才公共服务体系,为人尽其才、才尽其能提供基础性社会制度保障,让人才都有出彩的机会与平台。

优化新型城镇化人才创业环境。优质的创业环境是呵护创业精神、培育创业能力、拓展创业空间的重要基础。一要增加创业平台。充分利用城市规模经济产生的专业化分工效应,放宽政府管制,降低交易成本,激发创业活力。要强化产业园区、创业园区的集成作用,通过合理的产业分工,引导农民工就近就业和返乡农民工落地创业,发挥其促进创业、带动就业的平台作用。二要完善创业政策。运用财政支持、创业投资引导、政策性金融服务、小额贷款担保等手段,支持并扶助高校毕业生和各类人才创业,为中小企业特别是创业型企业提供良好的发展环境,激发民众自我创业、自我发展。三要改善创业服务。建立公益性创业指导服务机构和创业信息、扶持政策发布平台,开展创业咨询指导,提高社会化创业能力。增强创业服务的针对性,更多面向并满足大学生、返乡农民工和转业退伍军人的特殊创业需求,激发创业活力。

5. 坚持试点先行

实施新型城镇化战略既要加强顶层设计,发挥制度的整体力量,又要善用"摸着石头过河",激发基层实践热情。宜通过试点示范,以试错求少错,积小胜为大胜,为推进新型城镇化凝聚共识、探索规律、开拓道路。

促进国家层面示范试点。支持相关市(州)、县(市、区)积极争取国家新型城镇化建设试点,在建立农业转移人口市民化成本分担机制、建立多元化可持续的城镇化投融资机制、建立体现降低行政成本要求的设市区模式、改革完善农村宅基地制度等方面进行先行探索,为全国新型城镇化先行先试积累经验、提供示范。支持推进龙(山)、(来)凤等为全国跨省域新型城镇化试点。鼓励符合条件的城镇申报国家创新城市、智慧城市、低碳城市、海绵城市等试点,跻身国家先行示范城镇。

开展省级层面示范试点。按照不同区域、不同规模、不同功能、不同个性城镇的代表性原则,在全省实施新型城镇化"3415"示范试点工程,"3"即岳阳城镇群、郴州城镇群和吉首城镇圈 3 个区域性城镇群,"41"即宁乡县、龙山县等 10 个县(市),开慧、矮寨、梅田、太子庙等 100 个特色镇,100 个新城新区,100 个城市综合体,"5"即 500 个城乡社区。重点在城镇化综合配套改革、农业转移人口市民化、人居环境建设以及推进产城融合、建设特色城镇等方面,积极开展试点示范,力求取得重大突破,探索形成因地制宜、多样化的新型城镇化具体路径。

积极支持基层创新实践。充分尊重基层首创精神,进一步调动基层领导和广大公务人员、社区群众投身城镇发展改革的积极性、主动性与创造性,为全省更富成效地推进新型城镇化积累生动具体、切实可行的实践经验。充分发挥"长株潭"国家"两型"社会建设综合配套改革试验区的示范带动作用,鼓励各地从实际出发,立足特色优势,注重制度创新,积极先行先试。及时总结推广各地在完善人口服务管理机制、促进基本公共服务均等化全覆盖、提高空间利用效率、加快"四化同步"、推进农村综合改革、创新社会治理等方面的成熟经验,带动新型城镇化健康发展。

流域篇

湖南建设长江经济带的新型城镇化路径取向

新型城镇化是国家长江经济带新一轮开放开发的六大战略重点之一，是新常态下推进我国大流域地区城镇化科学发展的重大历史使命。湖南作为长江流域发展中的重要区域板块，推进长江经济带新型城镇化进程，进一步优化空间职能，加快重点主体功能区建设，有利于促进区域协调共生发展，激活城镇经济动能与社会资源潜能，规模释放城镇集群联动效应，更好地落实国家重大战略部署，营造跨域发展新高地与集合成长新优势，推进湖南长江经济带新型城镇化科学发展。

一、湖南长江经济带新型城镇化发展的重大意义

1. 发展基础

（1）城镇化步伐加速推进。"十二五"以来，湖南长江经济带城镇化迈入快速发展阶段，城镇化率由 2010 年的 43.3% 提升到 2014 年的 49.28%，年均提高 1.5 个百分点，其中 2010—2014 年提高 5.98 个百分点，比长江经济带快了 0.48 个百分点，与长江经济带的差距由 2010 年的 5.4 个百分点缩小到 4.92 个百分点。

（2）城镇体系不断完善。湖南长江经济带拥有百万人口以上的大城市 3 个，50 万—100 万人的中等城市 7 个，20 万—50 万人的小Ⅰ城市 7 个，20 万人以下的小Ⅱ城市 12 个，初步形成了以城市群为主体形态，长株潭都市区为核心，区域中心城市为依托，县（市）城和中心镇为基础的大中小城市和小城镇协调发展的城镇空间格局，成为长江经济带城镇体系的重要组成部分。

（3）城市群格局形成。全省以推进长株潭城市群为重点，启动了环长

株潭城市群(即3+5城市群)建设,成为长江经济带重点开发区域和长江中游城市群的重要组成部分。洞庭湖城市群、大湘南城市群、大湘西城市带作用开始凸显,成为省域经济社会发展重要支撑板块。岳阳"长江新区"、常德"桃汉临"、衡阳"西南云大"、娄底城镇带、吉首城市经济圈等区域性城镇群初步形成,在长江经济带发展中发挥了重要作用。

(4)城镇承载能力增强。随着基础设施建设投入力度的不断加大,城市社会公共服务功能进一步增强,综合承载能力全面提升。到2014年,全省城镇自来水普及率、燃气普及率、生活垃圾无害化处理率、污水处理率分别达到97.05%、91.24%、99.7%和89.9%,人均道路面积、人均公园绿地面积和人均居住面积分别达到13.76、9.85和38.96平方米,相比2005年均有较大提升,人居环境持续改善,城镇面貌明显改观,为长江经济带新型城镇化发展奠定了良好基础。

(5)城乡统筹绩效提升。随着城镇化规模的持续扩大和城镇产业结构的不断优化,城镇经济的拉动作用日益增强,进一步拓展了农村剩余劳动力的就业空间和收入渠道,促进了农村居民收入大幅增加和城乡差别的逐步缩小。2015年全省城镇居民人均可支配收入28838元,农村居民人均可支配收入10993元,城乡居民收入比由2008年的3.06下降到了2015年的2.6,城镇和农村居民家庭恩格尔系数分别下降到30.5%和34.3%。覆盖城乡的社会保障、基本医疗卫生、社会养老等基本公共服务体系不断完善。

不容忽视的是,在城镇化加速推进过程中,目前仍然存在一些必须高度重视并着力解决的深层矛盾和历史性累积问题。

一是城镇综合实力不强。湖南城市数量少,全省每万平方公里城市1.37个,低于长江中游3省(湖南、湖北、江西)1.52个的平均水平,更低于长江下游3省(江苏、浙江、安徽)2.61个的平均水平。大城市不大不强,3个大城市中,有2个刚迈进100万人的规模。29个设市城市中小城市占到68.97%,其中有13个中心城区人口在20万以下。71个县城平均人口规模仅11万多人。

二是城镇经济结构不优。全省多数城市经济总量偏小、产业结构不优问题明显,大部分城镇新兴产业发展不快、服务业发展滞后,不能提供足够的就业岗位,城镇吸纳人口和就业的功能不强,特别是洞庭湖区、大湘西地区和大湘南地区的区域中心城市的集聚力、带动力、辐射力和影响力均较弱,城镇群内部功能关联性、互补性不强,集群效应低下。

三是城镇空间载荷不大。空间城市化明显快于人口城市化。城市人口增长与土地扩张不匹配。城镇人均建设用地高达 139 平方米,高于国家 100 平方米的执行标准,城市平均容积率 0.4,低于全国 0.51 的平均水平。以开发区为代表的产业空间与城市空间统筹协调发展不够,开发区空间占用率与其对应的城市经济和就业的贡献率之间存在较大差距,园区地均投资和地均 GDP 仅为全国平均水平的 60%。

四是城镇建设品质不高。城镇基础设施和公共服务设施欠账较多,"城市病"日渐突出。城市道路、环卫、供排水、供气、污水垃圾处理、公共停车场、绿化美化等设施建设水平有待提升。教育、医疗卫生、文化、社会保障等公共服务体系不健全。一些城市景观与所在区域自然地理环境不协调,城镇建设个性特色不鲜明。

2. 机遇挑战

(1)重大机遇。一是国家重大战略布局为湖南长江经济带新型城镇化发展提供了新动力。随着国家长江经济带战略和"一带一路"战略的深入推进,一大批重大基础工程的建设,特别是立体交通建设的同步推进,将有力促进产业有序转移、经济结构优化升级和新型城镇集聚发展,为全面提高湖南长江经济带城镇化质量、推动城乡区域协调发展、加快转变经济发展方式提供了强大动力与政策支撑。

二是实施《长江中游城市群发展规划》为湖南长江经济带新型城镇化发展构筑了新平台。《长江中游城市群发展规划》是 2014 年《国家新型城镇化规划(2014—2020 年)》出台后国家批复的第一个跨区域城市群规划,将完善开放合作、互利共赢、共建共享的一体化发展机制,着力推进城乡、产业、基础设施、生态文明、公共服务"五个协同发展",为推进湖南长江经济带新型城镇化发展营造了新高地。

三是国家级湖南湘江新区的设立为湖南长江经济带新型城镇化发展增添了新活力。湖南湘江新区是国家在中部地区设立的第一个国家级新区,是实施国家区域发展总体战略和长江经济带重大国家战略的重要举措,以突出新型工业化和新型城镇化融合发展为主题,为推进湖南长江经济带城镇产城融合发展、提升城市建设品质和社会治理水平、构建新型城乡关系带来了新契机。

（2）主要挑战。一是城乡统筹和公共服务均等的任务十分繁重。统筹城乡发展和保障公共服务均等化是推进新型城镇化的重要方向。但将农村转移人口纳入城镇公共服务体系,各级财政的巨量支出将更为沉重,随着城乡统筹的全面推展,公共支出的成本压力将不断增大。

二是城镇化转型发展与传统路径依赖的矛盾仍然突出。随着主体功能区规划、节能减排、大气污染防治等约束性指标要求的落实,国家对新型城镇化发展的刚性追责管控将进一步加强,传统的路径依赖与新常态发展要求的矛盾冲突依然突出。

三是城市现代化治理能力的提升面临诸多挑战。当前改革已进入攻坚期和深水区,驱导城市以更高的质量发展比推进城市以更高的速度发展更困难、更复杂、更艰巨。在改革创新中构建一整套系统完备、科学规范、运行有效的城市现代化治理体系,提升现代化治理能力,将面临诸多挑战和考验。

3. 战略意义

（1）有利于全面对接国家区域发展新战略。湖南省处于"一带一路"、长江经济带、中部崛起、长江中游城市群等多个国家区域战略叠加层,推进湖南长江经济带新型城镇化有利于发挥区位优势、把握发展先机,更快落地国家区域战略,更好催生省域后发能效。

（2）有利于探索新型城镇化新路径和新模式。《国家新型城镇化规划（2014—2020 年）》是今后一个时期指导全国城镇化健康发展的宏观性、战略性、基础性规划。湖南省推进长江经济带新型城镇化发展是对国家城镇化战略的具体实践和行动探索,有利于创造新模式、积累新经验、加快新发展。

（3）有利于提升湖南长江经济带城市竞争力。长江经济带战略的实施,为推进湖南长江经济带城镇发展提供了强大引擎,有利于推动形成连通长三角和珠三角、对接"一带一路"的新格局,增强城市跨域协作活力,密切经济关联度,提升城市综合竞争力。

(4)有利于促进城乡协调发展和建设成果共享。推进长江经济带新型城镇化,有利于形成以城市群为主体形态、体系健全、定位明确、分工合理的大中小城市和小城镇协调发展新格局,促进城乡产业分工的关联协作,实现人口、生态、经济等主体功能的优化布局,统筹城乡协调发展,共享建设成果。

二、湖南长江经济带新型城镇化发展的战略构想

1. 基本思路

围绕全面落实党中央、国务院关于依托黄金水道推动长江经济带发展的决策部署,发挥"一带一部"新优势,以人的城镇化为核心,以改革创新为动力,进一步增强融入长江经济带和长江中游城市群的产业和基础设施支撑能力,加快构筑与长江经济带资源环境承载力相适应的城镇化空间格局,全面提高城镇化质量,努力将湖南长江经济带新型城镇建设成为全省加快崛起的重要载体和长江经济带新的增长点,为湖南在中部地区率先全面建成小康社会奠定坚实基础。为此,应坚持以下基本原则。

宜业宜居,人本发展。以人的城镇化为核心,合理引导人口流动,有序推进农业转移人口市民化,稳步推进城镇基本公共服务对常住人口全覆盖,不断提高人口素质,促进人的全面发展和社会公平正义。努力提升城镇综合承载能力,让城镇成为适宜居住、就业充分、幸福和谐的生存载体。

城乡一体,协调发展。推动信息化和工业化深度融合、工业化和城镇化良性互动、城镇化和农业现代化相互协调,促进城镇发展与产业支撑、就业转移和人口集聚相统一,促进城乡要素平等交换和公共资源均衡配置,形成以工促农、以城带乡、工农互惠、城乡一体的新型工农、城乡关系。

江湖统筹,开放发展。敞开南北两口,打开东西大门,依托黄金水道,统筹洞庭湖生态经济区和长江经济带开发开放,更好地推动"引进来"和

"走出去"相结合,更好地利用国际国内两个市场、两种资源,构建开放型经济新体制,形成全方位开放新格局,打造内陆地区对外开放战略新高地。

生态文明,绿色发展。把生态文明理念全面融入城镇化进程,着力推进绿色发展、循环发展、低碳发展,节约集约利用土地、水、能源等有限资源,强化环境保护和生态修复,减少对自然的干扰和损害,建设紧凑型城镇,推动形成生态低碳的生产生活方式和城市建设运营绿色化模式。

改革引领,创新发展。以重点领域和关键环节为突破口,坚持制度创新、科技创新,支持先行先试,探索具有中国特色、湖湘特点的新型城镇化道路。实施创新驱动发展战略,增强自主创新能力,促进创新资源综合集成,建设统一开放、竞争有序的现代市场体系,探索城市创新驱动发展新模式,实现经济结构转型升级和经济发展提质增效。

2. 发展战略

人的城镇化战略。以城镇化质量为核心,以转移效果为目标,以人的素质提升为导向,以提供平等的社会公共服务为基础,以维护和实现居民基本权利为重点,以自主城镇化为动力,以尊重新居民的现实选择为准则,进一步推进户籍、土地、社会保障等重大制度改革,实行总体宽松、差别引导的城镇落户政策,建立财政转移支付同农业转移人口市民化挂钩机制,推进城镇基本公共服务全覆盖,创新农业转移人口市民化模式,大力推进符合条件的农业转移人口市民化,加快以人为核心的城镇化进程。

就近城镇化战略。优化城镇体系结构,构建职能结构合理的城镇体系,加快推进工业倍增计划,积极承接产业转移,推动服务业升级发展,大力发展现代都市农业,促进具有比较优势的产业快速发展,形成一大批有竞争力的特色产业或产业集群,加强县城、重点镇和中心镇基础设施、产业发展、公共服务、环境治理等功能完善,促进人口就近就业和就近聚集,有效提升各类城市以及中心镇发展的规模和质量。

城乡一体化战略。以城乡协调、城乡共荣为目标,推动城市化地区、农产品主产区和重点生态功能区统筹发展,加强推进城乡结合部和湖湘美丽乡村建设,推动城乡基础设施一体化、城乡基本公共服务均衡配置、城乡环境协同治理,促进城乡产业融合发展,形成人口有效转移、产业合理配置、城镇科学布局、城乡协调共进的发展新格局。

城镇绿色化战略。以生态文明、环境优美为目标,坚持城镇集约开发与绿色发展相结合,着重发展低能耗低污染的战略性新兴产业,加快淘汰高资源消耗高污染的落后产能,积极开展循环经济示范试点建设,推进"绿屏+绿环+绿廊+绿楔"构建,抓好"一湖四水"污染治理,走"资源节约、低碳减排、环境友好、经济高效"的绿色城镇化道路,努力在循环经济和节能减排、江湖治理与保护、"两型"产业发展等重点领域走在全国前列。

城市群引领战略。立足国家战略,突出省域特色,以城市群为主体形态,全方位、多层面推进新型城镇化,构建经济社会发展和新型城镇化发展的重要增长极。大力推进环长株潭城市群转型升级,发挥长株潭城市群辐射带动作用,加快推进洞庭湖城市群、湘南城市群、湘西城市带建设,完善城市群发展协调机制,积极对接长江经济带,主动融入长江中游城市群,支撑和引领全省城镇化加快发展。

跨域共生成长战略。抓住长江经济带新一轮开发开放的历史机遇,充分发挥"一带一部"新优势,深化跨省市经济技术交流与合作,拓展与长江中游城市群、长三角城市群、成渝城市群、珠三角城市群等重要经济区的合作,积极探索市场体系一开放、基础设施共建共享、生态环境联防联治、流域管理统筹协调的新途径、新机制,打造区域经济合作领先示范区,实现优势互补,共同发展。

3. 主要目标

近期目标。到 2017 年,大中小城市功能定位、发展重点和发展方向基本明确,城镇规模结构初步优化,长株潭都市区和洞庭湖生态经济区中心城市综合承载能力和服务功能得到提升;对接长江经济带的产业和基础设施进一步融合发展,城镇联动发展机制和区域协商合作机制基本建成,一体化建设得到有效推进;城市群协调发展取得明显成效,在推进新型城镇化中发挥重要作用;常住人口城镇化率达到53%。

中期目标。到 2020 年,城镇化水平和质量明显提升,整体经济实力明显增强,经济发展方式初步实现由要素驱动向创新驱动转变;交通、能源、信息等基础设施全面联网提质,布局合理、特色鲜明、分工合作的现代产业体系基本形成;以城市群为主体形态的城镇化战略格局基本形成,城镇体系较为完善,中心城市辐射带动能力明显增强,常住人口城镇化率达到58%左右;现代市场体系建设取得重大进展,基本形成全方位对外开放新格局;基本公共服务均等化水平稳步提升,社会就业更加充分,人民生活水平不断提高,经济社会发展更加协调,全面建成小康社会。

　　远期目标。到2030年,新型城镇化走上科学发展道路,现代产业体系全面建成,沿江沿边内陆全面开放,现代市场体系和城乡发展一体化体制机制更加完善,城乡、区域发展格局更加优化,生态文明建设走在全国前列,经济社会持续健康发展,城乡生活和谐宜人,成为全省经济增长与转型升级的重要引擎和具有全国竞争力的现代化城镇经济带。

三、湖南长江经济带新型城镇化发展的主要任务

1. 以"一核一群两带"为支撑,培育长江经济带新的增长极

　　(1)一核:长株潭都市区。以长江经济带中心城市为目标,加快推进长株潭都市区基础设施建设、生态环境保护、产业发展布局和市场体系建设的一体化进程,增强三个城市中心城区核心功能,构筑环长株潭城市群发展的核心区域。加快空港、高铁和城际轨道交通系统建设步伐,高标准建设现代化基础设施体系,形成服务长江经济带、长江中游城市群和全省的综合型交通枢纽。集聚现代金融、商务会展、节能环保、信息咨询、文化创意等产业,提升高端服务功能。发挥湘江新区核心引领作用,依托"两型"社会试验区和国家自主创新平台示范区两大战略平台,努力将长株潭都市区建设成为推动中部地区发展的重要增长极板块、长江经济带重要的中心城市、中部地区重要的文化产业基地、新型装备制造业基地、自主创新示范区。

　　(2)一群:洞庭湖城市群。充分利用洞庭湖城市群在长江经济带上的区位条件和自然禀赋条件,发挥城市群水陆交通便捷、资源充裕、劳动力丰富、市场潜力大、产业基础好等多方面的综合优势,将洞庭湖城市群打造成

为湖南省融入长江经济带的重要前沿战略要地和对外开放窗口。明确各城市在长江中游城市群的位置,调整和优化区域产业结构,建立有效的城市群管理机制,明确城市分工,构建一体化的城市功能体系和交通物流体系,推进洞庭湖城市群积极融入长江中游城市群一体化建设,使其成为长江经济带产业互补突出,各类经济要素流动顺畅,对外辐射性强,对内集中性高的新的重要增长极。

(3)两带:长株潭—岳阳城镇发展带、澧水流域城镇发展带。将长株潭—岳阳城镇发展带打造成为长株潭城市群对外连通的核心发展轴、带动湖南发展最重要的城镇产业聚合发展带。进一步扩大京广高铁、京广铁路、京港澳高速和107国道等南北向综合交通走廊的优势,强化长株潭—岳阳发展轴线,突出长株潭的核心增长极地位和岳阳的"桥头堡"地位,推动长株潭和岳阳相向发展。进一步完善城镇带各城镇职能体系,加强轴线上长沙、岳阳、湘潭、株洲、临湘、汨罗、湘阴、临湘等主要城市的分工与协作,形成大、中、小城市合理布局、结构优化、功能互补的城镇体系,重点扶持交通区位优势明显、有发展潜力的节点小城市发展。

利用澧水流域近邻长江的地理条件,加强澧水流域城镇发展带建设,率先将澧水流域城镇带融入长江经济带建设,大力推进该城镇带基础设施建设,突出张家界、津市、澧县、慈利、石门、安乡等城市的节点功能,利用城镇带的部分港口优势,发展临江临港产业。利用现有和正在规划建设的高速公路和铁路,构建澧水流域的对外交通体系,形成西联成渝城市群、东通武汉城市圈、北接长江三峡旅游网、南融长株潭城市群的大通道,为澧水城镇带建设发展铺平道路。

"一核一群两带"发展方向

长株潭都市区	促进湘江新区和临空经济区、高铁经济区加快发展,进一步提高长沙城市首位度,增强对全省发展的核心带动和示范作用,建设成为全国具有重要影响的历史文化名城和国际化大都市。实施创新驱动战略,建设株洲云龙新城,打造中国动力谷,促进工业转型升级,建设成为全国重要的铁路交通枢纽、江南工业基地和现代物流中心。依托湘潭国家级高新技术开发区、经济技术开发区和综合保税区,打造中国智造谷,提高城市品位,建设成为生态宜居型现代工业新城和国际化的文化旅游名城。

洞庭湖城市群	建设岳阳长江新区,加快物流中心和石化工业基地建设,大力发展临港临江产业,建设成为湖南的航运中心、综合交通枢纽和中部地区的物流基地。建设津澧新城,完善与长江航道的交通联系,加快建设常德沅澧快速干线,建成湘西北地区新型工业基地、旅游服务基地和商贸物流中心。建设益阳东部新区,畅通出入长江的航道,塑造生态宜居城市品牌,建设成为重要的能源基地、特色产业基地和生态休闲旅游基地。
长株潭—岳阳城镇带	加快推进长株潭基础设施建设、生态环境保护、产业发展布局、市场体系建设和现代社会治理的一体化进程,构筑环长株潭城市群中心城市。加快推进岳阳长江新区建设,推动长株潭和岳阳相向发展,打造湖南融入长江经济带的核心发展轴。
澧水流域城镇带	突出张家界、津市、澧县、慈利、石门、桑植、安乡等城市的节点功能,构建澧水流域的对外交通体系,形成西连成渝城市群、东通武汉城市圈、北接长江三峡旅游网、南融长株潭城市群的大通道,加快推进津澧融城步伐,打造长江经济带新兴增长点。

2. 以转移人口市民化为重点,积极推进以人为本的城镇化

(1)积极引导推进就近城镇化。依托地级市和县级城镇,促进人口集聚,探索就近城镇化的模式,减少湖南省长江经济带新型城镇化的制度障碍和成本,促进农业和乡村的可持续发展,推动区域均衡发展。在市县层面,建立新增建设用地与农业转移人口市民化挂钩的实施机制,完善宅基地自愿有偿退出和再开发利用机制。加大农村基础设施和公共服务配套的补贴和支持力度,积极引导农民自发渐进向中心镇和新型农村社区迁移。对具有一定产业基础的中心镇和村庄,积极引入社会资金参与村庄改造整治和建设。

(2)推进城乡基本公共服务全覆盖。加快湖南省长江经济带城镇基本公共服务向农村延伸,率先在城市群内部实现底线公共服务的城乡均等化供给,逐步实现城乡基本公共服务的全覆盖。各级政府可通过直接投资、资本金投入、财政补助、贷款贴息等方式,单独或与非政府投资主体合作,加大城乡公共服务投入力度,特别是加大对农村的公共服务投入,提高政府土地收益用于"三农"的比例。大力发展农村文化、教育、医疗卫生等事业,逐步提高农民养老保险、医疗保险等社会保障标准,不断缩小城乡居民公共服务享有的差距。

（3）创新农业转移人口市民化模式。坚持分类指导，有序推进农业转移人口的市民化，对基本融入城市的农业转移人口，优先解决城市落户问题，对暂不具备融入条件的农业转移人口，加强职业培训，并保护其在城市就业时的各种合法权益。建立合理的财政分摊机制，强化对农业转移人口市民化的财政投入，建立农业转移人口专项资金转移支付制度，对吸纳流动人口较多的城市补助建设资金。创新农业转移人口承包土地和宅基地流转机制，在符合城乡土地规划的前提下，统一建立完善农民土地使用权转让、出租、抵押、入股等相关制度安排，切实保护好农业转移人口的土地权益。

3. 以城市综合承载能力为路径，优化湖南长江经济带城镇体系

（1）优化城市空间体系结构。把环长株潭城市群打造成国家"两带一群"的重要增长极。依托长江经济带、京广经济带的结合部区位优势，紧抓国家推进长江中游城市群发展的重大机遇，将环长株潭城市群打造成为国家"两带一群"的重要增长极，形成以长株潭为核心，以岳阳—长株潭—衡阳产业发展带，长株潭—益阳—常德产业发展带，长株潭—娄底产业发展带为骨架，以岳阳、常德、衡阳三个次增长极为补充，其他节点城市共同拉动为格局的长江中游地区重要的增长极板块。

加快建设长江经济带地区性城镇群。完善城镇群等级体系结构和功能分区，构建地区性特色城镇群。以湖南长江经济带中心城市为核心，加强与周边紧密联系的县市协同发展，培育壮大岳阳、常德、益阳、衡阳、吉首等区域性城镇群，使之成为推进湖南长江经济带新型城镇化的重要空间载体。推进区域性城镇群综合交通体系建设，加强城镇群城市之间的发展与联系，促进城镇群内部要素的相互交流，建立和完善城镇群协调机制与平台，推动城镇群网络化发展，提升区域性城镇群的核心竞争力。

推进张家界国际旅游城市极化发展。充分发挥张家界旅游产业的龙头作用，将张家界打造成为国内外知名的旅游目的地，带动大湘西旅游经济快速发展。升级张家界旅游休闲度假产品、城市旅游服务功能和旅游国际化水平，促进旅游业转型提质。加速推进张家界城镇化提质升级战略，在城市空间布局上不仅把城市做大，功能做全，而且在品质发展上把城市内涵做优，打造出更加宜游宜业宜居的城市生活环境。依托张家界的自然和人文资源优势,找准文化与旅游的结合点,促进张家界市一、二、三产业与旅游业深度融合发展。

推进其他城市对接长江经济带建设。依托长江干线及其支流网络形成的集疏运航道体系,京广、沪昆、焦柳、长渝铁路形成的铁路网和包茂、杭瑞、沪昆高速形成的国家高速公路网及覆盖所有县城的普通国道网,形成横贯东西、沟通南北、通江达海、便捷高效的湖南省长江经济带新型城镇化综合立体交通网络,推进怀化、娄底、郴州、永州、邵阳等城市融入长江经济带建设。沿京广线向北发展环洞庭湖城市群,向南发展湘南城市群,形成湖南对接长江经济带的城市群走廊,将沿包茂高速、焦柳铁路发展的湘西城市带打造成为对接长江旅游走廊的特色城市带。

(2)强化城市产业就业支撑。加强城市产业就业支撑,提升转化农民、吸纳就业的能力,夯实湖南省长江经济带新型城镇化的经济基础。围绕新型城镇化的战略格局,优化重大生产力布局,推动生产要素向重点发展的国家级环长株潭城市群和省域型其他城市群集聚,壮大产业规模。改造提质传统产业,培育壮大新兴产业,逐步形成大中小城市和小城镇分工合理、特色突出、功能互补的产业发展格局,提高城镇产业发展和经济增长的就业弹性。发扬大众创业、万众创新的精神,大力促进中小企业特别是小微企业发展,促进非正规就业发展。

(3)提升城市基本公共服务水平。加强城市市政公用设施和公共服务设施建设,增加基本公共服务供给,提高公共服务产品的质量和效率,增加各级城市对人口集聚和服务的支撑能力,加快推进住房、养老、社保、医疗、教育等公共服务方面的社会改革,建立湖南省长江经济带城乡统一规范的人力资源市场。重视、培育并发挥社会组织、机构和企业在公共服务产品供给中的积极性主动性,通过政府购买公共服务的方式,提高公共服务的质量和效率。

4. 以新型城镇建设为载体,提升湖南长江经济带城市综合竞争力

(1)注重生态,加快绿色城市建设。突出生态特色,着力推进湖南省长江经济带绿色城市建设。有效保护并合理利用"一湖三屏四水"生态资源,利用"四水"干支流、"三屏"山体和丘陵,串联城镇绿化隔离带等,形成网络状生态廊道。通过产业转型实现城市经济、社会、文化等全面转型,促进城市产业结构绿色转型。普及城市绿色理念,培育绿色文化,增强公众的绿色发展意识。发展绿色科技,建立富有竞争力的绿色科技创新体系,不断延伸和完善城市绿色科技创新价值链,增强城市绿色科技竞争力。将绿色理念融入城市规划,建设紧凑型城市,重视旧城区绿色改造,发展绿色公共交通系统。

"一湖三屏四水"生态格局

一湖:洞庭湖	加强洞庭湖湿地及生物多样性生态功能区建设,开展河湖疏浚活化,增强水体净化能力,加快湖区污染治理,恢复湿地生态系统,充分发挥其洪水调蓄、生物多样性保护、气候调节等功能,打造沿湖城镇重要的"绿肺"。
三屏:武陵—雪峰山脉、罗霄—幕阜山脉、南岭山脉	保护武陵—雪峰山区生物多样性及水土保持生态功能、保护南岭山区、罗霄—幕阜山区森林及生物多样性生态功能,加大天然林和公益林保护力度,推进山体造林绿化和封山育林,促进草山草坡植被恢复,提高水源涵养能力,打造保持水土、美化环境、减灾防灾多功能的城镇绿色屏障。
四水:湘江、资江、沅江、澧水	加强湿地生物多样性生态功能区建设,保护和恢复水生生物洄游通道。实施河道和流域生态修复、水土流失治理、防洪保安、生态景观区提质等工程,把沿岸建成生态经济带和秀美风光带,打造集生态、文化、休闲功能于一体的绿色秀水长廊。

(2)升级功能,推动智慧城市建设。以物联网、云计算等技术为核心,推动湖南省长江经济带智慧城市建设。对城市现存经济、社会及城市各系统进行智慧化改造,构建智能化的城市基础与服务设施体系,率先推进物联网等技术的研发,发展智慧经济,构筑智能社会,最终形成互联网、物联网和云计算有机结合及广泛应用的智慧化城市。按智慧城市理念,建设城市智慧交通、供应链、物流、商贸、电力、通信、医疗、环保等智慧系统,促进城市基础设施、公共服务、社会服务、城市管理的智能化,全面提升城市经济社会发展效率和城市管理水平,为城市未来发展赢得先机。

智慧城市建设重点

地理空间框架建设。建设地理空间框架设施体系、测绘基准体系、基础数据库体系,以及地理空间信息公共管理平台和服务平台,搭建典型应用系统,为政府、企业社区和公众提供高质量的基于空间位置的应用服务。

"无线城市"建设。加强基站等无线宽带网络基础设施建设,实现中心城区、县城、中心镇和旅游景区的高速无线宽带网络无缝覆盖。搭建中心城市门户平台,开展"政务、行业、民生和文化"四大应用,为政府部门、企业、个人提供无所不在、规范覆盖的网络接入和增值应用服务。

物联网建设。建设物联网产业制造和物联网应用示范基地,实现物联网在智能交通管理与运输、智能物流、智慧旅游、节能环保和食品安全等领域的全面应用和推广。推进物联网重点实验室、智能旅游服务平台、基于物联网的智能物流园、产品追溯防伪系统、旅游智能监控平台等示范工程建设。

数字城管建设。按照城市网络化管理模式,增加城管数字信息移动定位网点,实现建成区数字化管理的全覆盖。加快数字化城管数据信息更新和提质,引入三维实景数字化系统,推广物联网、云计算等新技术应用,提高规划管理信息化、基础设施智能化、社区治理精细化水平。

(3)突出个性,促进人文城市建设。以湖南省长江经济带城市源远流长的历史文脉为依据,加强城市历史文化遗产保护,注重传统城市文化的传承,强调城市独特风格的塑造,突出城市叙事要素的不可复制性和不可替代性,营造风格迥异的人文环境,避免城市建设中出现"文化趋同"现象。着力形成多元开放的城市文化,一方面在传统文化中吸纳有益的现代元素,另一方面剔除传统文化中的糟粕,提升城市文化品位,用自信、开放的态度面对城市多元文化共存,合理解决城市多元文化冲突。

文化遗产的保护与利用

加强重点文物保护单位保护。严格保护 188 处全国重点文物保护单位、877 处省级文物保护单位及一大批省级以下文物保护单位。

加强历史文化名城、名镇、名村、街区保护。3 座国家级历史文化名城、5 个国家级历史文化名镇、8 个国家级历史文化名村、72 个中国传统村落、13 个省级历史文化名城、19 个省级历史文化名镇、68 个省级历史文化名村,以及大量的历史文化街区、优秀历史建筑。

加强国家考古遗址保护。加强龙山里耶古城遗址、永顺老司城遗址、城头山遗址、长沙汉王陵遗址、宁乡炭河里遗址、望城铜官窑遗址、洪江高庙遗址、宁远舜帝庙遗址、益阳兔子山遗址和常德澧阳平原史前遗址群、侗族村寨等历史遗迹的保护与利用。

加强非物质文化遗产保护与传承。着力做好118个国家级和202个省级非物质文化遗产代表性项目的保护与传承。完善博物馆、专题博物馆、展示中心、传习所等非物质文化遗产保护基础设施，持续推进非物质文化遗产生产性保护示范基地建设。加快推进国家级"武陵山区（湘西）土家族苗族文化生态保护实验区"的建设。

（4）消弭水患，推行海绵城市建设。将海绵城市建设理论融入城市规划建设管理中，在已入围首批海绵城市建设试点的常德市、受水资源影响突出的岳阳市、益阳市和入围全国首批"地下综合管廊"试点的长沙市重点开展海绵城市建设工作。做好顶层设计和战略规划，遏制城市无限制硬化趋势，积极实施城市生态修复工程，高度重视水资源战略规划，最大限度保护原有河流、湖泊、湿地等自然资源。引导社会资本参与海绵城市建设，以社区为单元，包括工业、农业社区，实现雨水就地蓄留处理，完成地上地下循环，提高城市对水资源的可持续利用和管理的效率，增强城市韧性。

海绵城市建设途径

保护原有生态系统。最大限度地保护原有的河流、湖泊、湿地、坑塘、沟渠等水生态敏感区，留有足够涵养水源、应对较大强度降雨的林地、草地、湖泊、湿地，维持城市开发前的自然水文特征。

生态恢复和修复。对传统粗放式城市建设模式下，已经受到破坏的水体和其他自然环境，运用生态的手段进行恢复和修复，并维持一定比例的生态空间。

注重低影响开发。按照对城市生态环境影响最低的开发建设理念，合理控制开发强度，在城市中保留足够的生态用地，控制城市不透水面积比例，最大限度地减少对城市原有水生态环境的破坏，同时，根据需求适当开挖河湖沟渠、增加水域面积，促进雨水的积存、渗透和净化。

（5）创新驱动，加强创新城市建设。充分利用长株潭国家级自主创新示范区、湘江新区的优势，加大协同创新力度，加快科技体制改革步伐，积极发现培育新增长点,放大示范区、新区自主创新效应,努力把长株潭城市群打造成为中西部地区的创新高地,充分利用长株潭城市群的技术溢出效应,提升周边城市的创新能力。构建、加强和完善城市创新体系,建立多层次的创新人才体系,推动城市知识经济的发展。有计划地建设一批重点实验室和重点学科,培育创新源头,为城市新兴科技产业实现技术跨越提供知识后盾。促使企业成为城市创新主体,形成拥有自主知识产权的产品和技术,快速应对市场反应。大力发展科技中介服务机构,为技术创新各主体提供全方位的服务。

创新城市建设任务

长株潭国家自主创新示范区建设工程。推动湘江新区探索建设"自由创新区",努力实现国内外人才自由流动、技术自由转化、资本自由融通,加快建设世界一流高科技园区。扩大长株潭国家自主创新示范区的辐射效应,加快打造"三区一极",将可复制、可推广的先行先试政策逐步推广到全省,带动各城市突出特色、聚焦优势、错位发展,形成以长株潭高新区为龙头、各城市协同推进的省域城市创新体系。

科技创新能力提升工程。推进E级天河新一代高性能计算机系统、下一代半导体器件研发、航天发动机与燃气轮机等重大科学研究,推进石墨烯复合材料的制备及其应用、增材制造设备及材料研制、大功率电力机车轨道交通装备、风电整机及零部件等前沿技术和战略高技术研究,推进先进制造、新一代信息技术、新材料、生物、资源环境等关键共性技术突破。推进全球研发网络重要节点城市建设。

创新平台共建共享工程。突出基础平台建设,建设一批重点工程实验室、工程技术研究中心、企业技术中心等重大创新平台。依托国家超级计算长沙中心、亚欧水资源研究和利用中心、中意工业设计中心,建设湖南省科技服务平台、省国际技术转移共享平台,促进国际先进技术在湘落地转化。鼓励和引导国内外高校和科研机构、企业等建立高端研发中心、技术转移中心、大学科技园和成果转化基地。做大做强中国(长沙)科技成果转化交易会品牌。

"互联网+"城市建设工程。加大对本土互联网企业"首台、首套、首创"产品的政府采购力度。采用众创、众研、众包、众规等方式,吸引促进各类主体进行"互联网+"创新创业,打造若干"互联网+"应用示范区。建设政府大数据中心、政务云,尽快打通各部门"信息孤岛",实现政府大数据互联互通,在保证安全的前提下,尽可能多地把数据尽快迁移到"云端",鼓励企业对政务数据资源进行增值业务开发。

5. 以实施"四沿"行动为策略,加快湖南融入长江经济带"桥头堡"建设

(1)加快岳阳港口"桥头堡"建设。充分发挥岳阳地处长江沿岸地区的独特优势,使之成为湖南融入长江经济带和长江中游城市群的"桥头堡",成为湖南省实现通江达海战略的重要支点。加强对岳阳市产业发展、城市建设的规划布局和政策扶持,尽快使岳阳成为长江经济带的重要次中心城市、现代服务业和高新技术制造业集聚区。以岳阳为龙头,承接长株潭及东部地区产业转移,发挥港口铁路优势,扩大腹地范围,加快基础设施建设,放大岳阳连南北西东的交通区位优势,发展港口服务业、现代农业和旅游业,使其成为湖南发展新的兴奋点和增长极,增强湖南长江经济带的聚集力和竞争力。

（2）加快张家界旅游"桥头堡"建设。强化张家界在武陵山片区和湘西北区域的中心城市地位,以航空、铁路、公路等交通干线为纽带,加强与长江经济带的互动联系。进一步整合区域内旅游资源,提升生态旅游理念,依托国家旅游综合改革试验点平台,整合湘西城市带生态山水、历史文化、红色文化、民俗文化等优势,带动湘西文化旅游产业发展,使其成为湘西旅游走向世界的"桥头堡"。同时以张家界大旅游经济圈为核心,以国家风景名胜区、国家古城古镇、国家级旅游景区等为依托,打造中国文化生态旅游第一走廊,突出空间优化与人流、商流、信息流往来交错需求,加速旅游服务主导型城镇的基础设施建设与专业服务配置,促进旅游景区功能分异提升,推动景区城镇发育成为一座座独具持续魅力的大众消费之都和天人和谐的现代化休憩宜居之地。

（3）加快津澧门户"桥头堡"建设。把握津澧地区作为全国第一批中小城市综合改革试点地区、洞庭湖生态经济区五大中心城市之一的机遇,重点推动"三大融城",以规划融城推进津澧一体化规划,以产业融城谋划和启动一批重大项目,以交通融城构建区位地理新优势,将津澧新城打造成澧水流域中心城市和湖南省第二"北大门"、洞庭湖生态经济区的"增长极"。按"对接—融入—合作—发展"的总思路,搭建合作共赢新平台,与区域内外相关城市建立沟通联系机制,大力开展招商引资,努力推进边贸口子镇同步建设和生态环境共同治理,最终形成湘鄂边产业互补、合作共赢的发展格局。

津澧新城"一江两岸、一体两翼、三轴六片"空间结构

一江两岸	即沿澧水两岸协调发展
一体两翼	一体,即津澧新城;两翼,分别为澧县主城区、津市主城区
三轴六片	三轴,指沿 S302 发展轴、城区衔接发展轴和澧水景观轴;六片为澧县主城区、津市主城区、融城新区、工业集中区、涔澹城区、张公庙次生城区

（4）加快龙山协作"桥头堡"建设。借助湖南省西北边陲、湘鄂渝三省市交界之地的区位优势，将龙山县打造成为湖南进入长江三峡和对接成渝城市群的"桥头堡"，成为湖南省长江经济带向内延伸的重要经济腹地。按照建设"武陵山区经济强县"的总体要求，抢抓高速公路、铁路建设和武陵山片区区域发展与扶贫攻坚等历史性机遇，立足大武陵，谋划大项目，构筑大通道，推动龙凤经济协作示范区①跨越式发展，使其成为武陵山区的中心城市和重要经济增长极。以交通网络为支撑，利用本地自然资源优势，重点打造吉首—龙山—长江三峡、张家界—龙山—重庆等精品旅游线路，加强与成渝城市群、长江中游城市群的联系，提升龙山经济发展的外向度。

湖南四大"北口"建设

岳　阳	加快城陵矶港建设，大力发展临港临江产业，建设成为湖南的航运中心、综合交通枢纽和中部地区的物流基地。
张家界	保护好生态环境和风景旅游资源，促进旅游业转型升级，建成武陵山片区旅游中心城市和国内外知名旅游目的地。
津　澧	加快推进融城步伐，将津澧新城打造成澧水流域中心城市和湖南省第二"北大门"、洞庭湖生态经济区的"增长极"。
龙　山	加快推进龙凤经济协作区建设，强化交通基础设施支撑，打造成为湖南进入长江三峡、对接成渝城市群的"桥头堡"。

四、构筑湖南长江经济带城镇化良性互动新格局

发挥湖南拥有 158 公里临江岸线、一湖四水连通长江的区位优势，依托长株潭城市群、环洞庭湖城市群和张家界旅游经济圈的发展基础，积极加强湖南长江经济带城市与长江中游城市群、长江三角洲城市群、成渝城市群在基础设施、产业发展、商贸物流、金融保险、科技与人才等各领域的密切合作。增强全省沿江地区开发开放的战略意识，加快与长江经济带其他区域

---

① 2011 年 10 月 22 日，国务院批复《武陵山片区区域发展与扶贫攻坚规划（2011—2020 年）》，明确在武陵山片区内设立武陵山龙山、来凤经济协作示范区，示范区包括湖南省龙山县和湖北省来凤县两个相邻县。

形成优势互补、有效衔接、互为支撑、良性互动的发展新格局。

1. 合力共建长江中游城市群

依托长株潭城市群在湖南经济社会发展中的龙头作用以及环洞庭湖城市群作为湖南融入长江中游城市群和长江经济带的"桥头堡"地位，大力推进长株潭城市群、环洞庭湖城市群与武汉城市圈、环鄱阳湖城市群的融合发展；提升环长株潭城市群综合实力，促进"3+5"城市组团之间的资源优势互补、产业分工协作、城市互动合作，合力将长江中游城市群建设成为中国特色城镇化的新引擎、长江经济带重要增长极、开放合作新高地、"两型"社会建设示范区。加快推进湘江新区建设，增强长沙中心城市功能，大力提升长江经济带中心城市发展水平。推进岳阳、临湘、华容、津澧、石门等城市与长江中游城市群互联互通和共建共享，引领带动全省城镇化健康发展。

2. 深化与"长三角"区域合作

依托沪昆高铁、沪昆高速、杭瑞高速、长沙黄花国际机场航运、岳阳城陵矶港水运等便捷的交通条件，推进湖南长江经济带城市积极对接"长三角"区域发展，强化与"长三角"城市群在贸易、金融、产业领域的合作，加快湖南融入沿江产业发展链条。借鉴上海自由贸易区建设经验，推进湖南投资、贸易、金融、综合监管等领域的制度创新，建立与国际投资、贸易通行规则相衔接的基本制度框架，大力发展服务贸易，扩大服务对外开放。以金融保险服务为突破口，加强与"长三角"区域合作，积极主动承接以上海为龙头的"长三角"城市群的金融辐射功能，吸引资金、技术和人才等要素，大力发展以长株潭为重点的金融保险服务业，为全省产业发展保驾护航。充分发挥城陵矶港获批国家综合保税区的利好政策，积极借鉴上海自由贸易区的相关政策探索制度创新，努力把岳阳打造成为长江中游重要的航运物流中心以及湖南与"长三角"城市群的对接地。发挥长沙、岳阳、常德、益阳、衡阳等港口作用，壮大湖南口岸经济和临港产业。

3. 加强与成渝城市群对接

发挥武陵山片区"山同脉、水同源、民同根"、山水资源和风土人情相似，以及与西部大开发一体化对接的优势，进一步深化湖南西北部地区与成都、重庆等长江上游经济带城市合作交流，积极对接成渝城市群。实行灵活互利的资源配置政策,以张家界、吉首、龙山等城市为重点,在生态旅游、能源开发、绿色产业等方面加强协同发展,优势互补。加强省际边区基础设施建设,加快推进黔张常铁路、吉秀铁路、吉恩铁路、张龙高速、龙永高速等重要通道建设,积极争取重庆、四川优质大水电入湘。发挥长沙"一带一路"节点城市作用,加强湖南与成渝城市群在文化旅游、商贸物流、休闲服务等领域的交流合作,加快湖南对接西部开发、服务西部开发、引领西部开放的步伐。

4. 推进"一带一部"战略实施

坚持"引进来"和"走出去"两者有机结合,加快推进"一带一部"战略实施,大力提升湖南开放型经济发展水平。充分发挥湘江新区的龙头作用,整合资源平台,推介湘江新区和长株潭城市群的综合优势与区域价值、发展愿景、产业基础与政策资源,提升区域吸引力,持续深化国内区域合作、部省共建合作、与央企对接合作和对外经贸技术合作,坚持引资、引技、引智结合,提升开放型经济质量和规模。发挥临空和临港产业在开放型经济发展中的战略支点作用,把临空临港产业纳入省级战略,制定产业规划,将湖南临空产业打造成全省外向型经济的主力军,将岳阳临港经济区打造成长江经济带重要的综合交通枢纽、现代产业集聚区和开放合作引领区。发挥武陵山片区生态资源优势,大力发展绿色经济,打造国家生态文明建设先行示范区。

5. 加强互联互通设施的建设

一是构建高效便捷的综合交通运输体系。铁路:加快沪昆、怀邵衡等快速铁路,黔张常、蒙华等铁路新线,渝怀、焦柳等既有铁路扩能改造项目建设;规划建设西安—长沙快速铁路、常德—桂林—海口等铁路。公路:推进新增国家高速网络项目、繁忙路段扩容项目、出省通道和断头路建设;启动环洞庭湖公路建设,规划建设沿江高等级公路;着力提高国省干线公路技术等级与服务水平,加快推进高速公路收费站 ETC 与全国联网运行。水运:协调推进长江航道治理,尽快实现湖南段常年 5000 吨级通航标准,构建以长江航道为主干,湘江、沅江、资江、澧水高等级航道为支撑,以洞庭湖航道网及重要港口为依托的水运体系。空运:构建以长沙黄花国际机场为枢纽、以张家界荷花国际机场为干线机场的"一枢纽一干线"航空运输体系,将长沙黄花国际机场打造成为长江中游重要的国际空港枢纽,将张家界荷花国际机场打造成为旅游枢纽机场和重要的干线机场;完成常德桃花源机场扩建工程,加快推进岳阳机场建设;完善航线网络,提高航班密度,开辟新的国际航线。

二是加快新一代信息基础设施建设。完善长沙、株洲、湘潭、岳阳、常德、益阳、张家界等骨干节点,进一步加强网间互联互通,增加沿江地区光缆路由密度;大力推进有线和无线宽带接入网建设,扩大 4G 网络覆盖范围;加强互联网、物联网、大数据、云计算、人工智能等新一代信息技术建设。

三是推进电子口岸建设。实施大通关工程,扩大岳阳城陵矶口岸直通和进出口货物运输服务范围,实现高效、便捷的大通关,保障全省对外贸易加快发展。

四是统筹构建金融市场。加强环长株潭城市群金融生态圈建设,吸引外资银行等金融机构来湘落户,共同推进湘资企业在海内外上市;建设湖南省长江经济带金融中心,设立湖南省长江经济带产业投资基金,为全省长江经济带产业发展提供资金支撑。

主要交通设施建设

机场建设	加强长沙黄花机场、常德桃花源机场、张家界荷花机场、怀化芷江机场改扩建;新建岳阳机场、武冈机场、郴州机场、湘西机场、娄底机场;加强永州零陵机场、衡阳南岳机场维护
高速公路建设	加强已建成京港澳高速、平汝高速、包茂高速、长张高速、沪昆高速、泉南高速、厦蓉高速护理;续建和新建岳临高速、二广高速、杭瑞高速、安慈高速、张龙高速、龙永高速、吉恩高速、张宜高速
铁路建设	加强已建成京广高铁、沪昆高铁、湘桂高铁,以及已建成快速铁路和普速铁路京广铁路、沪昆铁路、吉衡铁路营运;重点建设渝长厦高铁、西安至长沙高铁,规划建设郑州至贵阳高铁;重点建设、改造快速铁路和普速铁路怀邵衡铁路、黔张常铁路、焦柳铁路、洛湛铁路、渝怀铁路、石长铁路、常岳九铁路、靖永郴赣铁路、安张衡铁路、吉恩铁路;重点建设城际铁路长株潭城际铁路、长益常城际铁路及其延长线;重点建设货运铁路蒙西—华中煤运铁路通道
航道建设	重点建设洞庭湖、长江、湘江、沅江等高等级航道;实施资水、澧水、淞虎—澧资航道、涟水、津(市)石(首)运河、舞水等航道改造
港口建设	重点建设长沙港、岳阳港等内河主要港口,积极建设常德港、益阳港、衡阳港、湘潭港、株洲港、邵阳港、娄底港、永州港、南县港、沅江港、桃源港、津市港、汉寿港、沅陵港、资兴港等地区重要港口

五、湖南长江经济带新型城镇化发展的保障措施

1. 加快改革创新,增强发展活力

稳步推进全面深化改革的各项任务,以创新的精神加快构建有利于新型城镇化发展的制度环境。一是继续梳理权力清单,不断释放市场活力。按照融入长江经济带的总要求,围绕完善区域治理体系和提升治理能力,着力推进政府机构、行政审批、财税体制、投融资体制等改革,完善现代市场体系,打破行政区划限制,消除行政壁垒和地方保护主义,推动资金、人才、技术等要素自由流动,引导人口和海内外产业合理集聚转移,充分发挥市场在资源配置中的决定性作用。二是积极推进简政放权,不断释放基层活力。在推进地方政府职能转变和机构改革中,不断提高基层政权在推进新型城镇化建设中的决策领导和公共服务能力,增强全社会推进新型城镇化的积极性和能动性。建立有利于创新行政管理、降低行政成本的设市设区模式。选择具备条件的开发区进行城市功能区转型试点,引导产业和城市同步融合发展。三是强力攻克制度瓶颈,不断释放机制活力。围绕新型城镇化推进中的制度性障碍,在涉及土地资源管理、农村土地改革、混合经济发展、农业转移人口市民化成本分担,以及多元化、可持续的城镇化投融资机制创新等方面不断释放制度创新"红利",为新型城镇化的推进提供不竭动力。

2. 用好用足政策,加快发展步伐

依托湖南长江经济带同时受到西部大开发、中部崛起、集中连片特困地区扶贫攻坚、"一带一路"等战略覆盖,享有产业承接转移、生态文明建设、"两型"社会建设、国家自主创新、三大(岳阳、湘潭、衡阳)综合保税区、湘江新区建设示范试点等国家战略层面的政策优势,各种政策"红利"在基础设施、基础产业布局,以及对接西部大市场等方面相互叠加的效应,用足用好用活政策。一是推进政策落地见效。结合湖南省情、城情、镇情,因地制宜、因势利导地将国家层面的各项政策打包整合、创新形式、实施到位、执行到底,务求实效实绩。加强条块之间的协调与配合,通过规划、建设、城管、人口、土地、就业、社保、住房、环保、财政、公安以及其他专业执法监管等部门

的合力推进,确保政策绩效最大化、长远化。二是实施政策"红利"扩张。将长株潭城市群、大湘南、大湘西以及环洞庭湖经济圈城市规划与长江经济带相对接,构建大中小城市和小城镇协调发展的新型城镇体系,将国家政策"红利"延伸到全省各个市州,激发各地新型城镇化发展潜能。三是做好政策效应评估。建立各项政策执行的督导、评估、反馈、调整机制,建立科学、全面、客观、公正的政策实施考核评价体系,并将其纳入各地、各部门的年度工作责任目标考核内容,形成用好用足政策,加快发展步伐的强大推力。

3. 加大开放力度,提高开放水平

按照向开放要动力的理念,在新型城镇化推进中不断提高对外开放水平。一是搞好对接,形成开放新格局。进一步加强与长三角、珠三角、成渝经济区、武汉城市圈等区域经济合作,主动对接国家"一带一路"对外开放战略,发挥"过渡带"和"结合部"的作用,深度融入长三角、珠三角两大经济板块,促进长三角、中三角、珠三角"三角联动",形成对外开放的新格局。二是夯实基础,构建开放新平台。主动对接上海自由贸易区,对可复制、可推广的经验和做法,争取在部分领域和行业先行先试。推进投资审批流程再造、加大金融平台建设力度,支持省内企业在境外上市、境外发债,支持企业开展商业信用融资,支持银行为企业提供贸易融资服务。推进湖南通关模式改革,使湖南进出口货物真正实现"一次申报、一次查验、一次放行"。努力拓宽商路,构建外向型经济发展新平台。三是巩固成果,形成开放新常态。巩固新一轮对外开放成果,推进实践探索制度化、法律化,引外资、外企进园区,强化与东盟、俄罗斯及中亚五国的经贸合作,促进"湘品出湘",助推湘企"走出去",形成对内开放与对外开放相得益彰,"引进来"与"走出去"交相辉映的开放新常态。

4. 加快项目建设,增强支撑能力

项目建设是加快推进新型城镇化建设的载体。一是做好项目规划。着眼于融入长江经济带,增强新型城镇化支撑能力,谋划一批打基础、管长远的基础设施建设项目、产业建设项目、民生建设项目和生态建设项目。储备一批重要的水利枢纽工程、铁路、水运、能源设施以及各类开放性平台项目,全力推动前期工作,争取早日开工建设。加强与相关部委的沟通和协调,积极争取国家项目立项和资金支持。二是推进项目实施。加快构建有利于项目建设的体制机制,做好重大项目策划、包装和宣传。发挥市场运作、政府调控、社会参与作用,创新投融资模式,着力解决项目建设的资金问题。以融入长江经济带"桥头堡"建设为重点和切入点,推进基础设施、产业发展、公共服务、生态环保等领域重大项目建设,不断放大"一带一部"区位优势。三是强化项目监管。加强对重点项目的跟踪服务,推行领导干部项目责任制,全力解决工程和项目建设中的问题,确保项目早开工、早竣工、早见效。严格落实政府投资项目建设招投标、财政预审、审计全程监管及决算审计,加强项目全程质量、安全和工程监理,确保项目资金运行和质量安全。

群 域 篇

长江中游城市群融合中的
城镇联动发展路径

长江中游城市群的构建是长江经济带建设的重要推动力,驱导其城镇联动发展有利于落实国家战略部署,实现长江中游城市群的融合发展,打造中国经济新增长极。面对千载难逢的历史机遇,作为长江中游城市群的重要成员,湖南应放眼未来,张怀伸臂,纵横呼应,多层面展开共建共创行动。重点加强环长株潭城市群与武汉城市圈、环鄱阳湖城市群及三省省会城市的深度合作,积极推进城市群城镇在功能配置、交通体系、产业分工、生态环保与公共服务等方面协同发展,加速环长株潭城市群在长江经济带发展中的全面崛起。

一、推进环长株潭城市群建设

环长株潭城市群是湖南省域最大的城市群和国内高成长的内陆城市群,在长江中游城市群联动发展进程中,环长株潭城市群既是重要成员单元,更是我国长江经济带和京广经济带交汇的战略支点,应充分发挥长株潭内核的辐射带动作用,加快提升长沙作为"核中核"的中心城市引领功能,放大集群行为推展效应,吸聚并促进近邻关联城镇群集合成长。

1. 提升长沙中心城市功能

(1)立足国家战略谋划长沙的定位。中心城市的带动作用是城市群联动发展的重要始发动能。长沙作为环长株潭的中心城市,拥有在人力、产业、科技、内生市场、基础设施与公共服务能效等规模竞争力的显要优势,对跨域关联城市群的集合联动发展具有强劲引带能量。对接长江中游城市群联动发展,长沙需把握共生良机,发挥其在环长株潭城市群中的比较优势

（见表3-1），加速强大"内圣外王"的资源融聚与能量释放效应，力争率先建成"两型"城市和基本实现现代化，打造长江中游城市群重要中心城市和"一带一路"的内陆开放型经济高地。

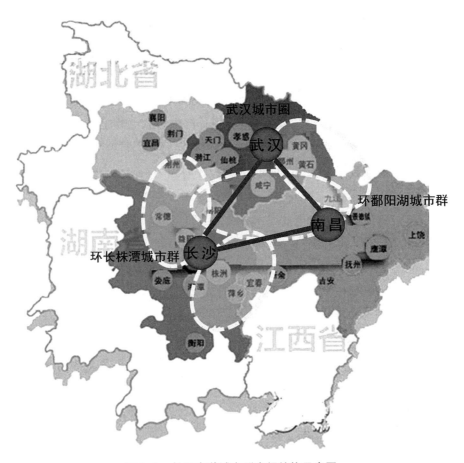

图3-1　长江中游城市群空间结构示意图

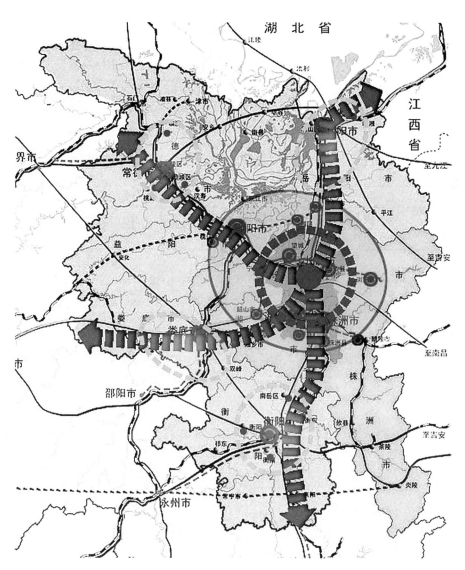

图 3-2　环长株潭城市群空间结构示意图

表 3-1　环长株潭城市群各城市基本情况（2014 年）

	人口（万人）	占区域比（%）	GDP（亿元）	占区域比（%）	财税收入（亿元）	占区域比（%）	固定资产投资（亿元）	占区域比（%）
环长株潭城市群	4105.85	100	21600.43	100	2293.75	100	15850.63	100
长沙市	731.15	17.81	7824.81	36.23	1003.08	43.73	5435.75	34.29
株洲市	396.09	9.64	2161.01	10.00	264	11.51	1837.1	11.59
湘潭市	281.28	6.85	1570.56	7.27	159.4	6.95	1503.4	9.48
衡阳市	730.34	17.79	2396.55	11.09	235.66	10.27	1767.01	11.15
娄底市	385.25	9.38	1210.86	5.4	95.35	4.16	938.94	5.92
益阳市	439.15	10.7	1253.15	5.80	94.91	4.14	1030.6	6.50
常德市	583.08	14.2	2514.15	11.64	185	8.07	1547.7	9.76
岳阳市	559.51	13.63	2669.34	12.36	256.35	11.18	1790.13	11.29

（2）高品位构筑湘江新区发展平台。加速构建现代高端产业集聚基地。以金洲大道为轴心，以金洲开发区和望城经济开发区为两翼，以科研院校为依托，大力发展高新产业、文化创意产业、现代服务业和现代农业，全力建设信息产业基地、新材料产业基地、节能环保产业基地、先进制造产业基地、生物产业基地、科技创新和成果转化基地、现代农业产业基地、承接产业转移基地等产业基地。积极吸纳国内外高端产业要素，引带区域产业共生发展，大力提升跨域产业合作的规模化、集约化、专业化水平，创造"飞地经济"或"总部经济"新空间。

（3）加快营造内陆开放型经济新高地。依托黄花机场、高铁站的现代大通量交通枢纽辐射功能，组配周边城镇立体交通运输体系，增强各类资源要素的经济关联度，激发城际联动活力，加快创建国家级长沙临空经济示范区，形成大规模、高品质的高铁服务集中区，进一步扩大现代密集式客运、高速率物流及其关联服务业的内外开放，提高城市国际化品位与现代化魅力。锐意探索创新驱动新路径，多层面搭建自主创新技术平台，积极培育富有活力的技术创新体系，造就全国一流的科技成果转化基地与区域性交易市场，深度释放外向资源融聚的核心竞争力效应。

2. 壮大长株潭核心增长极

（1）统筹区域总战略。突出率先发展，打造成为长江中游城市群科教中心、人才高地和产业洼地，率先向基本现代化目标迈进。重点整合长株潭三市技术、人才、创新平台等资源，构筑湖南及长江中游城市群经济活动组织和资源配置中枢。纵深推进长株潭"两型"社会建设综合配套改革，在多个领域实现新的突破，为全国区域综合配套改革提供示范。抓住国家平台、国家级产业园区及产业基地建设的机遇，全面提升长株潭地区要素集聚能力和综合竞争力，增强产业高端化发展水平，提升经济实力。将长株潭打造成为中部崛起的重要引擎和长江中游城市群的巨型复合中心城市。

（2）纵深推进一体化。依托长株潭"两型"社会试验区、长株潭国家自主创新示范区等国家级平台建设，纵深推进社会保障、健康服务、公共交通"三个一卡通"和规划、信息、交通、户籍"四个一体化"。通过构建网上一卡通，提高社保各险种统筹层次，消弭城乡制度差异，优化社保关系转续、就医结算以及各类健康服务，实现三城市公交、地铁、城际列车的刷卡消费，达到一处充值、处处使用、自助办理。通过对接"四个一体化"，加速区域经济社会发展规划、土地利用规划、城乡统筹发展规划的统一编控，实现各类社会信息资源互联共享，全方位提升跨域交通运营、人口流动及其公共服务时效与精准管理能力。

（3）拓展发展新空间。长株潭三市在一体化发展中，应充分发挥各自优势，力求协作互补，差异共生。长沙主要是依托航空港和全国高铁枢纽中心，建设具有国际影响力的城市新区，大力发展高端服务业，增强对全省城镇发展的核心带动和示范作用，进一步提高城市首位度。株洲在加工业转型升级中，应注重"中国动力谷""轨道科技城""汽车城""航空城""服饰城""陶瓷城""交通装备产业基地""中药现代化和健康食品产业基地""有色金属新材料精深加工基地""新能源产业基地"的"一谷五城四基地"建设。湘潭应以国家级高新技术产业开发区、经济技术开发区和综合保税区为载体，加快"一轴一带"（湘江高端服务创新产业轴、环线经济带）、雨湖新城与九华新城建设，积极培育开放型产业集群，促进园区经济跨越发展，打造中部崛起的"智造谷"。

3. 辐射带动集群城市发展

以长株潭为核心,辐射带动衡阳、岳阳、常德、益阳、娄底等区域性中心城市组团发展,形成区域发展的集群规模效应,并从交通、经贸、文化等多方面积极推进与武汉城市圈、鄱阳湖生态经济圈的分工协作,深度融入长江中游城市群。

(1)培育发展洞庭湖城市群。以洞庭湖生态经济区建设为契机,以产城融合为抓手,加快环湖公路网、过境国家高速公路、铁路建设以及常德桃花源机场改扩建、岳阳支线机场和湖区通用机场建设步伐,实施河湖疏浚连通活化工程,开展湖区污染源专项整治,完善防洪减灾综合体系,加强能源输配通道及其储备体系、多式联运物流网络与"数字洞庭"平台建设,大力推进岳阳绿色化工产业带、常德千亿装备制造产业走廊、益阳船舶制造基地和城陵矶新港区、津澧新城、益阳东部新区的产城融合及其产业协作,构建湖乡特色城镇体系,提升城乡基本公共服务水平,将岳阳市、常德市、益阳市建设成为长江中游地区重要的中心城市和产业基地,打造湖南融入长江经济带的战略支点、滨湖型城市组团和宜居宜业宜游的现代生态家园。

(2)推进衡阳城镇群协同发展。依托衡阳毗邻珠三角的区位优势和湘江黄金水道、南北快速通道的交通优势,优化产业分工,推进产业集聚,引导西渡、南岳、云集、大浦协同建设承接产业转移基地、农产品加工中心、文化旅游休闲中心、区域性现代物流中心、新型工业中心,逐步实现区域公交一体化,逐步形成竞争有序、分工协作、错位发展的产业发展格局和生态优良、特色鲜明的空间开发格局,加快衡阳西南云大经济圈协同发展。大力发展电子信息产业、先进装备制造、新能源、新材料、生物医药、文化创意等产业,培育布局合理、优势互补、功能完善、协调发展的中小城镇集群,努力建成以湘南新型城镇化先行区、体制创新试验区和统筹发展示范区为目标取向的特色区域性城镇群。

(3)加快建设娄底城镇带。以交通融城、产业融城、基础融城、文化融城为主导,以娄星区为主核,打造"娄—涟—双"主板块;以冷水江市为次核心,打造"冷—新"副板块,向外积极融入长株潭城市群,对内着重拓展中心城区承载力,通过构建娄底市域内一小时经济圈、娄—涟、娄—双半小时经济圈、冷—新十分钟经济圈,促进东西两翼带动娄底市域融城发展,将娄底建设成为区域性中心城市、转型升级示范城市、生态文明城市。加快建设娄底城镇带和娄双高附加值"两型"产业走廊、娄—涟—冷现代制造业走廊,着力打造产业走廊和中心城区国家重要的物流节点。推动基础设施城际共建共享,积极发展一批产业特色镇、物流专业镇和生态文化旅游休闲镇。

二、强化城镇联动发展轴线功能

1. 优化京广城镇发展轴,提升长株潭、岳、衡节点辐射带动力

京广城镇发展轴是连接珠三角城市群与长江经济带的重点通道,其上的重要节点包括长沙、株洲、湘潭、岳阳和衡阳五大城市,共占全省 27.5%的国土面积,集中了全省 40%的人口,城镇化水平高于全省平均水平 9.28个百分点,该区域创造了全省 61.48%的 GDP。除衡阳外,其他四市人均GDP 均高于全省平均水平,五市城镇居民可支配收入和农村居民人均纯收入也均高于全省平均水平。作为湖南经济发展精华区域,京广城镇发展轴自然生态和资源条件优良,城际交通以及外向辐射的公路、铁路、水运、航空交通网络正在不断完善,已初步形成陆水空城际互联互通的综合交通网。

表 3-2　京广发展轴主要城市经济社会发展指标(2014 年)

	面积(平方公里)	常住人口(万人)	城镇人口(万人)	GDP(亿元)	人均 GDP(元)	城镇居民人均可支配收入(元)	农村居民人均可支配收入(元)
长沙市	11816	731.15	528.88	7824.81	107683	36826	21723
株洲市	11262	396.09	241.61	2161.01	54741	31338	14366
湘潭市	5008	281.28	159.05	1570.56	55968	27068	14092
岳阳市	14858	559.51	292.58	2669.34	47862	23121	11062
衡阳市	15303	730.34	354.36	2396.55	32934	24370	13242
小　计	58247	2698.37	1576.48	16622.27	61601	29657	14499
湖南省	211800	6737.24	3320.11	27037.32	40271	26570	10060

(1)促进城际经济发展联动。进一步扩大京广铁路、京珠高速和 107

国道等南北向综合交通走廊优势,强化岳阳—长株潭—衡阳发展轴线,促进长株潭城市群与岳阳、衡阳互补发展。加快推进干线公路省级通道和连接重要景区、资源基地、工业园区、物流中心、重点中心镇公路建设,加快岳阳港、长株潭港口群等重要港口建设。做大做强衡阳中心城市,加快推进衡阳西南云大经济圈协同发展,建设衡阳特色城镇群。突出长株潭的核心增长极地位和岳阳、衡阳的次级增长极地位,推动岳阳和衡阳相向发展。全方位对接武汉城市群与粤港澳、北部湾地区,纵深推进长株潭及岳阳、衡阳的一体化进程,使轴线成为湖南省内连接武汉都市圈、珠三角城市群的重要综合运输通道与经济发展势能辐射通道。

（2）优化城镇发展空间。注重集约化、生态化和开放式开发,紧紧抓住沿海产业转移的有利机遇,加快深度开放与广度开发步伐,不断深化长沙等国家新型城镇化试点和株洲等全国统筹城乡一体化试点,推进长沙市城乡统筹融合发展行动计划,促进中心城区基础设施和公共服务向周边城镇及农村延伸,加快农民工市民化进程,加强沿线城镇在功能布局、产业建设、生态环保等方面的协同发展,推动沿线地区率先实现城乡一体化发展,率先实现全面小康。

（3）打造优势产业集群。发挥长株潭集聚和自主创新优势,推进一批千亿产业园区建设,打造一批优势产业集群,重点打造高端工程机械产业集群、先进轨道交通产业集群、新能源汽车产业集群、海洋工程装备及高性能船舶产业集群、现代农业组合机械产业集群、钢铁精深加工产业集群、有色金属产业集群、绿色化工产业集群、节能环保产业集群、新材料产业集群、电子信息产业集群、移动互联网产业集群、生物医药产业集群、航空航天产业集群、新能源装备产业集群、军民融合产业集群和食品产业集群等。

2. 壮大沿江城镇发展轴,提升岳阳、常德、益阳节点城市综合承载力

沿江城镇发展轴北邻湖北,东接江西,位于华中地区和长江中游地区,京广、柳枝铁路和107国道分东西纵贯南北,经岳阳城陵矶港的长江和南面的319国道分南北横穿东西。长江经松兹、虎渡、藕池流经常德、益阳、岳阳,岳阳更是拥有163公里长江黄金水道,城陵矶是湖南唯一通江达海的口岸和长江八大良港之一,是长江中游地区重要的物质集散地和商品流通中心。省内可凭洞庭湖四水,沟通 74 个县市,将全省 80% 的地域与长江大动脉连成一体,省外上可通川渝,下可达长江及沿海各重要港口,辐射川渝鄂赣皖苏沪等多省市 170 个县级以上城市。

表 3-3　沿江发展轴主要城市经济社会发展指标(2014 年)

	面积 (平方公里)	常住人口 (万人)	城镇人口 (万人)	GDP (亿元)	人均 GDP (元)	城镇居民 人均可支配 收入(元)	农村居民 人均可支配 收入(元)
岳阳市	14858	559.51	292.58	2669.34	47862	23121	11062
常德市	18177	583.08	267.58	2514.15	43215	22634	10737
益阳市	12320	439.15	196.57	1253.15	28596	20688	11304
小　计	45355	1581.74	756.73	6436.64	40800	22317	11009
湖南省	211800	6737.24	3320.11	27037.32	40271	26570	10060

(1)完善开放区域布局。坚持面向长江、依托长江,融入长江经济带建设开发开放的基本原则,重构东接上海、西连成渝、聚汇长江、辐射中原经济区、连通全世界的内陆腹地开放新视野与新空域。推进以纺织为主的轻纺工业发展壮大,完善纺织工业体系,发挥食品、造纸、皮革、卷烟等轻工业及装备制造、石化等重工业优势,打造岳阳绿色化工产业带、常德千亿装备制造产业走廊、益阳船舶制造基地。

(2)培育岳阳新增长极。立足于开放开发,将岳阳作为湖南省推进长江中游城市群建设的重要战略支点,挖掘潜能,释放活力,做大做强航运物流业,提升城市综合承载力,使其成为全省次中心、长江经济带中心城市、现代服务业及高新技术制造业集聚区与重要物流中心,成为全省经济发展的重要兴奋点和湖南融入长江中游城市群的主要发展极。

(3)打造区域协作平台。以推进洞庭湖生态经济区建设为抓手,与岳阳共同打造区域协作平台;加快三市沿江铁路、高速公路和集疏运体系建设,合理推进岸线开发和港口建设,构建内通外联的综合运输体系,分层推进,多层次开发,推动整个洞庭湖经济区融入长江中游城市群,通过三市协同发展,打造形成长江中游地区重要的产业走廊和全国重要的滨湖特色休闲旅游带。

3. 强化沪昆城镇发展轴,增强长株潭、娄底节点辐射带动能力

该轴线连通长三角和大西南地区,市场空间巨大,加快沿线发展有利于扩大区域经济外向度。在"新常态"背景下,中国区域经济发展格局正在发生重大变化,特别是高铁"四纵四横"全面建成通车后,珠三角产业逐渐北移、长三角产业逐渐西进,为沪昆高铁沿线的长株潭城市群和娄底市带来重大发展良机。加速城际生产要素规模流动,促进资金、技术、人才、信息等生产要素结构的不断优化,支持产业结构调整升级,提升生产效率与质量效益,带动湖南产业发展走向世界。

表 3-4   沪昆发展轴主要城市经济社会发展指标(2014 年)

	面积 (平方公里)	常住人口 (万人)	城镇人口 (万人)	GDP (亿元)	人均 GDP (元)	城镇居民 人均可支配 收入(元)	农村居民 人均可支配 收入(元)
长沙市	11816	731.15	528.88	7824.81	107683	36826	21723
株洲市	11262	396.09	241.61	2161.01	54741	31338	14366
湘潭市	5008	281.28	159.05	1570.56	55968	27068	14092
娄底市	8117	385.25	162.81	1210.86	31508	20324	7836
小　计	36203	1793.77	1092.35	12767.24	71523	31732	14369
湖南省	211800	6737.24	3320.11	27037.32	40271	26570	10060

(1)强化融合互补。加强沪昆发展轴沿线长株潭和娄底之间的横向经济联系,充分发挥娄底作为中部地区典型的资源型工业城市和湖南省重要的能源材料基地城市等积淀优势,在承接长株潭产业转移扩散过程中,改造、提质传统优势产业,加速产业转型升级,注重从功能性对接向制度性对接转变,从整体上推动市域经济跨越式发展。

(2)缔造产业基地。推动沿线城市接受长三角的辐射带动,以沪昆交通廊道建设为依托,加快沿线长沙、株洲、湘潭、娄底等城市的轨道交通、工程机械、航空制造、光伏光电、有色金属、生物医药、精细化工、粉末冶金、钢铁、食品等产业集群化发展,建成现代先进制造业基地。

(3)加强区间合作。增进长株潭—娄底轴线上的城镇建设与产业互

动,努力构建湖南省横贯东西的综合性通道和区域内一小时经济圈,大力发展沿线小城市或开发园区经济,带动一般地区极化发展,实现做强核心、轴线整合、极点联动,使其成为向东连接长三角城市群,向西南连接黔中城市群、滇中城市群的重要战略大通道。

4.突出长渝城镇发展轴,提升长株潭、益阳、常德节点辐射带动力

长渝发展轴同属于长江经济带和洞庭湖生态经济区两个国家战略的覆盖范围,可获得的政策资源较多。同时,该区域农业资源丰富,工业基础扎实,经济发展较快。随着湖南"一带一部"战略的实施,该轴线将迎来新的重大发展机遇和广阔空间。

表3-5　长渝发展轴主要城市经济社会发展指标(2014年)

	面积 (平方公里)	常住人口 (万人)	城镇人口 (万人)	GDP (亿元)	人均GDP (元)	城镇居民 人均可支配 收入(元)	农村居民 人均可支配 收入(元)
长沙市	11816	731.15	528.88	7824.81	107683	36826	21723
株洲市	11262	396.09	241.61	2161.01	54741	31338	14366
湘潭市	5008	281.28	159.05	1570.56	55968	27068	14092
益阳市	12320	439.15	196.57	1253.15	28596	20688	11304
常德市	18177	583.08	267.58	2514.15	43215	22634	10737
小　计	58583	2430.75	1393.69	15323.68	63319	29760	13948
湖南省	211800	6737.24	3320.11	27037.32	40271	26570	10060

(1)加快经济转型发展。紧抓历史性机遇,加快基础设施对接,参与区域交通大循环,继续走绿色发展、循环发展、低碳发展之路,提升区域性中心城市的承载力与辐射力,全面融入长江经济带。

(2)加快出境通道建设。在发展方向上,以渝长铁路为主要发展通道,将轴线打造成为长株潭城市群辐射大湘西地区、对接成渝地区并贯穿海峡西岸经济区、连通长株潭、洞庭湖地区的重要通道,培育发展新活力。

(3)加快培育新增长带。以装备制造业、电子信息产业和高新技术产业等为基础,融合沿线国家和省级产业园区、产业示范基地和产业集群,以长株潭、常德、益阳都市区为重要节点,共同打造对接长江经济带、连通成渝城市群和海峡西岸城市群的新的经济增长带。

5. 培育二广城镇发展轴,增强常德、益阳、娄底节点集聚发展能力

二广发展轴主要连接常德、益阳和娄底等重要节点城市,该轴线是扩大沿线大量优质农产品销售的主通道,对促进沿线地区现代农业发展,提高国家粮食安全能力、促进经济结构优化升级,释放产业、能源等优势潜能具有重要作用。

表 3-6　二广发展轴主要城市经济社会发展指标(2014 年)

	面积 (平方公里)	常住人口 (万人)	城镇人口 (万人)	GDP (亿元)	人均 GDP (元)	城镇居民 人均可支配 收入(元)	农村居民 人均可支配 收入(元)
常德市	18177	583.08	267.58	2514.15	43215	22634	10737
益阳市	12320	439.15	196.57	1253.15	28596	20688	11304
娄底市	8117	385.25	162.81	1210.86	31508	20324	7836
小　计	38614	1407.48	626.96	4978.16	35449	21424	10086
湖南省	211800	6737.24	3320.11	27037.32	40271	26570	10060

(1)加强交通网络建设。以洛湛铁路、二广高速、207 国道为重要发展通道,配套完善沿线交通基础设施,构筑对外大联通、对内便捷高效的综合交通网络。形成湖南省中部的主要通道,以及向北对接长江经济带,向南连接珠三角城市群的重要通道。

(2)提升城市发展能级。进一步发挥中心城市的重要支点作用,以完善服务功能、改善人居环境为重点,大力培育经济中心,支持常德建设成为省域次中心城市,形成联系紧密、一体化发展的都市区。增强娄底、益阳的经济实力和辐射带动能力。

(3)推进产业分工协作。逐步加快对工业布局的战略性调整,推进产业转型升级,提高自主创新能力,加快构建现代工业体系,抢占国际国内竞争的制高点。推动中心城区与周边区域的交通、信息网络等连接和产业分工协作。发挥娄底的资源优势和重工业优势,做强湖南省的几何中心。

三、协同构建省际毗邻城市组团

1. 长株潭—萍乡、宜春、新余城市组团

长株潭与新宜萍地缘相近、人缘相亲、文化相融、经贸相通,具有深厚的合作基础。加快湘赣城市组团发展,有利于加强省际生态共建与环境同治,构建承接东部产业转移的区域载体,推动产业结构调整与优化升级,探索资源枯竭型城市转型发展新模式,协同打造长江中游城市群重要增长极。

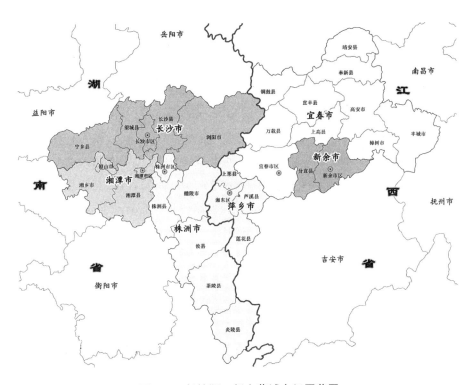

图3-3　长株潭—新宜萍城市组团范围

(1)优化空间开发格局。按相向发展、协同集聚、有序推进原则,优先将交通作为赣湘合作开发的重点内容,打通赣湘合作大动脉,吸引产业和人口向交通沿线集汇,逐步构建分布合理的城镇体系,辐射带动周边地区发展。根据六市经济发展水平,科学谋划区域最优发展方向,合理定位城市职能,确定赣西与长株潭协作开发的主要内容,构建相关政策平台,把握开发节奏和推进时序,分层推进,分步实施,构造湘赣发展轴和新兴经济圈。

(2)共筑开放开发走廊。发挥轴带带动作用,统筹规划跨省市铁路和高速公路、省际连接线等重大基础设施,优化提升沪昆(新余—宜春—萍乡—株洲—湘潭)合作廊道,加快建设长浏萍(长沙—浏阳—上栗—萍乡)合作廊道,培育发展长—万—高(长沙—万载—上高—高安)合作廊道。重点推进渝长厦快速铁路、沪昆高速复线湘潭至宜春段、赣西对接长株潭城际铁路、国省道改造提升等重大交通基础设施建设,打通湘赣合作大动脉,推动六市交通设施一体化与经济发展一体化。

(3)共同建设合作示范区。在全面落实长江经济带、长江中游城市群和促进中部崛起等国家战略基础上,用好用活长株潭"两型"社会建设综合配套改革与江西省原中央苏区振兴发展、支持赣西经济转型加快发展等国家系列支持政策,构建湘赣开放合作试验区,形成区域性政策洼地,增强企业在试验区投资创业的虹吸效应。推动六市在"两湖"生态经济区建设、罗霄山集中连片特困地区扶贫开发等方面开展战略合作,进一步完善现有的合作平台,深化产业建设、生态保护和旅游业等方面的合作,共同推进湘赣边界城市组团融合发展,打造湘赣边界红色旅游带和跨省产业合作示范区。

2. 荆州—岳阳—常德—益阳城市组团

洞庭湖是我国第二大淡水湖、长江中下游地区最大的调蓄性湖泊和亚洲最大的内陆湿地,被称为"长江之肺",近邻周边坐落着荆州、岳阳、常德、益阳等城市。该地区的发展对建立新的江湖平衡关系,保障国家粮食安全,促进城乡统筹与长江中游城市群一体化发展具有重要意义。四市位于长株潭城市群、武汉城市圈的腹地,是长江经济带开发开放的重点区域,具有承东启西、连南接北的独特区位优势。境内铁路、高速公路纵横,长江岸线资源优良,是重要的水运交汇地,荆州港、岳阳港是全国内河主要港口,发展潜力巨大。

(1)优化发展格局。高起点规划和建设具有湖乡特色的生态城乡空间组织职能,构建"五核五轴"城镇发展格局。培育一批以各具功能和产业特色的县城和小城镇为区域增长节点的环洞庭湖新型城镇体系,加强水域生

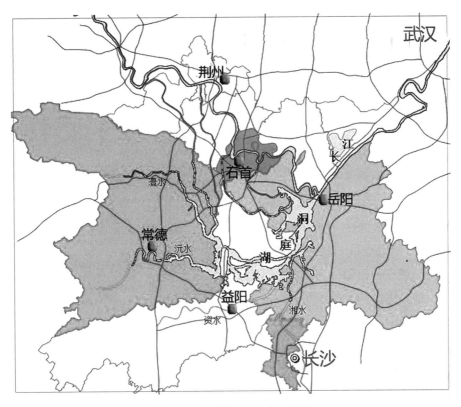

图 3-4　荆岳常益城市组团范围

态修复,全面提高基本公共服务均等化与民生社会保障水平,努力把该区域
建设成为更加秀美富饶的现代新型大湖经济区。

(2)创新发展空间。将岳阳城陵矶打造成湖南省通江达海的枢纽基
地,加快常德、岳阳支线机场建设;建设常德北部新城生态宜居城市示范区,
实现津澧融城,建成澧水中下游中心城市、常德副中心城市;加快益阳市东
部新城区建设,努力形成以高端三产业为主支撑的7大产业组团;实施岳阳
洞庭湖新城建设,营造衔接岳阳楼景区,串联历史、文化和自然景观的滨湖
魅力新城。

(3)突出发展重点。以《洞庭湖生态经济区规划》为依据,着力构建组
团内部和谐的人水新关系、现代产业新格局、城乡统筹新家园、合作发展新
平台。应进一步拓展城市框架体系,优化城市服务功能,在积极对接长株

潭、武汉等大城市群的同时,培育荆州、岳阳、常德、益阳、津澧新城五大中心城市,统筹区域经济社会发展和生态环境保护,积极推进洞庭湖生态经济区建设,巩固和提升在保障国家粮食安全中的传统优势地位,共同构建绿色生态产业体系和立体交通网络。

(4)推进协作分工。加快推进荆州现代产业体系建设,促进农业现代化、新型工业化、现代服务业三大支柱产业发展;壮大"产业洞庭",促进常德、益阳等地物流"借道"荆州黄金水道,发展外向型经济,共同推动生态经济区现代物流业联动发展。加快建立洞庭湖生态经济区协调机制,促进基础设施建设、环境改善和生态保护等方面的合作,在产业发展、交通基础设施建设、水系改造、水利工程建设、旅游资源开发等方面统一筹划、共同推进。

3. 咸宁—岳阳—九江城市组团

地处鄂南的咸宁市与湖南的岳阳市和江西的九江市同处长江沿线,作为三省的门户,三市地域相连,交通便捷,经济、社会联系密切,在现代农业、制造产业、文化旅游、临港产业和高新技术等领域已经具备了良好的发展和合作基础;在长江黄金水道综合整治、港口开发、湖泊和湿地保护等方面三市有着共同的利益诉求。作为长江中游城市群发展战略中的"先锋队""桥头堡"和"排头兵",率先启动咸岳九"小三角"对全面推进长江中游城市群建设具有重大导向与示范意义。

(1)完善合作平台。为打破行政壁垒,促进三市多领域的合作,应尽早组建咸岳九"小三角"协调发展推进机构,通过专题协调会议,共同确定重点合作领域、前瞻研究重要举措、审慎决策重大事项。立足区位优势和合作基础,以共同关注的目标诉求为导向,积极推进沿江城镇密集带发展,创新合作机制,消除市场壁垒,促进要素流动,牢牢把握"低碳、高端、新兴"发展方向,引导临港产业、精细化工、文化旅游、先进制造、绿色食品、新能源新材料等一批优势高端产业加速成长。

(2)构筑快捷通道。发挥三市作为重要区域性节点城市的集聚和扩散功能,统筹区域发展规划,携手聚力,加强交通基础设施建设合作,推进岳阳至咸宁至九江铁路和杭瑞高速公路建设,打通边界"断头路",建设"四纵四

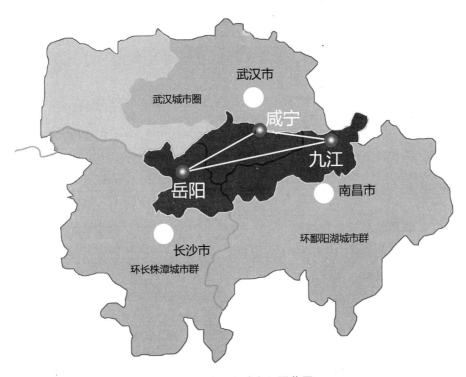

图 3-5 咸岳九城市组团范围

横"的综合交通网络体系,形成外连周边中心城市、城市群和区域经济中心的放射通道,构建以城际铁路、高速公路为骨架,以国省干线为支撑,"中心放射、外围成环"的城市群综合交通大格局,进一步扩大区间交通联系的深度和广度,为三市产业空间集聚、跨区域经济交流及多层面协作提供"快进快出""大进大出"的运输保障,将沿江城市建设成为长江中游城市群通江达海的重要门户。

（3）推进开放开发。充分发挥长江"黄金水道"的综合优势,加强沿江城市的开放开发,共同规划建设湘鄂赣大型商贸中心,吸纳咸宁、岳阳、九江等地客商共同经营,建立通畅的商品集散地;重点推进跨界流域治理、省界市场建设、路网联通和扶贫开发;加强三市金融领域合作,组建咸岳九商业银行,为企业提供平等、优质的金融服务;鼓励和支持通城、平江、修水建设次区域合作示范区,共同加强幕阜山生态保护,全面深化基础设施、产业布局、商贸市场、文化旅游和生态环保一体化发展,率先打造区域旅游联合体。

四、促进城市群城乡统筹发展

以城乡统筹、协调发展为中心,统筹推进规划融合、基础设施融合、社会事业融合、产业发展融合、公共服务融合、生态体系融合,促进公共资源在城乡之间均衡配置、生产要素在城乡之间自由流动,构建跨域统筹、科学协调、务实创新、生态环保、互赢共享的新体制、新机制,实现城乡经济社会全面融合发展。

1. 创新城乡一体化机制

不断深化长沙、株洲、津市—澧县等国家新型城镇化试点和株洲、益阳等全国统筹城乡一体化试点,推动城乡统筹融合发展,促进中心城区基础设施和公共服务向周边城镇及农村延伸,加快农业转移人口市民化进程,实现经济要素市场化高效有序流动与合理配置,培育区域发展的新空间、新动力、新优势。

(1)创建城乡一体化空间整合机制。以主体功能区规划为基础统筹种类空间规划,推进"多规统一"。以城乡统筹规划为引领,以城乡公共服务均等化为重点,创建城乡空间资源一体化开发的组织协调机制与统筹共营机制。合理安排市县域城镇建设、农田保护、产业集聚、村落分布、生态涵养等各类空间职能,实现城乡战略发展规划、产业规划、土地利用规划、生态环保规划和基础设施布局规划等不同层级目标的有机衔接,加快构建城乡空间功能互补、资源开发有序的一体化格局。推进城镇现代服务业资源向农业生产的加工、销售、科技、信息等农村经济空间延伸,优化农业产业结构和区域布局,促进城乡产业融合发展,构筑城乡互动产业链与市场价值链。

(2)创建城乡一体化利益共享机制。健全城乡统一、公正透明的规则体系,切实保障居民共同享有改革发展和新型城镇化成果的合法权益。充分发挥市场配置资源的决定性作用,建立城乡统一的建设用地市场,保障农民公平分享土地增值收益。引导科技人员、大中专毕业生以及其他业界投资者、创业者到农村兴业展业,与农业资源拥有主体共同获取科技红利和合法收益。通过财政引导、加征环保税、补贴转移等手段,构建城乡之间的生态补偿机制。通过建立郊区生态补偿基金等财政政策手段,对郊区因环境建设而造成的经济损失给予适当补偿。对工业企业产生的诸如燃煤烟尘、重金属排放、危害物填埋、水源水质污染、宜耕地毁坏、林木砍伐等有害郊区环境的各种经济活动,探索开征环保税,用于改善和保育当地生态环境。

(3)创建农业转移人口市民化推进机制。建立健全由政府、企业、个人共同参与的农业转移人口市民化成本分担机制,根据农业转移人口市民化成本分类清单,明确政府、企业、个人共同参与的农业转移人口市民化成本分担主体与支出责任。根据基本公共服务的事权划分,进一步提高各级政府专项转移支付比重,为承担义务教育、就业服务、基本养老、基本医疗卫生、保障性住房以及市政设施等方面公共服务领域的公共服务成本,进一步增强吸纳农业转移人口较多地区政府的公共服务保障能力。监督企业切实维护农业转移人口的合法权益,确保按时足额支付并正常增长工资,依法办理基本的养老、医疗、失业、工伤、生育等社会保险费用,为农业转移人口分摊合理的市民化转型成本。健全农业转移人口就业技能培训组织领导体系、就业培训督导体系,鼓励企业建立职工岗位培训制度,全面提高社会成员就业创业能力和职业素质。

2. 推进县域城市发展壮大

不断提升县域城市经济实力,全面增强县域城市基础设施、公共服务和资源环境对人口的承载能力,大力支持县级市和县城发展,积极承接中心城市制造业疏解转移,因地制宜发展特色产业和劳动密集产业,扩大就业空间,就近吸纳农村剩余劳动力入城进镇,着力培育长沙县、宁乡县、浏阳市、湘潭县、耒阳市、醴陵市、津澧等30万—50万人口的现代新型城市,以县域城市功能扩容促进城乡统筹发展。

(1)完善县域城市基础设施。加快县域城市基础设施建设,不断增强道路、通信、供电、供水、排水、供热、环卫、绿化等各项基础设施载荷功能。加强县域城市与区域性城镇群在交通、通信、管网等基础设施的纵横对接。鼓励和推行"城市地下综合管廊"建设模式。统筹城乡公共服务设施建设,完善学校、医院、养老设施、文体场馆、农贸市场、休闲娱乐等公共服务设施。

优化城镇信息化网络结构。推动物联网、云计算、大数据等新一代信息技术创新应用,强化城镇信息网络、数据中心等信息基础设施建设,促进跨部门、跨行业、跨地区的政务信息共享和业务协同,推广智慧化信息应用和新型信息服务。

(2)促进县域产业转型升级。科学推进产业园区建设。完善园区交通、能源、通信等市政基础设施建设,科学配置园区医疗、卫生、体育、文化、公安等社会公共服务事业,提高园区的综合承载能力和吸引力,加快形成特色产业集中区或新兴业态专业园区。推动县域产业集群集聚发展。以县域园区为载体,引导企业向园区集中,围绕园区主导产业和龙头企业,促进产业上下延伸、系统配套,衍生或吸引更多相关企业集聚,积极培育壮大特色产业,形成特色产业集群。加大科技协作创新力度,联建、合建产业创新基地与孵化园区,注重精深开发本土优势资源产业,共同积极扶持新兴产业与衍生业态,集合造就完整产业链、品牌价值链及其商品服务链。

(3)推进城乡基本公共服务均等化。全面推进城乡民生普惠共享,按照保障基本、循序渐进的原则,积极推进城镇基本公共服务由主要对本地户籍人口提供向对常住人口提供转变。加快推进城乡医保、社保、就业、教育、住房等保障体系的规范性对接和城乡政策制度之间的有效衔接,努力实现居民均享"同票同权、同命同价、同工同酬、同城同教、同地同保"的基本公共服务"五同"目标。健全就业服务体系,完善各类免费就业服务制度,营造良好的创业环境,以创业带动就业。进一步完善城乡公共文化服务体系,增强文化对经济发展的支撑引领作用,满足城乡居民的各类文化消费服务需求。加强乡公共服务的资金配套与政策引导,制定对城乡公共服务基础设施的投入与扶持政策,确保稳定的经费投入与增长渠道,逐步实现城乡基本公共服务均等化。

3. 加快推进特色城镇发展

积极发展重点特色城镇,以多样化、专业化和特色化为方向,推进产城、园城融合发展,进一步落实支持政策,择优开展扩权强镇示范试点,培育一批工业强镇、商贸重镇、旅游名镇。突出抓好清溪镇、花明楼镇、太子庙镇、大瑶镇、东富镇、羊楼司镇、壶瓶山镇等全国重点镇和省新型城镇化试点镇建设,打造一批工业强镇、商贸重镇、旅游名镇、美丽乡镇、宜居小镇。积极开展湘江古镇群发展保护。

(1)提升城镇综合承载能力。全面完善城镇基础设施和公用设施,增强人口城镇化的载荷容量及其生境品质。在加大政府公共投入的同时,创新市场化、社会化融资投资机制,吸聚社会资金、民间资本进入城镇基础设施建设领域,分散化解人口城镇化的公共成本。注重提质扩容进程中公共服务设施的综合配套,突出抓好城市公用设施、基础设施建设和城镇旧区、棚户区改造,加强公共交通、信息、燃气、防洪、排水管道、污水及生活垃圾集中处理设施配置,放大城镇聚集效应。

(2)推进产城融合发展。着力推进新型工业化、农业现代化与特色城镇化的互促互动,积极培育、兴建产业集中发展园区。依据资源的相对比较优势以及相邻地域的经济联系,强化园区规划引领,完善园区基础设施,合理优化产业分工,引导农民工就近就业和返乡农民工创业。坚持产城融合、园城共建,促进单一生产型园区经济向多功能城市型经济转型,围绕城市经济、现代生产方式和现代生活方式,积极催生服务业发展,大力发展生产性服务业、消费性服务业和文化旅游业,形成产业园区借力城市功能、城市功能服务产业园区的产城融合发展新格局。

(3)提高城镇治理水平。遵循城镇发展和管理规律,坚持建管并重,构建立体化、多层次、公正透明的现代城镇管理体制,创新城镇管理与公共服务。建立政府主导、社会共建的新模式,注重引导社会、企业、公众等多元主体参与到城镇管理中来,发挥好社会组织、中介机构等社会力量在城镇管理中的协同、自治、自律和互律作用,实行多方参与,协同管理,社区自治。推进依法行政,严格文明执法,实现城镇秩序和群众利益的有机统一,提升城镇管理的法治化水平。大力发展智慧交通、智慧城管、智慧电网、数字文化和电子政务,促进城镇管理的科学化、制度化、规范化、数字化与智能化,实现城镇高效、规范、有序、安全运行。

4. 建设湖湘特色美丽乡村

全面改善农村生产生活条件,在遵循自然规律、尊重农民意愿的基础上,有序推进农民向城镇和中心村集中,开展美丽乡村、宜居村庄和旅游示范村创建活动,做好传统村落保护,全力打造具有湖湘特色的美丽乡村。

(1)科学编制村庄规划。科学编制县域村镇体系规划和镇、乡、村庄规划,优化村镇空间布局,强化乡镇村庄规划管理,科学引导农村住宅和居民点建设。根据村镇人口结构现状和变化趋势,在尊重农民意愿的基础上,合理确定村庄布点和建设规模,重点提升中心村,有效保护特色村,适宜改造空心村。建设居住适度集中、生产便利高效、生活舒适优宜的现代化新型村庄、农庄。提升自然村落功能,保持乡村风貌、民族文化和地域文化特色,保护具有重要历史、艺术、游览、科学研究价值的传统村落、少数民族特色村寨和经典民居。严格控制集镇内零星分散建设农民住宅。统筹安排农村道路、饮水、供电、通信等基础设施建设和服务网络建设。

(2)加强乡村人居环境治理。将生态文明理念全面融入乡村发展,积极倡导现代绿色低碳生产方式、生活方式和消费模式。大力推进水、电、路、讯、房等基础设施建设和公共服务配套,不断改善农村基本生产生活条件。实施乡村清洁工程,深入开展农村环境综合整治与村庄整治,推进农村垃圾、污水处理设施建设,严格控制城市和工业污染向农村扩散。加大农村危旧房改造力度,重点帮助特困农户实施危房改造。深入开展村庄美化、绿化、亮化、硬化、净化活动,实现村庄人居环境整洁、环保、舒适、优美。

(3)提升乡村自我发展能力。加大对美丽乡村建设的支持力度,促进乡村自我发展能力的进一步提升。推进"一村一品"工程建设,培育壮大优势特色产业,扩大农产品产销衔接,支持农民以承包经营权入股发展农业产业化经营,增加农业经营收益。鼓励农民自主创业、联合创业,扶助外出务工农民带技术、带资金回乡创业,引导农民按需培训、在岗学习,不断提高自身素质。积极发展农民股份合作社及其他专业服务组织,切实保障农民集体经济组织成员权利。探索将集体资产折股量化到人(户),赋予农民对集体资产股份占有收益权、有偿退出及抵押、担保、继承权,稳定农民在村组原有各项收益。

(4)开展美丽乡村试点示范。加强传统村落、历史文化名村、特色村寨、旅游名村及其文化生态资源的整体保育,保存乡土历史文化记忆与积极健康的民俗风尚。严格保护自然生态型村庄的地形地貌等空间资源,促进农业生产与特色旅游互动发展;严格保护历史文化型村庄中的古村落、古建筑、古设施,延续乡村独特的民间演艺、节庆活动等地域性历史文化特色,积极振兴传统手工艺,树立村庄文化品牌。促进农业、旅游业、文化产业融合发展。开展美丽乡村、宜居村庄和乡村旅游示范村创建活动。依托独特山水风光、乡村风貌、民族文化和地域文化特色,着力推进特色鲜明、美丽宜居的湖湘特色乡村建设。

市域篇

国家战略背景下长沙城市发展定位优化设计

在城市竞争全球化的背景下,一个城市要在世界城市体系中占据一定的位置,就必须对其进行科学定位。未来一个时期是我国城镇化深入发展的关键时期,更是长沙担当国家战略使命的重要时期,如何适应新常态,向更高能级、更优品质、更大规模、更富活力全面提升跨越,长沙正面临新的战略抉择。根据自然地理区位、资源要素禀赋、市区生境特征、历史人文精神和产业发展优势等基础性张力,科学谋划城市发展目标,进一步明晰未来战略取向,将对长沙广泛凝聚社会共识、深度激发城市势能、持续增强竞争实力产生深远历史影响,并具有重大现实意义。

一、我国城市发展定位的基本态势

1. 城市定位的基本内涵

城市定位在我国是随着全球城市化竞争的日益加剧而兴起的一个学术范畴和实践行为。21世纪初国内城市营销策划界率先将"定位"一词引入城市战略规划领域,形成了"城市定位"这一概念。从一般意义上说,城市定位是指城市为了实现优化发展,根据自身条件、竞合环境、发展需求等的动态变化,科学确定自身角色和发展愿景的过程。它包括战略定位、空间定位、功能定位、属性定位等综合性定位,以及产业定位、文化定位、环境定位等专项性定位,此外,还有诸如形象定位、品牌定位、主题定位等特定定位。城市定位体现前瞻性、引领性、激励性和特色性等特点。

准确把握城市的性质和基本职能是做好城市定位的基本前提。从实践功能层面来看,城市定位又可区分为城市发展定位和城市营销定位两大主类。城市发展定位是对城市愿景的高远谋划或前瞻规划,一般包括战略定位、目标定位、功能定位、产业定位、文化定位等,主要是指城市发展向"哪里去";城市营销定位则是对城市特性的本质识别或禀赋形塑,诸如主题定位、形象定位、形态定位、个性定位、价值定位等,核心是告知外界"我是谁"。通常,某些单一功能性城市因具有鲜明的个性化特质,其定位维度较为单一,定位也较易甄别选择;而某些综合性大城市因其资源禀赋特质的高度多元化与丰富性,其定位维度较多,定位难度也就较大。

一个城市的城市定位不是一蹴而就的,而是随城市发展的一个长期历史过程。城市定位既具有历史因承性,也具有战略预期性,更具有动态丰富性,是随着城市不断发展而自觉自主演绎发展的,城市政府始终担当着重要抉择指引使命,社会业界与居民大众发挥着积极的倡导传播作用。根据并适应城市发展一定时期或阶段的内外环境与基础条件,在城市规划或战略谋划中,城市发展定位是否科学、精准、适当,对城市实践理性将产生巨大而深远的影响。不同城市的不同定位,是城市发展的战略导向与无形财富,形成特定城市不同强度的文化竞争力与强大软实力。一个城市如果没有明确长远发展的总体战略目标就等于没有城市定位,其城市建设和发展就没有起统领作用的"灵魂"与城市精神,多年来国内许多城市之所以出现千城一面、产业同构、布局重叠等不良问题,很大程度上是各个城市没有合理确立适合自己的个性化城市定位的必然结果。

2. 城市定位的影响因素

城市是人类社会群居生活的高度便利化、丰富化、优宜化生境空间,集合包容其中的主体、客体高度丰富,城市的发展命运取决于多方面的因素,城市定位必须依据并充分考量特定的城市资源要素,才能努力实现科学定位,影响城市定位的主要因素包括以下五大方面。

(1)社会政治因素。城市是人类社会有机体空间形态的重要组成部分,来自国家乃至国际组织的强制意志,包括国家以及国际权威组织制定的法律、方针、政策及采取的重大举措,对城市定位起着强制约作用。如,由于联合国、国际货币基金组织等世界权威政治、金融机构总部的设立,致使纽约必然发展成为世界主要的政治和金融中心。又如国家首都设定城市,就是该城市最鲜明的强制性定位——国家政治中心。政治因素是制约城市定位的首要外部因素,它通常是不以城市的自主意志为转移,是城市定位的非内生性外来设定因素。

(2)自然禀赋因素。自然资源禀赋是一个城市的自然资产,是支撑城市定位的根本性物质基础。一个城市行政区划范围内所拥有的自然资源,包括土地、山丘、平原、高地、植被、河流、湖泊、矿藏、物产以及地理区位、生态环境等自然要素与条件,如果拥有得天独厚的"资源禀赋"并被较好地开发利用,该城市就可能释放出巨大的禀赋能量,取得独特的发展成就,并跻身城市先锋地位,形成制高优势。如威尼斯由于及早发掘和集中开发利用了丰富优异的水域资源,成为声誉卓著的"世界水城"。大庆市因开发利用丰富的地下石油资源而成为闻名中外的"中国油城"。自然资源禀赋是决定一个城市"是什么""成什么"的先决性条件与基础性要素。

(3)历史文化因素。历史底蕴与民俗文化是一个城市的精神遗产与无形资产,是支撑城市定位的人文基础。历史文化主要是指一个城市行政区划范围内特别是城市核心区所拥有的人文积淀与"场所精神"①,包括文化人类学大文化概念下的各种文化存在形态。一个城市通过历史进程中的文化传承、创新与发展,形成特有的风情习俗与生境氛围,是决定城市未来发展的文化资本和"软实力"。通过对种种历史文化积存资源的深广开发与合理利用,就可能造就并实现城市发展的繁荣与辉煌。如通过放大音乐文化效应,成就了维也纳的"世界音乐之都";通过彰显园林文化特质,成就了苏州的"东方园林之城"的美誉。

(4)竞争环境因素。城际竞争或跨域竞争是市场经济条件下,催生城市发展活力的驱动机制,也是城市定位的重要外部考量因素。随着城市全球化时代的来临,城市竞争从城际化不断走向区域化、国际化。在城市定位战略决策中,不仅要充分考虑国内城市的同类竞争,也要放眼世界,在更大空间与更宽领域上自觉辨识国外城市的发展动态与同质性挑战,尽可能避开强者锋芒,采取"人无我取、人有我优、人强我让"的定位策略,力求差别

---

　　① 参见《场所精神的保存》,即魁北克宣言(ICOMOS 2008 年第 16 届年会通过之原则宣言)。

化、个性化、优势化,以此促推城市发展、彰显城市魅力。如果一个城市不充分考虑国内外竞争环境,在城市定位战略决策上"闭门造车""人云亦云",就可能出现城市定位战略与营销策略的重大失误,导致城市发展陷入歧途。如近年来国内许多二、三线城市大多陷入了一种"跟进式"的城市定位思维误区,一味追求"高、大、全",纷纷提出"……中心""国际……"等城市定位,在实践过程中,不切实际、迷失个性、缺乏竞争优势的城市定位,既难以实现,更鲜有大成。

(5)势能演变因素。由潜在性能量变为趋势性动力,是城市成长过程的历史轨迹,也是城市定位的重要动态性判据。势能演变主要指城市核心基因——城市势能的可成长性与可持续性的变化趋向。城市定位要尽可能与时代特征及未来社会发展潮流相一致,与城市自我势能成长的主导基因相契合,否则,就可能面临被历史淘汰、被自我否定的风险。如20世纪末期,随着能源、环境、生态危机的加剧和社会生态文明观念的逐步提升,许多发达国家的世界加工制造基地城市都在谋求城市定位的战略转型,将加工制造业向外部转移,国内产业转型升级步伐也不断加快。如果城市功能定位、产业定位不能与时俱进,顺势而为,就有可能发展滞后、更加落后。

3. 城市定位的国内实践

随着城市化的加速推进,国内城市政府越来越注重科学精准地差异化、个性化、魅力化定位,社会各界与居民大众也更加关注自己城市的发展定位,城市定位的理性思考与实践更加多元化、丰美化与异质化。目前,体现在国内区域中心城市总体规划或发展战略中的城市定位,大致可分为复合定位、简约定位与单一定位三种类型,分别从不同观察视角和战略取向上,对城市性质、职能和发展目标进行明确规定或前瞻设计。

复合定位型。在城市发展到一定阶段中,就城市性质、职能与发展目标,既进行了综合性的定位描述,又对城市主导功能指出了具体构想,更对城市发展愿景进行了目标设定,其中也有城市仅对城市性质进行了描述和对发展目标进行了分类设定;还有城市既进行了综合定位,也对城市性质、职能与发展目标进行了精细设定,形成了较为完整的定位体系。如"国家中心城市之一,国家历史文化名城,广东省省会,我国重要的国际商贸中心、对外交往中心和综合交通枢纽,南方国际航运中心",广州市的这种定位就属于复合型的城市定位。

简约定位型。在城市发展一定阶段中或城市在对外推介过程中,仅仅就城市的重要个性特质进行定位描述,注重从其典型特征与经典要素中高度概括成的一种城市定位,以便更好地在人际传播中形成简明独特的印象记忆,这种城市定位也可称为总体定位或综合定位。如"九五"时期上海的"国际经济中心城市"、杭州的"现代化国际风景旅游城市"、深圳的"现代化国际性城市"等定位就属于简约型的城市定位。

此外,适应当代城市区域化、国际化趋势及其人流、商流、信息流的发展需要,一些城市还十分注重城市形象设计,通过对城市自然形态、历史人文及其社会生境的某一典型要素进行高度概括与生动化的语言描述,形成单一型城市定位,并充分利用高度发达的现代媒体,不断强化对城市形象与标示性定位语的传播效应,以扩大城市影响,提高美誉度与竞争力,成为运营城市资源的重要手段和有效途径。从如下列举的部分城市形象定位与城市广告语中就可管窥一斑。

北京:东方古都,长城故乡

上海:精彩每一天

重庆:世界的重庆,永远的三峡

西安:丝绸之路起点

深圳:现代化国际化创新型城市

成都:成功之都　多彩之都　美食之都

杭州:东方休闲之都,品质生活之城

洛阳:千年帝都　牡丹花城

曲阜:孔子故里,东方圣城

合肥:两个胖胖欢迎您

厦门:海上花园,温馨厦门

宁波:东方商埠,时尚水都

福州:福山福水福州城

苏州:东方水城,天堂苏州

遵义:转折之城,会议之都

表4-1　长沙周边中心城市定位情况

城市名称	城市定位内容	备注
重庆市	我国重要的中心城市,国家历史文化名城,长江上游地区的经济中心,国家重要的现代制造业基地,西南地区综合交通枢纽	《重庆市城市总体规划(2007—2020年)》
广州市	国家中心城市之一,国家历史文化名城,广东省省会,我国重要的国际商贸中心,对外交往中心和综合交通枢纽,南方国际航运中心	《广州市城市总体规划(2011—2020年)》
武汉市	湖北省省会,国家历史文化名城,我国中部地区的中心城市,全国重要的工业基地、科教基地和交通通信枢纽	《武汉市城市总体规划(2010—2020年)》
西安市	陕西省省会,国家重要的科研、教育和工业基地,我国西部地区重要的中心城市,国家历史文化名城	《西安市城市总体规划(2008—2020年)》
杭州市	浙江省省会,国际风景旅游城市,国家历史文化名城,长三角的重要中心城市,浙江省的政治、经济、文化中心	《杭州市城市总体规划(2001—2020年)》
福州市	福建省省会,海峡西岸经济区中心城市之一,国家历史文化名城,滨江滨海生态园林城市	《福州市城市总体规划(2011—2020年)》
贵阳市	贵州省省会,西南地区重要交通枢纽,西部地区重要中心城市之一,全国重要的生态休闲度假旅游城市	《贵阳市城市总体规划(2011—2020年)》
南宁市	广西壮族自治区首府,西南地区交通枢纽,中国—东盟自由贸易区的区域性国际城市	《南宁市城市总体规划(2011—2020年)》
南昌市	江西省省会,全省政治、经济、文教、科技和信息中心,国家级历史文化名城,长江经济带中游地区重要的中心城市	《南昌市城市总体规划(2001—2020年)》

二、长沙城市发展定位的逻辑判据

1. 长沙城市发展的势能基础

(1)经济实力显著增强。2006年以来,长沙的经济总量在全国省会城市中先后超过石家庄、哈尔滨、济南、郑州等城市,在全国省会城市中跃居第7位;从全国地级以上城市来看,长沙的经济总量先后超过了厦门、西安、长春、哈尔滨、济南等副省级市;此外,长沙的经济总量还超过甘肃、海南、宁夏、青海、西藏等省(自治区)。2014 年全市 GDP 为 7824.81 亿元,人均 GDP 突破 10 万元大关,增速居全国省会城市第 3 位,全市规模工业增加值、固定资产投资、社会消费品零售总额、公共财政预算收入等主要经济指标分别增长 12.0%、18.3%、12.9% 和 17.9%,增速分别居省会城市第 6、第 9、第 5 和第 3 位,高于全国、全省水平,走在全国省会城市前列。全市城镇和农村居民人均可支配收入分别为 36826 元和 21723 元,稳居中部省会城市之首。

(2)产业结构不断优化。三次产业结构不断优化,逐步形成了三次产业协调拉动的发展格局。新型工业化第一推动力明显,2014 年全市工业总产值突破万亿,达 10395.9 亿元,工业集聚效应显著,园区规模工业总产值占全市规模工业的 71%。工业结构调整步伐不断加快,向工程机械、新材料、食品(烟草)、电子信息、汽车及零部件和生物医药六大产业共同发展的多点支撑体系转变。2014 年战略性新兴产业占工业的比重为 31.6%,比 2011 年提升 14.5 个百分点;高新技术产业增加值占 GDP 的比重为 28.5%,比 2011 年提升 10.3 个百分点。旅游、文化创意、电子商务、移动互联网、现代物流等服务业快速发展,旅游、文化创意产业产值突破千亿大关。需求结构持续改善,投资消费的协调拉动作用不断增强。城乡结构日益优化,城乡居民收入比由 2010 年的 2.14 缩小至 2014 年的 1.69。

(3)城市功能日益完善。"一轴两带多中心、一主两次五组团"的城市空间结构和"山水洲城、一江两岸"的城市主体形态基本形成,城市重大基础设施加快建设,城市功能明显提升。地铁 2 号线一期运营,1、3、4 号线正在加快推进,长沙迈入地铁时代;随着沪昆高铁建成营运,长沙成为全国重要高铁枢纽之城;城市"井字+环形"快速路系统和"十八横十六纵"路网逐步成型,城市各片区之间的联系不断增强,城市肌理和城市文脉得到有效延续。城市文化底蕴和山川秀美的独特风貌得到极大展现,特别是湘江水利枢纽工程建成之后,湘江的水位常年保持在 28 米以上,湘江水体景观更加稳定,岸线风光带更加优美,改造提质后的橘子洲更成了长沙的城市客厅。伴随城市品位和形象的逐步提升,长沙市人口、产业集聚能力不断增强。

（4）交通枢纽地位突出。长沙南接珠三角，东望长三角，区位条件优越，是东部发达地区产业、资金、人才、技术梯度转移到西部，西部地区丰富的经济资源流向东部地区的枢纽，是东部持续向腹地纵深发展、西部大开发取得成效的重要支撑点。长沙黄花国际机场的扩建配套，旅客吞吐量跃居中部地区第一，武广、沪昆两大高速铁路在长沙交汇，形成国家重要的高铁枢纽，全省 10 多条高速公路交错汇聚，长沙已初步形成了东西贯通、上下连接、动静结合、内外成网、便捷高效的现代综合交通体系。通过优化湘江港口功能布局，湘江通航条件大为改善，扩展了长沙进入长江黄金水道的航运能力，形成了与长江干线有机衔接的水运网络，提升了长江中游航运中心航运物流中心地位。在城市群融合方面，长沙发挥中心城市辐射带动作用，加快了环长株潭城市群融合步伐，城市群交通一体化网络逐步完善，实现了与周边节点城市之间 1 小时通达。在长江中游城市群建设上，加强综合交通衔接，长沙与周边城市水运、铁路、公路、航空和管道的有机衔接加强，建设和完善了集疏运系统，形成了以长沙、武汉、南昌为中心的"三角形、放射状"城际交通网络。

（5）科技实力大幅提升。长沙发挥敢为人先的精神，近年来科技原创能力快速提升，在新材料、生命科学、云计算、智能工程等领域的优势尤为突出，具有转化为产业优势的极大潜能，截至目前，长沙市拥有高等院校 55 所，独立科研机构 97 家，国家级工程（技术）研究中心、重点（工程）实验室和企业技术中心 48 家，拥有 13 个科技园区，9 个产业基地，28 家规范化的科技企业孵化器。科技创新成果日益增多，创新城市竞争能力不断增强。专利总量快速增加，专利申请由 2010 年的 9000 余件上升至 2015 年的 2.2 万件，2015 年授权专利 14633 件，是 2010 年的 2.4 倍，发明专利稳居全国城市前十强。全市万人有效发明专利拥有量达 19.41 件，居全国省会城市第 4 位、全国城市前五位。长沙市及 9 个区、县（市）全部被评为"全国科技进步先进县（市）"，全市科技竞争力跨入全国前六强，城市综合竞争力跃升到全国第 10 位，先后被评为全国创业先进城市、全国科技进步示范城市、全国知识产权工作示范城市和中国十大创新城市之一。

2. 长沙城市发展的个性特点

（1）历史底蕴深厚。长沙是一座具有悠久历史的文化古城，早在 7000 年前就成为人类聚居地，传说中的炎帝、舜帝均归葬于古长沙境内。长沙之名始于西周，一直是南方的政治、经济、文化重镇，有文字可考的历史长达 3000 多年，是国务院首批公布的 24 座历史文化名城之一。春秋战国时期，长沙是楚南重镇和主要的粮食产地，秦统一中国后，置"长沙郡"，为全国 36 郡之一，长沙正式列于全国行政区划；汉置长沙国，素有"楚汉名城"之称，此后，东汉、西晋、东晋、南朝及明代均为封藩之地，区域性政治、文化中心地位不断增强。1904 年，长沙开埠，商品经济日益发展，城市规模不断扩大。20 世纪 70 年代以来，长沙陆续出土了大量历史文物，马王堆汉墓的发掘，在考古史上有划时代的意义，对研究汉初的政治、经济、文化和科学技术具有重要价值，三国孙吴纪年简牍的发掘与殷墟甲骨、居延汉简、敦煌文书、满文老档一起被称为中国古史研究文献资料的五次大发现。

（2）人文特质鲜明。长沙是人才辈出的热土，孕育了灿若群星的历史名人。屈原、贾谊、杜甫、柳宗元、欧阳询、怀素、朱熹、张栻等历代文学家、思想家、政治家、哲学家、书法家，有感于长沙山川之灵秀、民风之淳朴、文化之厚重，写下了大量传诵千古的题咏，成就了长沙"屈贾之乡""潇湘洙泗"的美誉。创于北宋的岳麓书院是宋代全国四大书院之一，著名理学家朱熹、张栻在此设坛讲学，创立了全国颇有影响的"湖湘学派"，时称"惟楚有材，于斯为盛"。明清以来，王夫之、魏源、曾国藩、左宗棠等进一步发扬光大，蔚成源远流长的湖湘文化。特别是改革开放以来，秉承灿烂的历史文化底蕴，赋予长沙现代文明新的内涵，长沙市特有的文化特色日益彰显，文化大市、休闲之都等城市新名片在全国具有一定地位和影响力，逐步形成长沙城市新的特色优势。

（3）英才人杰辈出。在风起云涌、波澜壮阔的中国近现代史上，长沙曾勇立潮头，独领风骚，成为中国革命的发源地之一。无数仁人志士和老一辈无产阶级革命家从这里寻求救亡图存、振兴中华之路，绘就了中国革命的壮丽篇章，创造了惊天动地的丰功伟绩。在这片古老而神奇的土地上，涌现了毛泽东、刘少奇、胡耀邦、朱镕基等一大批彪炳史册的卓越领导人。

秉承湖湘文化的优良传统和革命先辈的无畏精神与豪迈气概,确立了"心忧天下,敢为人先"的长沙精神。这种精神既是长沙人以天下为己任的开放胸怀和忧患意识的集中体现,也是长沙人开拓进取、勇于创新、敢争天下第一的无畏精神的不懈追求,更是长沙从胜利不断走向胜利的不竭动力源泉。

(4)山水文化独特。长沙属亚热带季风湿润气候,气候温和、降水充沛、雨热同期、四季分明,市域内有自然天成的名山,有奔流不息的秀水,自古以"山水名郡"闻名天下。长沙的岳麓山、湘江水、浏阳河、橘子洲,与欣欣向荣的现代城一起,构成了世界罕见的山、水、洲、城风貌。在全国大江东流的总体态势下,湘江北去、浏河西进,使长沙山水凸显出独特的个性魅力。湘江作为长沙的母亲河,它的万千姿态成为古往今来文人墨客吟诵和赞美的对象,留下了一批传世佳作。浏阳河以一首民歌传唱大江南北。橘子洲堪称中国内河第一洲。山、水、洲、城四大要素浑然一体,留下了与众不同的"长沙印象"。城外有大围山国家森林公园、灰汤温泉国际旅游度假区等旅游胜地以及石霜山、黑麋峰、九溪洞、道吾山、沩山等山水,是休闲、旅游、观光的绝好去处。城乡风景秀美独特,是全国生态市建设试点单位和全国首批优秀旅游城市。

(5)发展活力充沛。改革开放以来,长沙经济和社会步入快速发展的轨道,城乡建设日新月异,人民生活明显改善,逐渐发展成为充满发展的现代化城市,城市声誉和影响力显著提升,正在成为中部投资洼地。长沙高新区创新能力居全国高新区十强,长株潭国家自主创新示范区获批,国家级湘江新区成为中部首个国家级新区。长沙已与15个国外城市结为友好城市,124家世界500强企业在长沙投资或设立机构,2014年,长沙全年进出口总额772.52亿元人民币,比上一年增长26.0%,其中出口总额538.48亿元,增长41.0%,外向型经济快速增长。城市综合竞争力增强,2013年长沙市级行政区综合竞争力排名第10位,市级行政区中创新企业和民间资本活跃度竞争力排名第8位,城市综合竞争力在全球排名第103位。

3.长沙城市定位的历史轨迹

城市定位是一个不断认识和深化的过程,改革开放特别是"八五"以来,长沙市相继提出了城市发展的若干个概念性定位,对促进长沙城市发展发挥了积极作用,从长沙城市定位变化情况来看,各定位之间既保持了一定的继承性,也有一定的创新性。

(1)省域性中心城市。在"八五"以前,长沙的城市定位基本上都是基于省域范围的,其定位为湖南省省会,全省政治、经济、文化、科技中心。实际上这种定位是随行政区划自然派生出来的,缺少一种"自觉性",从"八五"时期开始,长沙的城市定位才开始进入自主状态。长沙市《"八五"计划》提出:发挥优势,科教兴市,服务全省,面向全国,在国民经济实力方面达到全国省会城市的中上水平。从这个时期起,"全国历史文化名城"进入长沙城市定位中。

(2)现代化国际性城市。1994年,长沙市开展创建现代化国际性城市大讨论,举办了"创建现代化国际性城市研讨会",为制定"九五"计划明确了战略思路和目标定位。长沙市《"九五"计划》提出:到2000年,人民生活达到小康水平;到2010年,现代化城市功能更加完善,跨入全国先进城市行列;到2020年,实行从国内地区性中心城市向国际地区性城市的转变,基本建成经济实力雄厚、市场体系健全、服务功能完善、社会高度文明的现代化国际性城市。

(3)现代化中心城市。2000年,长沙市委、市政府组织开展长沙市中长期发展战略研究,提出"用15年左右的时间,把长沙建设成为繁荣、开放、文明、秀美的现代化中心城市",建设繁荣的经济强市、开放的窗口城市、文明的现代都市、秀美的山水名市。城市的功能定位为建设"四大中心":科教中心、商贸中心、文化中心、信息中心。长沙市《"十五"计划》为把长沙建设成为繁荣、开放、文明、秀美的现代化中心城市打下坚实基础。

(4)区域性中心城市。2003年,国务院在《长沙市城市总体规划》的批复中给长沙市的定位是"湖南省省会,长江中游地区重要的中心城市,国家历史文化名城",《长株潭产业一体化规划》提出以高新技术产业和第三产业为重点,特别是发展壮大以电子信息为主的高新技术产业,加快发展金融、科技、教育、文化、信息、旅游业,着重构建现代科教中心、商贸中心、文化中心及信息中心。

（5）区域性现代化中心城市。长沙市第十次党代会以来，市委、市政府深入研究新世纪新时代特征，准确把握长沙经济社会发展特点、趋势和优势潜力，着眼于促进未来长沙更好更快的发展，不断完善发展战略和思路，坚持以规划引领城市建设和发展，以实施"兴工强市"战略、推进"三化"进程来增强城市整体实力，以扩大开放和文明创建来巩固和提升城市形象，逐步形成了长沙"区域性现代化中心城市"的总体定位，并在此基础上，科学制定了"十一五"规划。

（6）区域性国际城市。2010 年 6 月 13 日，中国共产党长沙市第十一届委员会第十一次全体会议通过《关于加快推进城市国际化的若干意见》，提出用 15 年左右的时间，在基本建成区域性中心城市的基础上，把长沙建设成为区域性国际城市。并在"十二五"规划中提出：以国际视野规划城市，用国际标准建设城市，用国际惯例管理城市，着力提升城市产业品质、建设品质、环境品质、人文品质和生活品质，加快城市国际化进程，为把长沙建成重要的区域性国际化城市奠定坚实基础。

表 4-2　1949 年至今长沙城市定位情况

编制年份	规划名称	城市定位内容
1950	《长沙市规划原则草案提纲》	湖南的政治、文化、水运中心，以农村为背景的商业都市，有色金属矿产和农产品的集散地
1960	《长沙地区规划方案》	毛主席早期从事革命活动的历史名城，省会所在地，全省的政治、经济、文化中心
1979	《长沙市城市总体规划（1980—2000 年）》	湖南省省会，全省政治、经济、文化中心，是以轻纺、机械、电子工业为主的综合性工业生产城市
1990	《长沙市城市总体规划（1990—2010 年）》	湖南省省会城市，全省政治、经济、文化、科技中心，全国历史文化名城
2003	《长沙市城市总体规划（2003—2020 年）》	湖南省省会，长江中游地区重要的中心城市，国家历史文化名城
2009	《长沙市城市总体规划（2003 — 2020 年）》（2014 年修订）	全国"两型"示范与文化先锋城市，国家历史文化名城，中国中部地区的中心城市和综合交通枢纽，湖南省省会

三、长沙城市发展定位的战略选择

1. 长沙城市定位的基本思路

城市定位是在经济社会发展的坐标系中综合地确定城市坐标的过程,一座城市的定位不是简单地提出一个城市发展的口号,或者就城市发展的具体问题提出解决方案,其定位事关城市的地位和形象,事关城市发展的目标与方向,因而具有战略性、综合性、地域性和动态性。城市定位应综合考虑其基础特性,洞悉城市经济社会发展的总体演进趋势,系统分析城市发展的各种条件及影响因素,强化城市个性,综合评估城市发展方向,做到定位客观、准确、实用。

城市是高度复杂的综合性社会生命有机体,城市定位是否科学、准确、适宜,战略决策层与决策咨询方既需依据不同城市的资源禀赋与个性特征,也取决于对不同城市前瞻趋势的高远审视以及对城市愿景设计的独特创想与发展"志向"的务实择定。在城市定位决策中,主要应遵循以下基本原则。

(1)人本化原则。作为人类社会生产、生活的密集空间,城市首先是大量不同人与各类人群的聚居地。人们为了生活创造了城市,为了"更好地生活"来到并居留在城市,城市的发展永远与人们的幸福需求休戚与共,这是城市存在的原初价值和城市演进的基本归宿。城市定位的战略决策与实施首先必须以人为本,即必须从有利于城市居留民"更好地生活"需求出发进行系统考量与准确选择。长期以来,随着城市竞争的日益加剧,国内许多城市在城市发展战略取向上大都陷入了一种"一致对外""见物不见人"的误区,一味追求城市竞争的外部效应而忽视了城市主体(居民)的生活质量,片面强调投资、增长等物质指标而忽视了人的"福祉"及其生境安全,导致极其严重的"城市异化"与城市本质的"迷失",造成了"破坏性开发""钢筋混凝土压抑""交通拥堵""环境污染"等诸多弊端丛生,甚至生态环境安全形势日趋严峻。2010年,上海世博会提出"城市让生活更美好",这也应该是城市定位决策的第一视角。

（2）个性化原则。"只有民族的，才是世界的"。一个城市只有发掘、传承、创新、发展其独特个性，这个城市才能在未来激烈的全球城市化竞争中头角峥嵘地占据制高地位，聚集多方资源，激发内在活力。城市定位的战略决策必须尽可能地描绘并张扬差异性特质，形成可持续成长动力与优势竞争力。长期以来，因"照搬照抄"的单向度决策思维定势的惯性作用，国内许多城市在发展取向上纷纷陷入了一种"三线看二线、二线看一线、一线看西洋"的"邯郸学步"式与"东施效颦"式抄袭、克隆误区，造成了"千城一面""产业同构""布局重叠"等诸多严重的城市同化现象，一些城市原初丰厚浓重的历史底蕴与经典资源在现代化开发中竟毁灭得荡然无存，失去了城市富有的个性气质和本宜彰显的优美魅力。在新型城镇化进程中，如何积极防避"中国城市特色危机"，对城市决策主政者依然是任重道远的科学课题和巨大考验。

（3）优势化原则。没有比较优势，就不可能有长足的发展。一座城市只有发掘其特有的比较优势，充分强大比较优势，才有可能在全球城市化竞争中脱颖而出，跻身先进、美好、幸福城市发展前列。城市定位的战略决策也必须注重并体现优势化，应深广发掘和准确谋划城市特有的典型资源禀赋与优势成长因素。如张家界市虽然1988年才撤县建市，但充分放大了世界特有的典型石英砂峰林资源优势，迅速成为享誉中外的山岳型风光旅游胜地和旅游精品城市。

（4）前瞻性原则。城市总是处于历史的动态变化中。城市定位是一个城市未来发展的长远战略目标，这个目标的择定就必须前瞻高远，即应以前瞻性战略思维，尽可能把握未来发展的变化趋势，确定并指明城市成长的战略取向。目前，国内许多城市在城市定位的战略取向上大都惯于"向后看""抱残守缺"，缺乏正视现实变化和预瞻未来前景的宏远视野，一味留恋昔日的"辉煌"，就会沉淀故步自封、因循守旧的城市流弊直至形成严重衰败城市精神的地方恶俗。在当今开放型社会与信息化时代，一些城市歧视农民工与外地人的严重排他情绪和小市民情结，就是深藏在城市精神中必须彻底淘汰的落后意识，更是阻碍城市多元化、包容化、丰富化发展的内在顽疾。放眼全球，越是发达国家、区域或城市，越是瞩目长远、谋划未来。诸如美国、澳大利亚等国家,美国大芝加哥区域、德国鲁尔等地区,北京、慕尼黑等城市,纷纷开展长远发展战略研究,其中,"美国2050""大芝加哥区域框架2040""北京2049"等战略发展定位谋划,都将目光投向了本世纪中叶。

(5)可持续原则。城市发展决不能违背自然生态规律和社会演进规律,可持续性是城市社会发展必须遵循的生命规律。城市发展的战略目标要经得起自然环境载荷和社会变化形态的历史考验,在主导方向及其前进路径的择定上必须顺应天时,因循地利,广聚人和,宜初宜远,善始善成,并一以贯之地坚守前行,城市定位才具有可持续的旺盛生命力。近年来,随着世界性资源危机的日益凸显,国内许多以资源采掘利用为主定位的城市都面临着资源枯竭的定位转型调适等迫切问题,面对优势资源逐步消失的后发展时代挑战,志在哪里、路在何方,科学准确的城市发展定位至关重要。

2. 长沙城市定位的总体构成

(1)城市定位的战略取向。综合长沙的城市概况,并对城市发展条件进行综合分析,长沙定位的战略主线为:

利用"一带一路",以及中国—东盟合作伙伴等机遇,积极参与国际和区域交流合作,提升长沙国际化水平;

以新一代信息技术的发展和科技创新为契机,整合内外科技资源,提高长沙的科技创新能力和应用水平,建设国家级创新示范区;

充分利用中国国际地位的不断提升,发挥湖湘文化底蕴深厚和旅游资源丰富的优势,打造国际历史文化名城和娱乐休闲度假中心;

发挥区位、航空、高铁和高速公路网络发达的优势,打造国际化的综合立体交通枢纽,建设国家综合交通枢纽城市;

发挥高端科技资源和产业基础优势,全力培育具有国际竞争力的产业集群;

发挥创意资源丰富和先进制造业基础雄厚的优势,全力打造国际文化创意产业基地和全球先进制造业中心;

发挥省会城市、自然生态资源丰富和服务业发达等优势,全力打造现代服务业区域中心。

(2)长沙城市定位的总体表述。总体定位。强化国际视野、战略思维和文化特色,着力完善城市承载功能,全面提升城市发展品质,努力把长沙建设成为具有国际品质和湖湘特色的现代化大城市。

空间定位。综合长沙地理位置及发展特点,凸显长沙国际性、区域性与地方性,将长沙定位为:现代化国际化区域中心城市、"一带一路"重要支点城市、"一带一部"核心城市。

功能定位。依据长沙的产业现状及发展基础,将长沙打造成为国家综合交通枢纽城市、全国创新创意创业示范基地、全球装备智能制造中心、国际文化旅游休闲中心、区域性现代服务业中心。

形象定位。按照独特性、排他性的原则,深挖长沙的城市个性、灵魂与精神。结合长沙本身历史文化、现实资源和城市特色,将长沙城市形象定位为山水洲城、快乐福都。

(3)长沙城市定位的构成体系。结合长沙市定位的总体表述,从城市性质、职能、空间、功能和意象综合考虑,按城市价值、品牌和属性三个维度构建长沙城市发展"一城一都五中心"的定位体系。

一城。山水洲城。长沙自然生境独特,是一座拥有翠绿名山岳麓山、清澈名水湘江、浏阳河、葱郁名洲橘子洲等绿色自然风貌的城市,同时,长沙自古还是湖湘首邑,历史辉煌,文化灿烂,名贤荟萃,遗存丰富。"山、水、洲、城"是对长沙整体风貌、历史文化和城市格局的高度概括。按尊重自然、顺应自然、天人合一的理念,构建城区绿美相融、城郊森林环绕、城外绿海田园的城市生态体系。对城市的每一片自然湖泊、绿色森林、天然山体进行严格保护,依托现有山水脉络等独特风光,让城市融入大自然。以长沙悠久的历史文化、鲜明的城市精神为支撑,揭示长沙厚重的城市文化,彰显今日长沙巨大的发展成就,隐喻长沙未来的美好愿景。

一都。快乐福都。城市的最高价值就是要能最大限度为公众带来福祉,突出以人为本,体现人文关怀,满足人的物质文化生活需要,促进人的全面发展。长沙是一座占天心、开福地的城市,是全国的"快乐大本营",也是一座闻名于世的天下星城,"千年古刹"开福寺又有"为万世开福祉、为万民谋福利"之意蕴,为打造具有国际品质的快乐福都创造了得天独厚的条件。因此,长沙要以"心忧天下、敢为人先"的长沙精神为灵魂,着力优化城市空间布局,完善公共设施,增强服务功能,丰富精神文化,充实物质生活,构建和谐社会,推进生态文明,努力营造安居乐业、舒适便利的生活环境,展现山水相依、城林交融的生态风光、悠久的历史文化传统和现代包容开放的发展活力。

五中心。国际文化旅游休闲中心。长沙是首批中国历史文化名城和优秀旅游城市,素有"楚汉重镇""伟人故里""屈贾之乡""快乐之都"等美誉。旅游资源丰富且组合较好,全市共有地文景观、人文景观、水域风光、生物景观、古建筑和休闲购物等旅游资源8个大类(占国家8个大类的100%)、29个亚类(占国家31个亚类的94%)、91个基本类型(占国家基本类型的59%)。以"山水洲城"为依托,以娱乐休闲为特色,以楚汉文化和湖湘文化为内涵,长沙可成为湖南省旅游业的核心和枢纽,全国旅游热点城市,中国中西部极具影响力的旅游胜地和中转中心,世界级旅游目的地和复合型国际化旅游城市。

全球装备智能制造中心。利用长沙科教人才优势和产业基础,加快培育长沙工程机械、汽车及零部件、食品加工、智能家电、住宅工业等制造业集群。挖掘和开拓工程机械空白领域,助推工程机械产业再上新台阶,形成全国乃至全球最重要的工程机械研发和制造基地;重点培育生物产业、新能源与节能环保、新能源汽车产业,围绕智能制造、3D打印、工业机器人、北斗导航、移动互联网等技术基础较好的领域,加快做优核心产品,壮大产业规模,形成产业优势;以"食品健康"为宗旨,绿色精深加工为主线,品牌化经营为依托,实现长沙食品产业的跨越式发展;提升有色产业链的丰满度,实现有色行业从传统制造产业向高附加值终端化产业转型升级;打造住宅工业、智能家电产业基地,引导企业重组壮大和抱团发展,实现集群式发展;引入大型企业研发总部、创新研发机构和拥有核心竞争力的生产企业,打造全国重要的战略性新兴产业集聚发展示范基地。

全国综合交通枢纽中心。长沙地处"一带一部"核心区,将优越的区位和发达的交通有机结合,建设国家综合交通枢纽城市,对强化长沙乃至湖南区位优势具有重大战略意义。长沙需在水陆交通基础设施建设上加大投入,进一步强化其交通枢纽的作用,抢抓国家建设横贯东中西、联结南北方对外经济走廊的重要机遇,进一步疏通对外交通要道,尽快编制促进多种运输方式优化组合的综合交通规划,拉通铁海、江海联运通道,形成通畅便捷的立体开放空间。同时,全面推进航空枢纽发展,促进高铁新区与临空经济区的融合发展,打造辐射全省、对接全国、连通全球的空铁网络。

"两型"社会建设引领中心。长沙作为"两型"社会示范区,应走出一条生产发展、生活富裕、生态良好的发展之路。坚持以"建设'两型'引领之市"为总目标,把好山好水好风光融入城市,加强多层次、网格化、功能复合的基本生态体系建设,营造"绿带"环城、"绿道"满城、"绿点"遍城的绿色城市。大力防治大气污染、水体污染和土壤污染,打造天蓝水清的秀美城乡环境。以构建系统完整的生态文明制度体系为总揽,统筹协调推进"两型"社会建设综合配套改革,在资源能源节约、环境保护、土地管理、社会管理、财税金融及投融资体制改革等方面取得新突破,在绿色发展、循环发展、低碳发展方面发挥示范引领作用。

区域性现代服务业中心。充分发挥制造业产业集群效应,大力发展与之相关的现代物流、现代金融、商务会展、科技服务、服务外包、总部经济等生产性服务业,推动制造业内部服务专业化发展,引导制造业企业主辅分离。积极打造中部物流枢纽城市、区域金融中心、高端研发机构集聚地。加快发展高质量的生活性服务业,在具有传统优势的商贸餐饮、娱乐休闲、文化旅游、健康保健等领域继续巩固优势,推进高端化、品牌化发展。发挥现代服务业综合试点、服务外包示范城市、跨境贸易电子商务试点城市等国家示范试点优势,积极承接服务外包,形成服务贸易出口中心。

3. 国家战略部署的长沙定位

(1)国家区域战略部署的长沙坐标。"一带一路"重要支点。"一带一路"是统筹国内国际两个大局、建立在文明融合与包容基础上的战略构想,是和平、合作、共赢、互通发展之路。"一带一路"战略将为加强沿海经济增长、推进西部大开发、中部崛起、长江经济带开发提供新动力。长沙要围绕打造"一带一路"重要的支点城市和"一带一部"内陆开放型经济高地的定位,充分利用长沙位于"东部沿海地区和中西部地区过渡带、长江开放经济带和沿海开放经济带结合部"的区位优势,向东、向南、实现中部崛起的战略发展,充分利用"毗邻广东、同时又处于以浦东开发为龙头的长江开发开放带"的有利条件,主动迎接"两东"的经济辐射,主动加强思想观念、政策措施、交通运输等方面的全面对接,以大开放带动大发展为长沙和湖南的发展注入新的内涵和活力。

中部崛起战略增长极。《中共中央国务院关于促进中部地区崛起的若干意见》指出,促进中部地区崛起是一项重要而紧迫的战略任务,是我国新阶段总体发展战略布局的重要组成部分。中部地区的发展与崛起既是国家区域经济均衡发展的客观要求,也是国家经济重心多极化发展的必然趋势,是实现国家经济持续增长、建设和谐社会的重要一环。长沙作为中部崛起战略中的长株潭城市群的核心,是中部崛起的重要战略支点,从其交通区位、战略意义、经济基础等方面综合考虑,长沙定位为推动中部地区发展的重要增长极,中部地区联系珠三角的节点城市,国家交通枢纽城市。

长江经济带引领城市。"依托黄金水道,建设长江经济带",是国家在经济发展新常态下作出的重大战略部署。随着长江经济带建设的纵深推进,长江沿线城市将迎来新一轮的开发热潮和快速经济增长。长沙作为中部地区社会经济活动重要中心城市,是上海、广州、重庆、武汉四大中心城市形成的环经济圈中唯一承担资源依托、流通连接、技术吸纳、经济辐射的中心城市,在中部与西南部地区的资源配置与经济结构转换中具有较强的跨域性辐射引带功能。长沙应抓住这次机遇,积极融入长江经济带,既为长沙开辟新的产业增长空间和城市发展空间,增强长沙参与全球竞争的实力,又强化长沙的重要经济腹地优势,提升区域整体竞争力。

长江中游城市群中心城市。长江中游城市群是长江经济带三大跨区域城市群支撑之一,也是实施促进中部地区崛起战略、全方位深化改革开放和推进新型城镇化的重点区域,在我国区域发展格局中占有重要地位。国务院批复实施的《长江中游城市群发展规划》,对长江中游城市群的战略定位为:打造中国经济发展新增长极、中西部新型城镇化先行区、内陆开放合作示范区、"两型"社会建设引领区。长沙被列为重点建设的全国际综合交通枢纽、快速铁路中心城市、航空区域枢纽城市,并定位为长江中游城市群的三大中心城市之一。

（2）国家重大示范试点的长沙定位。"两型"社会建设试验区。长株潭城市群"两型"社会建设综合改革试验区 2007 年底获批实施，长株潭城市群被定位为：全国"两型"社会建设的示范区，中部崛起的重要增长极，全省新型城市化、新型工业化和新农村建设的引领区，具有国际品质的现代化生态型城市群。长沙作为长株潭城市群中心城市，承担先进制造业中心、科技文化中心、物流中心、技术创新中心等生产性服务中心职能，以及生态休闲中心、度假休闲中心、健康养老中心、城乡统筹服务中心等生活性服务中心职能。应以绿色发展为主题，打造彰显"两型"魅力的美丽长沙，为全面"两型"社会建设提供样板和示范。

新型城镇化试点城市。推进新型城镇化是加快发展的重大引擎，有利于释放内需巨大潜力、破解城乡二元结构、改善城乡生态环境。长沙作为国家新型城镇化试点城市，其战略重点突出了品质长沙建设，以品质赢得新型城镇化的未来。定位突出了三大特点：一是突出"新"字当头。将新型城镇化与新型工业化、信息化、农业现代化同步推进，统筹推进城乡一体化发展。二是坚持品质至上。全面提升城市规划、建设、管理水准，加快棚户区改造进度，完善基础设施配套，提升公共服务能力和水平，大力发展低能耗、少污染、两型化的绿色建筑。三是注重机制创新。用改革创新的办法攻克"拦路虎"，在全社会营造共建共享美好家园的浓厚氛围。

长株潭国家自主创新示范区。2014 年 12 月，长株潭国家自主创新示范区获批，扶持政策将向中关村看齐。长沙的定位是建设国家创新创意城市，围绕长株潭国家自主创新示范区"三区一极"的总体定位，突出长沙高新区的龙头、引领地位，通过抓好示范区建设的顶层设计，着力建设"中国创新谷"，打造"五大中心"，即国家级创新创业活跃中心、国家级高端制造研发转化创新中心、国家科技金融创新中心、国家军民融合创新中心、国家文化与科技融会发展中心，努力构筑高端要素集聚、发展环境优越、开放协同明显、以"一谷五中心"为主体的发展新格局。

（3）国家新区建设中的湖南湘江新区。2015 年 5 月，湘江新区正式挂牌，成为全国第 12 个、中部第 1 个国家级新区。突出新型工业化和新型城镇化融合发展重大主题，加快聚集特色优势产业，推进创新驱动、产城融合和新型城镇化建设,提升对内对外开放水平,努力把湘江新区打造成为高端制造研发转化基地和创新创意产业集聚区,产城融合、城乡一体的新型城镇化示范区,全国"两型"社会建设引领区,长江经济带内陆开放高地,长江中游城市群的重要引擎,在带动湖南省经济社会发展、促进中部崛起和长江经济带建设中发挥更大作用,为国家级新区建设提供新示范。

四、长沙城市发展定位的实现途径

城市定位犹如一座城市的"远大理想",需要系统实施,并大力传播方能产生影响力效应。城市定位的战略实施是一个庞大、复杂的系统工程,从历史进程的纵向上考察,该系统工程可划分为若干阶段性工程,或曰若干步骤,在不同阶段或步骤宜采取不同的发展推进策略。

2013年4月,天津市为确实有效推进城市定位战略,市政府进行了专题讨论研究,下发了《天津市人民政府关于印发天津城市定位指标体系的通知》的重要文件,详细解析了城市定位的内涵和主要特征、指标体系的构建,提出了综合评价指标体系,要求各区、县人民政府以及各委、局,各直属单位认真贯彻实施,在编制规划、确定重大举措时,以指标标准值为参照,确定较高奋斗目标;制定具体规划和计划要与城市定位指标体系内容充分衔接,把各项目标分解到规划与年度计划中,保持本指标体系实施的连续性;加强城市定位实现程度的评价和考核,推进指标体系的全面落实。这种政策机制体系的务实举措与精细创新,为城市定位战略实施提供了有益的启示与借鉴。

面对新常态下发展的各种不确定性变化与挑战,长沙市在实施城市定位进程中,主要应注重城市功能提升、实力提升、品质提升与形象提升。

1. 城市功能提升路径

坚持"里子"和"面子"一起抓、"地下"和"地上"一起抓、"软件"和"硬件"一起抓,协同提升城市功能,遵循新建一批、整合一批、提升一批的思路,推进城市综合体建设,扶持和发展具有国际功能的商贸城、会展城、枢纽城、大学城、旅游城和金融城等,形成以一种功能为主、多种功能配套,具有国际水准的城市新型综合体,构筑城市国际化的支撑平台和配套功能。

一是优化空间形态。根据长沙市近年来的发展现状和趋势,应突出强化城市定位的统领意识,注重城市新、改、扩项目的前瞻性、战略性、持久性,优化市域空间发展布局,形成以湘江为轴、东西两翼的城市框架,彰显"山水洲城"的新风貌,加快形成由"沿五一路时代"迈入"沿湘江时代"的发展格局。重点保育岳麓山、天际岭、黑麋峰、暮云绿心等,以及湘江、浏阳河、梅溪湖、松雅湖、石燕湖等山水景观,充分彰显快乐福都的生态文明本底优势和山水洲城的天然魅力。

二是优化设施功能。城市定位的物态性资产标志主要是通过多种完备精美的公共基础设施进行实体表征,人们也最先以不同的视觉感受到城市形象、品质、魅力与韵味的差异性。立足国际化城市定位,长沙应精美建设一批具有国际水准、代表长沙形象的标志性建筑物,构筑国际化城市的支撑平台和配套功能,力争以最少投入发挥出最大、最长久的社会公益,加快完善城市现代化基础设施体系和公共文化服务设施体系,支撑城市定位实施。

三是丰富城市涵蕴。以城市定位为统领和"灵魂"来规划城市、管理城市,讲究高度、造型、色彩、用材和线条的协调搭配,注入雄浑、精巧、美感和韵味,形成整体和谐、个体鲜明的建筑风格,用建筑物之"形"显现城市之"神"。不断改造与城市定位的不统一、不协调与不适宜状况,逐步弥补缺失性要素或催生新的活力,让城市定位日益丰满起来,让人们真切感受到长沙的城市特质与不同生活品位。凸显现代国际化城市的崭新形象和个性魅力,全面提升城市品位和整体形象。

2. 城市实力提升路径

经济实力代表着城市聚集财富与创造财富的竞争优势。面对全球经济下降周期和国内新常态背景下的复杂挑战,推进城市定位战略的实施,应进一步实施"两型"引领和创新驱动战略,提升城市经济规模体量与竞争能级,形成与长沙城市定位相匹配的城市实力。

一是做强主导产业。始终坚持把"两型"作为转变经济发展方式、提升经济发展水平的动力引擎,对城市发展战略定位中择定的引领产业、新产品和先进产能,必须给予充要的政策资源支持和成长期内的倾斜扶助,以激励企业或产业主体加快提升市场竞争力与财富贡献度,营造产业成长生态,努力建设先进制造业、现代服务业、优质农业、文化产业四大区域性产业中心。

二是构筑市场高地。引导本土特色资源性的工业产品、优势性文化产品走出湖南、走向世界,尤其应积极推助本土缔创的新兴产业、时尚业态茁壮成长,抢占优势地域和市场制高点,强化城市对资源要素的集聚和配置功能,真正成为要素集聚的中心、资源配置中心、产业扩散中心、实现产业绿色化、服务化、集群化发展,为经济发展提供新的动力和活力。

三是推进创新创业。大众创业、万众创新是我国"新常态"经济的新动能,应大力倡导创业创新精神,全面强化以信息、科技、金融、商务、社会保障等政府公共服务为主的基础性政策资源与市场功能性资源的协同对接,尤其必须构建以企业为主体、市场为导向、产学研相结合的技术创新和转化体系,激活创新潜力,激发创业动力,着力打造中部"大众创业、万众创新"高地。

3. 城市品质提升路径

品质城市使生活更美好,城市生境是城市自然生态、人文环境构成的独特空间赋性,折射着城市发展定位的品质特征,人们对城市定位的体验与认知往往通过城市生境品质的差异性来首先感悟并领会。

一是突出人本理念。城市品质的提升最终是满足人的需求,促进人的发展。提升城市品质,关键是要立足于城乡居民共享城市发展成果,促进社会公平,提升城市的安全感,提高生活便捷度、舒适度,让人民群众享有品质长沙、精美城市、民生乐园建设带来的美好生活。

二是提升生境品质。突出"两型"引领,改善人居环境,深入开展"清霾""碧水""静音"行动,努力让人民群众喝上干净水、呼吸上清新的空气,能够看得见山、望得见水、记得住乡愁。抢抓国家推进新型城镇化建设的重大历史性机遇,扎实推进"畅通城市""清洁城市""绿色城市""靓丽城市"建设,让城市使生活更美好。

三是激扬场所精神①。大力倡导对本土优异历史文化街巷村落资源的

---

① 参见《场所精神的保存》,即魁北克宣言(ICOMOS 2008 年第 16 届年会通过之原则宣言)。

科学保护与适宜性开发,浓厚社会生活氛围的居民归属感、自豪感与人本亲和力,自觉防避自然生境灭失行为、历史文化遗存毁败行为,更多地释放城市幸福指数效应,全面迈向国际化品质城市。

4. 城市形象提升路径

一般地说,有什么样的城市定位就应有什么样的城市形象塑造。提升城市形象,将城市定位推向社会、推向市场、推向世界,吸引更多的外部资源,以促进城市定位实现。长沙城市定位尽管呈现多元化形象,但湖湘特色却是长沙最核心、最本质、最个性的城市元素。应坚持用湖湘主题文化整合城市意象元素,形成与长沙城市定位相适应的城市形象,从而充分彰显长沙的山水之美、人文之美、城市之美。

一是定格经典意象元素。通过系统罗列并优选长沙市的各类独特意象元素,与国内外同类、同级城市进行审慎甄别和多维深度辨识,精准遴选出最具代表性、最富成长性、最含隽永性的"麓山魂""湘江颂""橘洲情""屈贾乡"以及"沁园春"等意象元素,使长沙优美个性形象凸显出来。

二是凸显标识文化魅力。通过对城市个性形象在多维视角和多级层面进行再解析、再创作、再提升,"还原长沙底片,再现城市记忆",力求使城市定位的文化标识更加深广化、简明化、逼真化、生动化、曲艺化、动漫化直至系列化,增强可视性、可读性、愉悦感与亲切感。

三是突出城市名片塑造。用各种可视、可读、可感、可消费的文化形态打造若干个具有国际影响的标志性城市名片,以个性化艺术手法的独特城市雕塑表达城市定位意蕴,以空间化、立体化媒介载体的传神物语,精心设计建设景观系统和环境系统,充分体现长沙的湘情湘韵。

常德构建泛湘西北区域中心
城市重点问题研究

常德市地处长江中游地区,位于湖南省西北部,东濒洞庭,西接黔渝,南通长沙,北连荆襄,是湖南西北部历史悠久的重要城市。随着基础设施的进一步改善,常德市加快推进新型城镇化、实现城乡统筹发展已具备良好的基础条件。应抢抓国家新型城镇化战略机遇,依托有山有水、近山近水、山水交融的水乡特色资源禀赋,引导城乡空间功能布局优化与资源集聚,大力推进"四个常德"①建设,加快建成泛湘西北现代化区域中心城市。

一、提升集聚引导功能,构建泛湘西北
现代化区域中心城市

1. 基本思路

按照"优形态、强辐射、增魅力"的发展要求,以国际视野、战略思维,实施沿江发展和环湖发展并重策略,强化江南、江北空间功能规划的统筹指导,高品质建设布局合理、功能完善、环境优美、特色鲜明的生态宜居城市,形成"一江两岸、一湖多团"的城市发展新格局。加快构建"五个中心",全面提升中心城市的聚散能级,把常德现代制造经济走廊、文化旅游产业走廊营造成为对接长江经济带和长株潭"两型"社会建设的先导区、辐射湘西北发展的动力源。以"宜居、宜游、宜业"为战略取向,不懈创造品质优良的生活空间、清洁高效的生产环境、安定和谐的社会秩序和绿色自然的城市生

---

① 常德市六届人大常委会第十二次会议决定批准"智慧常德""现代常德""绿色常德""幸福常德"的《"四个常德"建设纲要》。

态,努力使常德彰显现代工业文明、现代城市文明、现代生态文明相互交融的独特魅力。

2. 发展目标

力争到 2020 年,通过加快推进新型城镇化发展,缔造区域性交通枢纽中心、商贸物流中心、新型制造中心、文化科教中心和现代金融中心五大都市功能中心,空间组织结构全面优化,土地利用效率大幅提高,区域发展协调性普遍增强,"千亿园区、千亿产业、千亿企业"竞相崛起,形成优宜生产圈、和美生态圈与品质生活圈,中心城区常住人口达 115 万人以上。至2030 年,中心城区常住人口增至 150 万人以上,中心城市的主导地位与引带作用更加强大。

3. 推进构想

(1)中心城市发展的空间结构。依据山水形态,优化城区空间,合理拓展中心城区,构建"一江两岸、三山五水、一主八片"的城市空间结构。"一江"即沅江,"两岸"为江北城区和江南城区;"三山"即德山、太阳山、河洑山,"五水"即沅江、穿紫河、柳叶湖、渐水、枉水;"一主"即沿江两岸主城区,"八片"为柳叶湖副中心、德山副中心、斗姆湖组团、东郊组团、白鹤山组团、灌溪组团、河洑组团、丹洲组团。其中,江北城区主要向北、东、西三个方向发展,用地规模由原 55 平方公里扩展至 100 平方公里;江南城区主要向西、南发展,用地规模由原 11 平方公里增加至 23 平方公里;德山副中心片区主要向东南发展,用地规模由原 19 平方公里增加至 37 平方公里。

(2)中心城市发展的战略取向。强大主核带动职能。以"五个中心"(交通枢纽中心、商贸物流中心、新型制造中心、文化科教中心、现代金融中心)建设为目标,进一步优化经济业态,加速提升中心城市在区域经济发展中的先导引领与辐射带动能级,扩大城区人口与经济、科技、文化、市场资源集成规模,增强先进产业成长活力与开发创新的内生动能,高效释放主核型驱导效应。

引领新型城市建设。以"四个城市"(绿色城市、智慧城市、人文城市、海绵城市)建设为导向,以"智慧常德"为平台,以弘扬"绿色、人文、科技"魅力为主旨,以国家首批海绵城市建设试点为契机,努力把中心城市建设成为国际水生态文明建设示范城市和新型城镇化发展的先锋引领区。

融入"一带两群一区"。按照"超前谋划、主动融入、积极对接"的共生要求，充分发挥长江中游城市群重要节点城市和洞庭湖生态经济区主要成员城市的能级优势，加强与长江经济带、长江中游城市群、环长株潭城市群和洞庭湖生态经济区关联城市的横向对接与分工协作，更多更好地分享"一带两群一区"的组合势能与发展红利。

（3）中心城市发展的战略重点。打造品质一流的城市主轴。进一步完善中心城区的路网体系，强化中心城区交通枢纽地位，以"快速、畅达、集约"为原则，加快构筑"环+十字"形的交通主骨架，全面提升轴景品质，积极构建中心城市鲜明优美的空间形态和脉络形象。重点推进洞庭大道东拓至芦荻山、柳叶大道西延至河洑山、桃花源路南下至机场、朗州路北上至太阳山麓等城市主轴建设，打通7个与高速公路无缝对接通道，畅通城市对外交流的"四张大门"。统筹推进"五横"（常德大道、柳叶大道、洞庭大道、金霞大道至沿河大道、崇德路至长安路）、"八纵"（丹溪路、桃花源路、皂果路至阳明路、朗州路、紫缘路至善卷路、常德大道、德山大道、经十九路至纬十四路）等城区骨干道路建设，全方位扩大主干路网通流载荷能力。遵循前瞻谋划、科学规划、逐步实施原则，新增S207金霞大道、海德路、江南大道等过江大桥以及皂果路过江隧道，增加越江交通输送能力，实现江南、江北整体同步发展。

建设现代繁荣的功能片区。以充实、完善、优化、提升中心城市功能为目标，以生态文明为引领，以转变经济发展方式为主线，立足区域资源禀赋、现实基础和承载潜力，创新开发理念，明晰空间定位，优化功能组织结构，提高空间利用效率，强化区域人口、资源、环境与设施配置的相互协调，构建中心城市"两廊三片两商圈"。

"两廊"，即现代制造经济走廊（包括德山经开区—武陵经开区—鼎城灌溪工业园等）和文化旅游产业走廊（包括柳叶湖国际旅游度假区、桃花源旅游管理区、常德科教新区等地）。

现代制造经济走廊。以常德经济技术开发区、武陵经开区、鼎城灌溪片区为基础单元，以"千亿走廊、千亿园区和千亿产业"为目标，以中联重科等驻常重点企业带状布局为依托,加速引导工程机械、汽车制造、农业装备及其配套企业为主的装备制造业集中发展,科学规划沿线园区和城镇产业、公共服务布局,形成先进制造业高度集聚的大型产业经济走廊。

文化旅游产业走廊。围绕桃花源品牌丰厚的历史人文底蕴,深广开发桃花源文化,以市城区和桃花源、柳叶湖为重点,大力提升柳叶湖国家旅游度假区和桃花源国际文化旅游度假区建设品质,加快创建国家 5A 级景区,重点推进梦幻桃花岛、环湖风光带、太阳山森林公园、渔樵村美食城、桃林花海花博园、栖月滩月光水城、花山湿地公园、水上运动中心、常德大剧院、会展中心 10 大标志性旅游工程项目建设。按照"城市名片、两型典范、发展引擎"的发展定位,加快完善常德科教新区的基础配套设施,推动常德奥体中心、湖南幼儿师范高等专科学校等院校搬迁项目及早入园,规划建设一批现代企业孵化基地,引导科技创新型企业、文化创意类企业和科研院所入驻园区集聚发展,形成集教育、科技、文化、创意等于一体的高智能、高品质城市新区,努力建成以文化休闲为特色的知名旅游目的地,营造实至名归的桃花源里的城市。

"三片",即"两区一城"(白马湖金融商务区、现代物流服务区和现代智慧航空城)。

白马湖金融商务区。以打造泛湘西北地标性建筑为目标,高水平、高标准规划、设计和建设白马湖商务中心,积极引进国内外知名商企和现代专业服务机构,培育新型商贸业态和经营模式,大力发展区域性总部经济与远程电子商务,促进金融、咨询、中介、会计、会展等高端服务业聚集,努力建成为泛湘西北金融聚集区、商务引领区和现代服务业示范区。

现代物流服务区。重点布局建设德山工业品物流园、芦荻山农产品物流园、新河渠汽车建材(装饰、家具)物流园。在市城区芦荻山互通口附近规划建设以农产品为主的物流展示交易中心,集粮油、副食、干货土特产、水果、蔬菜、水产品、肉禽、花卉苗木等多种农产品于一体,采取交易、存储、配送及多功能商业混合互动模式,形成多业态集聚效应,建成泛湘西北规模最大、档次最高、服务功能最强、服务范围最广的现代物流服务区。

现代智慧航空城。高标准推进桃花源机场扩建工程,实现由 4C 级向

4D级提升(远景提升至4E级),保持湖南第三大空港地位,建成全国重要的支线机场。加快建设斗姆湖航空物流园,大力发展航空运输保障业、航空服务业、临空先进制造业、航空物流业、电子信息商务等临空经济产业,着力打造依托常德、立足湖南、面向全国的特色智慧航空新城。

"两商圈",即步行城(街)商圈、桥南市场商圈。

步行城(街)商圈。全面完成常德步行城(街)商圈的升级改造,建设以商业为龙头的城市综合体,推进友阿(常德)商业广场等现代化购物中心建设,引入国内外知名大型商场、大型专卖店、大型购物中心,大力提升市场品位。同时,精心营造由商业(金融)步行街、美食一条街、文化主题街、特产商贸街等组成的系列特色街区,改善消费环境,完善城市服务功能。

桥南市场商圈。加速推进桥南日用品物流园等现代桥南商圈建设,推动桥南市场群提质升级,积极发展电子商务,构建以货运物流为枢纽、仓储配送为补充、各大专业市场为网点体系的商贸市场发展格局,把桥南市场商圈建设成重点辐射泛湘西北的批发贸易中心、物资集散中心和物流配送中心。

精美绿色低碳的市政设施。打造绿色低碳出行网,加强停车场、公交站点等配套设施建设,实现公路、水运、铁路、航空以及城镇之间的"零换乘无缝对接"。加快建设以天然气和低排放汽车为主的绿色公交线路,实现常规公交与快速公交的有效衔接。将自行车纳入全市交通规划,完善部分道路和重点区域两侧非机动车专用道。规划、论证市区快速公交系统(BRT)一期拓展工程和二期项目建设,形成"一环+两线"快速公交专用通道线网。加快支路、巷道改造,分散交通流量、方便车辆出行。继续实施以道路改造、水系改造、棚户区改造以及绿化、美化、亮化、数字化为主的"三改四化"工程。统筹电力、通信、给排水、燃气等地下管网建设,新建城市主干道路、城市新区的地沉设施全部纳入城市地下管网综合管廊。利用常德依山傍水的景观优势,积极打造优美的城市天际线、建筑轮廓线,全面推进城区建筑部品化,以及绿化、花化、美化工程,构建"城在林中、林在城中、山水融合、城乡一体"的城市绿色化体系。

塑造特色鲜明的城市形象。一是建善德之都。充分挖掘本土历史文化底蕴,深广开发中华民族道德文化发祥地的独特资源,铸造绝佳城市名片。加强非物质文化遗产、名胜古迹、重要遗址的保护和修缮,充分展现人文和谐的绿色生态文化及其丰富内涵,保留城镇重要历史记忆,让城镇融入生态田园风光的绿色诗意之中。因地制宜,规划、建设生态文化主题展馆、博物馆、游乐公园、地标景观等大型城镇绿色文化设施,彰显城市悠久的善德文化软实力。二是造山水名城。抢抓国家洞庭湖生态经济区建设的重大战略机遇,加大生态环境建设和保护力度,重点抓好德山、太阳山、河洑山"三山"的生态保育和沅江、穿紫河、渐水、枉水、柳叶湖"五水"的污染治理及其水运网络体系建设,形成以"三山五水"为核心,以常德城区外围生态景观带为绿色屏障,以贯穿城市的主要水系风光带为绿色轴线,结合城市公园绿地和道路绿化、附属绿地等功能配置,构建丰富优美的城市生态园林绿地系统。同时,积极完善河洑山、太阳山等森林公园和自然保护区的基础设施,形成集生态教育、生态科普、生态旅游、生态保护于一体的驰名生态产品,努力建成山清水秀、绿树浓荫、繁花灿烂的山水生态名城。三是创滨湖强市。发挥山水桥城、田园平丘的自然禀赋优势,科学、精心营造地貌生态特色、山水文化特色和滨湖湿地特色,对市区沅江、穿紫河、护城河、姻缘河、新河等城市水系,实施以"水安、水畅、水净、水美、水乐"为目标的城区水系改造与水环境综合整治,建设国内外知名的水生态文明强市。

二、加速津澧融城步伐,高起点营造 澧水流域新兴增长极

1. 基本思路

按照"科学统筹、规划引领、改革促融"的基本思路,加快推进津澧融城步伐,确保融城取得实质进展和积极成效。强化资源要素统筹配置与高效运作,优先推进津澧新城内部公交系统、医疗系统、教育系统、通信系统、能源供应系统、市场服务体系等公共管理的一体化。按照市域副中心和澧水流域中心城市的目标取向,加快编制实施覆盖津澧两地全域、统筹城乡发展的总体规划,以全域规划为指导,实行"多规合一",逐步推展中心城区融合

和城乡发展融合。充分发挥津澧两地的主动性与创造性,大力推进改革创新,力争形成有利于更好更快地推进融城与新型城镇化同步发展的体制机制,全面提升津澧新城的城镇化水平和质量。

2. 发展目标

到 2020 年,津澧融城面积达 80 平方公里,建成区覆盖津市城区、澧县县城、涔澹农场,以及澧澹乡、澧东乡等地,城区总人口达 60 万人,分别占津澧两地总人口的 50%以上和澧水流域总人口的 20%,积极吸纳农业人口就近城镇化与就地就业,对湘西北地区和湘鄂交界地区的带动辐射作用日益凸显。城镇产业支撑能力进一步增强,城镇人居环境大幅改善,低碳、绿色、智慧消费全面普及,产城居一体化试点区基本建成,融城发展格局基本形成。

3. 推进构想

(1)津澧融城发展的战略取向。战略定位。以国家中小城市综合改革试点为动力,以津澧两地行政管理体制改革创新为先导,通过实施津澧融合发展的空间拓展战略,将津澧新城建设成为长江经济带的新支点、洞庭湖生态经济区新兴增长极、省际边界区域中心城市、常德市域副中心城市。

长江经济带的新支点。依托津澧新城地处长江中游城市群的有利区位,加速放大津澧新城居于湖北宜昌、荆州和湖南常德、岳阳四个重要城市几何中心的潜能效应;依托跨境穿行的南北大动脉二广高速主通道,建成湖南第二北大门,努力把津澧新城建设成为对接长江经济走廊的新兴支点。

洞庭湖区新兴增长极。统筹津澧两地的优势资源要素与基础产业,打破行政壁垒、地区封锁和市场分割,促进两地经济相向融聚的一体化发展,做大做强澧水流域经济板块,积极对接融入长江经济带和长江中游城市群,形成洞庭湖区新的经济增长极。

省际边界区域中心城市。立足湘鄂两省边际区位优势和澧水进入洞庭湖的节点位置,进一步发挥湘、鄂、渝、黔等地边贸流通活跃的传统影响,大力发展边际贸易与物流配送等现代服务业,打造连接江南江北、辐射边境的省际中心城市。

常德市域副中心城市。呼应常德作为居于沅水片区市域中心城市的核心主导作用,积极承担澧水片区发展增长极的角色职能,依托津澧两地同属澧水流域重要的县域城市以及两地良好的发展基础,促进相向融城、共生繁荣,加快常德市域副中心城市的崛起。

融城方案。以行政管理体制改革为突破口,选择最佳路径模式,推进融城行稳致远。

方案一:行政区划整体合并,组建津澧新市。将津市、澧县两个各自独立的县级行政区域成建制合并为一个新的城市行政辖区,设立县级澧州市或津澧市,赋予有利于新市治理与发展的相应管理权限,积极培育成为常德市域副中心城市。此融城模式的优势在于:一是符合常德市委提出的推动津澧融城,构建市域副中心城市的融城定位;二是符合省委、省政府提出的建立津澧新城构想,有利于营造环洞庭湖生态经济区西北区域乃至长株潭城市群和武汉城市圈之间的节点城市;三是能有效化解或减少融城进程中的复杂矛盾,顺利快速推进融城工作取得实质性进展。此融城模式的最大挑战是短期内可能会增加相应的管理成本。

方案二:区划不变,行政共治,组建统一执行机构。不改变津市、澧县两地现有行政区划,按照"统一、精简、高效"原则,组建统一的融城执行机构。主要路径是:由职能相近、权责交叉的机构组建为综合性共治机构;将承担执行和监管职能的局,改为集中承担制定融城政策、规划、标准等职能和监管下属部门的委。此模式最大的优势在于有利于实现组织重建、体制变革、机制创新、职能转变、流程再造、管理方式创新的有机结合,其弊端是新执行机构组成人员主要来自津澧两地行政人员,有可能因具体行政行为的某种偏向性,产生内部矛盾,影响融城进程。

方案三:行政区划不变,统一编制并实施融城发展规划。即不改变津市、澧县现有行政区划,作为两个相互独立的县级行政区域,按统一的融城规划相向发展、分步推进。此模式的显效特征是:不需调变大的利益格局,不易引发大的社会震荡,融城进程比较和缓而平稳,其主要弊端在于许多行政执行程序难以管控,诸多具体事宜难以处置,甚至仍然有各自为政、我行我素的状况,从而降低融城发展绩效。

综合分析比较以上三种方案,笔者认为,第一种融城方案显得相对科学、可行,在我国也有先例可鉴,某种意义上,可以涵盖后两种方案的诸多优势,最能产生实质性融城效果。

空间结构。根据津市、澧县两地的区位特点、自然条件、发展基础以及发展趋势,宜按"一江两岸、一体两翼、三轴六片"的空间布局,推进融城,构建新城。

一江两岸,即沿澧水两岸协调发展。一体,即津澧新城;两翼,分别为澧县主城区、津市主城区。三轴,指沿 S302 发展轴、城区衔接发展轴和澧水景观轴;六片为澧县主城区、津市主城区、融城新区、工业集中区、涔澹城区、张公庙次生城区。在开发时序上应以融城新区与工业集中区为先。

(2)津澧融城发展的战略重点。实现津澧融城,重在推进六大同城化融合。地理空间对接。目前,津澧两城仅仅相距 10 公里,中间地带为澧县管辖的澹澹乡,该乡总面积为 40 平方公里,人口 3 万余人,全乡地势平坦,位置优越,西邻澧县县城,东接津市市区,有较好的经济社会发展基础,是两城相向对接的主要融城空间和核心建设区域。应根据融城方向与目标定位,制定融城行动规划,围绕"城",突出"融",加速"连",分别实施东进、西扩,确保在地理空间上的"融",更在基础设施与公共服务上的"合"。

产业差异共生。两地宜统一规划布局、统一产业政策、统一资源配置,注重优势互补,最大限度地避免重复建设和同质竞争,促进产业错位发展、集群发展、协同发展。第一产业主要巩固澧县粮棉油种植大县的基础规模优势,突出津市蔬菜、蕾果、蚕桑等精品特色。第二产业主要依托中联车桥打造全国重要的商用桥及工程桥基地;依托鸿鹰生物打造全国最大的酶制剂生产出口基地及生物发酵基地;依托湘澧盐化、天盛电化打造省内最大的盐化工基地;依托新合新生物、中意糖果等品牌,做大做强生物医药及特色食品产业。第三产业主要打造澧县商贸文化中心,重点发展物流配送、专业市场和商住地产;同时建设以津市工业园为主导的工业品、航运综合物流中心。

基础设施互通。按"区域协调、共建共享"要求,促进交通、通信、网络、供电、供水、供气等基础设施一体化发展。优先启动沅澧快速干线第二大道津市—澧县城区段工程建设,形成融城大通道。至 2015 年底,全面完成津澧新城各专项基础设施规划,加快改造供水管网,提高供水品质;加强防汛保安体系与城镇供水监测能力建设;推进电力工程建设和电网改造以及燃气管道的联网共享。

公共服务统筹。加大城乡公共服务设施建设投入力度,努力健全覆盖城乡的公共文化、公共体育、就业服务、医疗卫生、教育、养老服务、社保经办和便民利民等相关服务设施,构建人本化乃至个性化的公共服务体系,让城乡居民均享有公平的基本公共服务机会,满足城乡居民的基本公共服务需求。

生态环保共治。大力保护自然林地、河流水系、生态湿地、重要交通沿线绿地等生态资源,同时加快植树造林、水土流失治理工程建设,创造绿色生态的宜居宜业环境。以区域范围内的自然山(嘉山、药山、武陵山等)水(澧水、澹水、涔水等)、农作物绿色基底为本,以高速公路、城际铁路、河流水系等重大基础设施两侧绿化带为生态廊道,串联大型滨水绿地、湿地公园,形成城乡生态走廊;以城市公园绿地、街头绿地、水体为斑块,大水为脉、小水为网、山水镶嵌、绿地覆盖,构建"板块—廊道—基质"的网络化生态空间。

社会治理联动。加强津澧两地社会管理互助共治,两地在治安防控、突发事件处置、打击违法犯罪行动上开展联手合作,特别是在预防青少年犯罪和打击吸毒、贩毒等方面形成统一步调,有效控制并降低治安与刑事案件的发案率,提高对犯罪分子的震慑力,实现津澧社会的长治久安。

(3)津澧融城发展的策略选择。加强组织协调。成立津澧国家中小城市综合改革试点工作领导小组,由常德市委、市政府主要领导任组长,其他相关市级领导、市直有关单位负责人和津市澧县党委或政府主要负责人为成员,负责制定方案、统筹协调、督导落实融城工作。领导小组下设办公室,负责总体推进日常工作。同时,领导小组另行下设行政管理改革推进小组、农业转移人口市民化推进小组、新型城镇化投融资推进小组、改革完善农村宅基地推进小组四个专项小组,负责协调、落实和督办津澧新城发展中相关重点领域的改革试点工作,分别由市政府分管副市长任专项小组组长,明确相关市直单位负责专项小组的日常事务。各有关部门需落实专职工作人员、专用办公场所和工作经费,为统筹推进津澧融城和新型城镇化综合配套改革提供有力支持和基础保障。

厉行规划引领。尽快组织编制实施《澧州(或津澧)市城乡总体规划(2014—2030年)》,科学定位中长期发展愿景,明确城市性质、规模与方向以及近期建设重点与行动计划。积极探索全域规划和"多规融合"机制,实现控制性详规中心城区全覆盖、总体规划城乡一体全域覆盖以及社会经济发展规划、国土规划和空间规划深度融合。引进专业咨询机构和专家团队,开展专家咨询与跟踪监察,确保规划编制的科学性、前瞻性与规划实施的严肃性。

注重改革创新。把握国家推进长江经济带和长江中游城市群发展的"一带""一群"战略机遇,用好用够用活各项政策,以体制机制创新为牵引,让改革红利为融城发展增添动力,积极在管理体制、运行机制、城乡统筹、产业升级、对外开放、"两型"社会建设等方面锐意探索,推动综合改革创新、跨域联袂创新,驱导融城稳健有序前行。

严格监测评估。推进新型城镇化工作领导小组办公室应会同市直有关部门,制定科学完善的绩效评估办法,动员社会各方力量,全方位、多层面加强津澧融城规划实施进程的动态监测与绩效考评,对重大项目建设组织开展跟踪监察,加强突出矛盾和重点问题的及时协调处置,优化融城环境,确保融城工作持续不断向前迈进。

三、优化城镇空间布局,构建职能结构合理的城镇体系

1. 基本思路

坚持优结构,大力构集群,全面促互动,加快形成主次分明、功能完善的城镇职能协作体系。遵循"内提外拓、统筹发展"原则,重点推进中心城市"沿江发展、滨湖生活"的空间布局。按照"集约、智能、绿色、低碳"的新型城镇化要求,加快构建区域城市群,因应推进沅澧流域中心城市近邻城镇的集群化、组团化发展。加快津澧融城进程,构建市域副中心。积极提升县城和重点建制镇的发展能级,逐步建成"四纵三横"的城镇快速干线,促进互

联互通,培育城镇轴线,形成市域一小时经济圈。

2. 发展目标

城镇空间结构更加优化,主体功能分区更加明晰,层级功能配置更加健全,"一核两圈三带"为主的城镇发展空间格局基本形成。到 2020 年,中心城区跃升为具有较强辐射带动能力的核心增长极,津澧新城成为常德市域副中心,基本建成常德城市群、津澧城镇群,中心城市、副中心城市、县城、特色重点镇的主要职能充分显现,城镇人口、经济、资源、环境、社会、文化与生态保护走向可持续的协调有序发展。

3. 推进构想

(1)构建"一核两圈三带"空间格局。一核,即常德市中心城区,构建东贯鼎城区牛鼻滩镇、东南达鼎城区谢家铺镇、南通鼎城区草坪镇、西南接鼎城区丁家港乡、西连桃源县枫树乡、西北至鼎城区蔡家岗镇、北延鼎城区镇德桥镇的大常德主核区。充分发挥城市核心区辐射带动作用,着力完善以现代交通体系为重点的关联基础设施,进一步提升产业综合竞争力与城市发展能级,强大市域核心增长极。

两圈,即常德城市群、津澧城镇群。其中,常德城市群主要依托常德至汉寿、常德至桃源、常德至临澧的三条重要交通轴线,以常德中心城区为核心,以汉寿、桃源、临澧县城为支点,加快完善关联基础设施、产业协作体系、跨域公共服务与生态文明配置,形成产业支撑能力强、现代基础设施完备的"一核三极三轴线"城市群格局。津澧城镇群,重点突出澧水流域近邻城镇的对接整合与优化布局,积极引导并带动集群区域又好又快发展,形成常德市域副中心城镇群。

三带,即沅澧城镇联动发展带(G55 沿线)、沅水流域城镇发展带(G56-G5513 沿线)、澧水流域城镇发展带(安乡至石门沿线)。重点推进沅江、澧水流域城镇的协调发展,改善路网布局,优化交通模式,完善区域交通体系,大力优化产业结构,密切横向协作,促进公共服务均等,形成市域三大城镇增长带。

(2)发挥城市群的引领作用。大力提升常德城市群、津澧城镇群中心城市的空间承载容量与综合竞争实力,汇聚高端人才,壮大新兴产业,创新时尚业态,完善基础设施。加快建设城市群的快速交通干线,充分发挥空间组织传导作用,增强辐射带动功能,放大溢出效应。引导装备制造、电子信息、新材料、食品、纺织、医药等一批具有核心竞争力的支柱产业横向联合,形成跨域融合、互补共赢的城市群现代产业协作体系。建设常德经济技术开发区、武陵经济开发区、鼎城经济开发区、汉寿高新技术产业园区、桃源经济开发区、津澧联合开发区等一批集聚效应突出的产业发展载体与产品孵化器。大力培育城市群中心城市以金融、科技、"互联网+"、文化旅游、健康养老等为主的现代服务业多模式集合成长。

(3)强化县城承载支撑功能。加快推进以沅澧快速干线、县乡公路为主体的综合交通运输体系建设。以电力、通信、给排水、供热、燃气等地下管网为重点,统筹改造、提质县城地沉公用设施,鼓励并推行"城市地下综合管廊"或"共同沟"建设模式。加强县城水系疏导,组织实施雨污分流、截污清淤、江河湖连通、滨水慢行、岸际景观等建设工程。加大城镇污水处理及再生利用设施建设力度,推进绿化、亮化、美化改造和垃圾无害化处置。推进智慧城镇发展,科学规划,积极引导学校、幼儿园、医院、能源、交通、通信、信息网络、养老设施、文体场馆、农贸市场等社区服务建设合理布局。完善教育、医疗、社会保障、住房保障、信息服务"五位一体"的公共服务体系。按照以人为本、信息化支撑、网格化管理、社会化服务的"一本三化"理念,推行"3+N"治理模式,提高县城基层社会治理能力。

(4)激活网络节点城镇潜能。坚持"产业兴镇",大力开发"一镇一业""一镇一品",重点扶持节点城镇主导产业与龙头企业,促进节点城镇现代农业、现代服务业加快发展,不断壮大城镇经济实力。科学规划、精心配置、不断完善交通、能源、供水、教育、医疗、信息网络、污水处理等基础性公共服务设施,推动社会服务资源向基层延伸。坚持"生态优先、低碳发展",实行最严格的生态环境监管与绩效考核制度,加强排水和污水治理、垃圾无害化处理、节能减排和大气污染防治,开展对镇区江岸、河岸、湖岸的整治改造,构建绿色生态景观体系,积极创建宜居城镇、生态城镇、园林城镇。加强特色名镇、名村及乡土建筑的保护,传承地方文脉。推行并乡强镇扩权,积极支持具有资源禀赋优势和传统特色的工业重镇、商贸重镇和旅游重镇加快发展。

（5）增进沅澧城际联动协作。树立"全域常德"理念,摒弃落后的"行政区经济"意识,依托综合交通运输网与信息交流的通达性,增进沅澧流域城镇在不同结构层级上的经济关联,实现市域资源的优化配置,重点在空间规划、要素流动、产业协作、资源开发、户籍管理等方面建立跨域协作机制,逐步从"对话性合作"向"制度性合作"发展。重点调控主体功能区建设、重大基础设施敷设、战略性资源开发、生态环境保护以及市场治理中的局部矛盾和问题,促进平等、有序的竞合发展,形成专业化特点明显、职能分工合理,大、中、小层级规模适宜的城镇空间组织体系。依托"桃花源"旅游品牌共同开发旅游市场,促进主城区与桃源、石门、汉寿、澧县等地文化旅游产业的联袂成长。依托千亿园区建设,构建区域性人力资源市场,加强跨行政区域的农民培训和就业服务;引导石门、桃源、汉寿、安乡等城镇的优势产业规模化聚集,实现沅澧城市经济一体化发展。

四、坚持速度质效并举,大力提高新型城镇化发展水平

1. 基本思路

通过转方式、重人本、优服务,加速产城融合、跨域共生,有序引导农业转移人口市民化,规模化聚集高素质人力资源。以提高城镇化质量为主题,加快城镇产业转型升级,推进绿色城市、智慧城市、人文城市、海绵城市建设,实施创新驱动战略,创新城市管理方式,提升城市社会治理水平。以人的城镇化为核心,注重公共服务与民生保障,努力实现城镇基本公共服务常住人口全覆盖,让全体居民共享改革发展成果,让新型城镇化走稳走实走正。

2. 发展目标

到 2020 年,全市城镇化力争达到全省平均水平,常住人口城镇化率达到 60% 左右,不断缩小户籍人口城镇化率与常住人口城镇化率的差距。城镇基础设施和公共服务设施日臻完善,城镇居民生活品质和文明水平显著提高,城镇服务能力和保障能力不断增强,城镇生境品质全面提升。城镇特色鲜明、风貌优美,一批宜居、宜业、宜游功能突出的高美誉度城镇竞相涌

现。全市城镇综合竞争力跻身全省前列。

3. 推进构想

(1)把农业转移人口市民化作为推进新型城镇化的重要使命。增就业。通过大力发展以二、三产业为主导的城镇经济,培育结构优化、质量较高的新型产业支撑体系,不断开拓就业渠道,改善就业环境,增强基本公共产品供给效能,为农业转移人口进城就业创造更多公平公正的机会,实现农村人口就近转移就业。深入实施"百万农民工培训工程""雨露计划"和"阳光工程",开展农民工技能培训,积极帮助提升城镇新居民的就业能力。建立健全农民工维权机制与工资合理增长机制,强化加强劳动合同管理与劳动权益保障,依法严厉查处侵害农民工权益的违法行为。

重改革。逐步剥离与城镇户籍挂钩的各项社会福利,有序推进符合条件的农业转移人口在就近城镇落户定居。改革农村土地制度,创新市区、县城、中心镇落户鼓励政策,允许农业转移人口有限保留农村宅基地、承包地,或允许将其折价入股、带股进城。加快农村土地确权颁证,统一农地登记体系制度,逐步建立农村土地等财产评估机制,增强资产的可携带性和可流转性。积极探索农村住房、承包地和农村集体资产等权益的流转置换机制,实现依附于农业转移人口的各项资源要素的市场化配置。

保基本。按照基本公共服务均等化的总体要求,将农业转移人口逐步纳入城镇公共服务体系,促进农民工个人融入企业、子女融入学校、家庭融入社区、群体融入城镇。将农民工随迁子女纳入当地教育发展规划,采取政府购买服务、以奖代补、派驻教师等方式,鼓励、引导民办学校提供普惠性教育服务。鼓励在城镇新居民较集中的片区兴建廉租房与公共租赁住房,将农业转移人口逐步纳入城镇住房保障体系或享受租赁补贴范围。加快建立统一的城乡医保制度以及城乡衔接的社保转移支付体系。根据常住人口规模,合理配置城镇基本医疗卫生资源,将农民工及其子女纳入社区卫生服务体系。

(2)把培育区域性城镇群作为推进新型城镇化的重要载体。高远规划。既要从总体上明确城市群的发展愿景、空间规模、主体功能、组织形态、产业布局、生态红线、基础设施与公共服务体系等重大原则和战略方向,又要协调集群内各城镇的职能分工,细化角色定位,避免重复建设和盲目建设。加强城市群规划与区域经济社会发展规划、土地利用总体规划、城镇体系规划、主体功能区规划、生态环保规划等多个规划间的相互衔接。厉行全过程的规划监管,确保规划蓝图一以贯之、"落地生根"。

交通先行。以满足同城化、一体化发展为目标,建设以轨道交通和高速公路为骨干、以普通公路为基础、高效衔接的多层次快速交通网络。积极推进鼎桃、鼎汉、鼎澧等城际高速路网的建设,逐步形成覆盖常德城市群的城际轨道网络。加快沅澧快速干线公路建设,实现区域交通的共建共享。尽快启动 G207 澧县张公庙至鼎城岗市、G353 津市至石门段快速干线公路、S318 线城区改线工程以及市城区柳叶大道桃花源路口至桃源县城公路建设,合理规划太子庙至桃花源景区公路。加强城市快速路网对接,开通城际通勤班线,实现沅澧流域主要城镇间的半小时内通达。

产业协作。优化集群产业布局,加强内部分工协作,促进产业互补发展和差异化发展。常德市区、津澧新城应充分发挥经济、区位、交通、科技、人才等方面的优势,加快发展电子信息、新材料、生物医药、节能环保等战略性新兴产业和现代服务业。桃源、汉寿、临澧、石门、安乡等县要立足土地、劳动力等要素成本较低和资源环境承载力较强的突出优势,加快产业转型升级,加强与常德市区、津澧副中心主导产业的协作配套,依托工业集中区,形成与中心城市主导产业配套的加工、生产和制造基地,逐步形成产业聚集带和集中区。

府际共治。城市群发展客观上要求不同城市间政府必须从传统的幕后竞争走向当代的台前合作,顺势建立府际合作的规则与协商机制、政府利益与公共利益融合机制、公共问责与监督机制、城市发展与生态补偿机制等,这些机制的制度化、常态化有利于提升城市群发展水平。创新区域城市群治理模式,打破地区行政分割,合理布局城市群内公共基础设施,实行项目建设和管理功能的府际协作,共同推进产业集群、社会治理与环境保护。建立智能化的城市群府际信息管理系统,进行多领域、大范围信息资源交换和共享,全面提升公共服务能效。

(3)把融合共生发展作为推进新型城镇化的重要举措。大力推进城乡共荣发展。促进公共资源在城乡之间均衡配置、生产要素在城乡之间自由流动,着力破解"三农"难题,让城乡居民共享改革发展成果。统筹编制城乡发展规划,加快基础设施向农村延伸,实现城乡联网、共建共享。加快推进公共服务均等化,全面建成覆盖城乡居民的社会保障体系。打破城乡独立的市场分割,建立城乡要素平等交换与合理补偿机制,鼓励城市资金、人才等生产要素进入农村,逐步形成城乡资源互补对流的新局面。

重点推进产城融合发展。促进产城融合,是推动常德产业转型升级和新型城镇化发展的必由之路。发挥规划引领作用,促进产业体系与城市体系的高效融合。注重产业园区"职住平衡"和各种功能的协调,加强产业园区功能配套建设。以科学的"经营城市"理念,切实加快园区金融服务、商贸商务、娱乐休闲、教育培训、医疗保健等公共服务功能配套建设。

积极推进城镇互动发展。推进城镇互动,是大中小城市及小城镇优势互补、抱团集群、共生发展的客观需要。认真抓好中心城区、城镇圈、城镇带发展规划的编制与实施,统筹推进城市群、城镇带的综合交通、土地利用、环境共保、旅游发展、新型工业等建设。建立跨域协调机制与利益共享机制,构建共同市场体系,强化对市场主体的规范监管与生态环境的协同治理。

(4)把营造优宜生境品质作为推进新型城镇化的重要主题。增强城镇生态特色。以海绵城市建设试点为契机,把生态文明理念全面融入新型城镇化建设中,以常德市区、县城和特色镇为重点,全面推进垃圾污水治理、蓄留雨水控制、雨水湿地建设、节能产品使用、生态产业发展,依托常德丰富的森林资源和洞庭湖、沅水和澧水等水资源的自然优势,大力推进城镇公共绿地建设和单位庭院绿化、垂直绿化、屋顶绿化,提升国家园林城市、国家卫生城市、全国文明城市等创建水平,塑造"山水桃花源,绿色新常德"的靓丽城市名片。

强化城市人文魅力。深入挖掘历史文化内涵,传承并创新非物质文化遗产。积极培育文博会展、体育赛事、文艺展演等新型文化业态,进一步提升文化演艺节目品牌,做大做强文化旅游产业。加强对外交流与合作,继续办好桃花源桃花节、西洞庭湖湿地文化旅游节、中国常德诗人节等节庆活动。加强老城区传统风貌的保护,在沿河街等传统地区结合滨水景观风貌带设立展示城市历史风貌,彰显城市人文底蕴。加强历史文化街区、考古遗址博物馆、大型文体场馆等文化旅游设施建设。

突出"智慧城市"建设。加快建设与现代化城市相匹配的信息基础设施,大力推进"三网融合"工程,完善现代信息传输网络。以建设"数字常德"为目标,加快多媒体智能化公用信息平台建设,统筹城镇发展的物质资源、信息资源和智力资源利用,推动物联网、云计算、大数据等新一代信息技术创新应用。增强城市要害信息系统和关键信息资源的安全保障能力。促进城镇规划管理信息化、基础设施智能化、公共服务便捷化、产业发展现代化、社会治理精细化,打造湘西北区域信息中心城市。

(5)把创新创业创造作为推进新型城镇化的根本动力。培育创新型城镇。全面激活创新驱动要素,大力引进、集聚高端精英人才,加大对创新项目的公共投入和对创新成果的奖励,营造优良的创新环境。积极推动以市场主体为先导的科技创新,支持企业加大科技研发投入,探索建立产学研合作的信用机制、责任机制和利益机制,以行业龙头企业为主体,加强企业和高等院校、科研院所、风投机构、中介机构的联合,建立利益共享、风险共担的产业技术创新战略联盟。加快研发平台建设,重点推进国家级和省级工程(技术)研究中心、企业研发(技术)中心、重点实验室等创新载体建设。强化知识产权的法律保护,加大科技成果应用的普及宣传,让更多先进的科技创新成果造福社会、普惠民生。

营造创业型城镇。贯彻落实国务院扶持大众创业的优惠政策,营造政府激励创业、社会支持创业、劳动者勇于创业的文化氛围。运用财政支持、税费减免、创投引导、政策性金融服务、小额贷款担保等手段,为中小微创业型企业发展提供积极扶助。重点支持高校毕业生、返乡农民工、城镇困难人员、退役军人等社会群体的自主创业。建设市、县创业服务平台,放宽政府管制,适时发布创业支持政策与公共资助方向,吸聚社会资本更多地进入实体经济,促进城镇产业发展壮大。

发展创造型城镇。创造型城镇建设是提升城镇化建设质量,增强城镇可持续发展的强大动力。建立创造型城市建设的创新机制,确保创造型城市建设中各行各业的有效对接和互联互通,增强城镇发展自主创造能力与自我发展能力。构建推助创造型城镇成长的社会化参与机制,充分激发并催生业界主体的创造积极性、主动性与首创活力。大力倡导创造富裕、创造光荣、创造幸福的时代精神,在更高层面上提升居民群众价值追求与生活享受的新境界。

五、科学选择推进路径,开创新常态下城镇化发展新局面

立足新常态,开拓新路径,努力走出一条以人为本、四化两型、优化布局、文化传承且山水特色鲜明的新型城镇化发展道路。

1. 城乡统筹之路

围绕建设泛湘西北现代化区域中心城市的战略定位,全方位吸纳国内外资源要素,加快提升城市综合实力,积极释放辐射潜能,扩展城市对农村的带动域面,为城乡协调发展提供强大的经济支撑。按照权责利一致原则,进一步扩权强镇,积极探索城建城管、财政、投融资等管理权限下放,推进农村集体产权和农业经营体制机制创新,促进农村资源资产资本化进程,增强城乡自我造血功能。大力推进特色农业产业开发,扶持建设"一村一品"特色农产品基地,加快构建城乡地域产业价值链与地域产业分工体系,实现城乡产业品牌带动、共生发展。构建高等级、广覆盖的城乡基础设施网络体系,全面提高农村地区、郊区和中心城区边缘地带的公共服务设施配套水平。按照提高水平、完善机制、逐步并轨的要求,大力发展农村社会事业,推动市级优质教育资源、医疗卫生资源、文化资源等公共服务向郊区新城、大型居住社区、工业园区以及贫困落后地区覆盖延伸,逐步缩小城乡社会发展差距。多层面构建城乡一体的生活保障、住房保障、就业保障、医疗保障体制,试行自由迁徙户籍制度,赋予常住人口平等享受城镇基本公共服务的权利,有序推进农业转移人口市民化。逐步扩大城乡基本公共服务的供给范围,在就业服务、基本社会保障、义务教育、公共卫生、基本医疗、公共文化、公益性基础设施、生态环境保护、生产安全、消费安全、社会安全等诸多方面,不断满足日益增长的多元化发展需求。

2. "五化"同步之路

发挥新型城镇化的战略引擎作用,推动新型城镇化与新型工业化、农业现代化、信息化同步发展。推进新型城镇化与新型工业化互动发展,以强壮产业和扩大就业为使命,努力构建特色产业体系,实现"产业与城市""人口与城市"的协调发展,逐步形成中心城市、副中心城市、小城镇、农村社区之间"分工协作、优势互补"的产业发展新格局。推进新型城镇化与农业现代化协调发展,不断完善农业现代化发展的基础设施、技术、资金、政策等保障体系,促进农业生产的规模化、机械化、集约化经营。积极发展特色、高效、生态、安全型农业产业,突出发展生态有机高效农业、农产品精深加工业以及观光农业,提高农业竞争力。推进新型城镇化与信息化融合发展,充分发挥信息化的引领作用,推动信息技术的深度应用。按统一规划、扩大互通、促进共享的发展要求,全面完善城乡一体的信息化基础网络设施体系,充分发挥信息化的产业推进功能以及社会服务功能。提高信息技术的社会运用能力,推进信息消费与信息产业发展,壮大互联网经济。推进新型城镇化与生态文明协调发展,以创造优良人居环境作为城市化中心目标,把好山好水好风光融入城市。

3. 创新驱动之路

发挥政府推动与市场主导作用,改革阻碍创新发展的体制机制,促进精明增长,实现由要素和投资驱动向创新驱动转变。依托中联重科、常德烟厂、常德烟机、常德纺机、金帛化纤、创元铝业、华南光电等骨干企业,建设一批国家级企业技术创新中心。以创元工业园、灌溪工业园、西洞庭食品工业园、德山电子信息产业园和澧县、安乡、德山、武陵创业基地为载体,引导组建产业研发技术联盟,开展关键技术、应用技术和集成技术创新。构建多元化、多层次科技投入机制,加大科技创新扶助力度,积极支持先进液压部件、高端纺机、光电一体化、高速烟机、航空航天钛材等关键技术研发,实现国家863、973级重点专项计划的重大突破。实施高校协同创新计划,培育产业技术联盟、校企联盟等合作创新组织,加强知识、技术的交流与合作,促进技术转移,形成科技创新网络。规划建设市科技成果展示中心、生产力促进中心、农业科学研究院等公共技术服务平台,提高科技成果转化率和科技进步对经济增长的贡献率。加强知识产权保护力度,提高知识产权创造、运用、保护和管理水平,形成一批拥有自主知识产权、市场竞争力强的高端品牌和产品。加快培养高层次创新创业人才、高水平管理人才、高技能实用人才,充分激发各类人才的创造活力。

4. 文化形塑之路

树立"文化城镇化"意识,深广发掘和利用本土历史文化资源,把城镇建设成为具有鲜明地域特点、文化特色、时代特征的人文魅力空间。以建设有历史记忆、文化脉络、地域风貌、山水特点的美丽城镇为目标,塑造"桃花源里的城市"大品牌。努力把善德文化、古城文化、荆楚文化、屈子文化、桃源文化、诗墙文化、阁楼文化、茶禅文化、太阳文化、山水文化等常德特色文化融入城市规划、建设、管理之中,增强城市精气神,提升城市个性魅力。加快市城区常德大剧院、科技馆、青少年活动中心、妇女儿童发展中心、诗墙博物馆、群众艺术馆、图书馆、社区文化中心等一批精品文化工程建设,形成设施齐全、功能完备、资源共享、特色鲜明的文化品牌。实施"文化信息资源共享工程",采用卫星通信、互联网等现代科技手段,整合现有文化资源,传播先进文化和现代科技知识,提高文化资源的共享水平。鼓励广大文化工作者努力创作出体现桃花源文化特色和群众喜闻乐见的文化产品。持续推进传统文化传承与创新,全面增强城市文化的发展活力,做大做强文化产业,建设具有常德特色的文化产业园区和产业基地,形成文化资源、文化产业的规模集聚效应。依托滨湖景观,构建依山傍水、起伏变化、层次渐进、色彩鲜明的滨湖城镇。

5. 市场主导之路

注重发挥市场机制在资源配置中的决定性作用,以市场的力量引导城镇资源要素流动和集聚,促进城镇竞合发展。全面放开城镇落户限制,推行"自由迁徙"户籍制度。积极构建统一、开放、竞争、有序的劳动力市场,形成政府引导就业、市场调节就业、劳动者自主择业的市场就业机制,帮助进城入镇农民顺利、及早完成新市民、新镇民的转化。改革城乡二元的土地管理制度,逐步建立城乡统一的土地市场。完善农村集体经营性建设用地权能,实行农村集体经营性建设用地与国有土地同等入市、同权同价,进一步扩大市场机制在土地资源配置上的作用范围。建立市场主导型投融资机制,采取投资主体多元化、融资方式多样化、经营运作市场化等方式,通过发行市政债、推行基于 PPP 理念的项目融资、投融资平台资产证券化等途径,建立市场化、可持续的资金保障体系,彻底转变"投资靠土地财政、融资靠贷款举债"的城镇发展模式,支持基础性、先导性、带动性和民生保障性的城镇基础设施建设。

吉首加快建设武陵山区域
中心城市的战略进路

2015 年 2 月,湖南省《政府工作报告》提出:发挥大湘西地区生态资源和沪昆高铁优势,把邵阳、怀化、吉首培育成各具特色的区域性中心城市。吉首市作为这一决策部署中的主要成员城市,既迎来了新的重大建设机遇,更面临新的跳跃发展挑战。应立足吉首经济社会发展新阶段的现实基础,积极响应新号召,主动抢抓新机遇,全面取向新愿景,超常作为,锐意奋进,大力培育并释放后发成长的新空间、新优势与新能量,加速跃升为武陵山区域中心城市。

一、吉首建设武陵山区域中心城市的战略意义

1. 培育吉首区域性中心城市,是适应新常态、实现新跨越,在更高起点上激活武陵山贫困地区自我造血功能的强本大策,有利于先行探索精准扶贫新模式与新路径

2011 年 11 月,国家在吉首市率先启动实施首个连片贫困地区的扶贫攻坚规划——《武陵山片区区域发展与扶贫攻坚规划(2011—2020 年)》,提出要"加快黔江、恩施、张家界、吉首、怀化、铜仁六个中心城市发展,优化城市形态,完善提升城市功能,促进人口与产业集聚,发展特色优势产业,发挥辐射带动作用"。2013 年 11 月,习近平总书记视察湘西时指出,要实施"精准扶贫",探索扶贫攻坚新模式。受自然条件影响以及历史文化等原因,少数民族连片聚居的武陵山地域长期发展滞后,多年来的扶贫历程和基本经验证明,缺乏核心城市带动的泛普惠式扶贫,其扶贫成效易受多种不确定因素影响,不具有长期稳定性与自我增长的可持续效应。改革开放以来,

武陵山地域经济社会发展较快市、县的成功实践也表明,基于独特区情的经济社会发展,只有培育驱导文明演进的强大中心城市,才能形成创造财富、集成财富的经济洼地与财富增长高地,更持续地蓄积自我造血、自主反哺的深厚经济能量,实现脱贫致富、稳定富裕。吉首市作为武陵山地域具有较大影响力的传统中心城市,既是湘西自治州州府和经济、文化中心,更处于国家西部开发与中部崛起战略的交汇地带,具有承东接西的重要城市职能,不仅担当着全州发展进步的沉重使命,历史上甚至还曾发挥过引领武陵山地域文明进步的核心发动机作用。武陵山片区国家扶贫开发工作重点县众多,探索多省市、大区域的少数民族和贫困地区间的经济协作,需要适应新环境、新变化与新趋势,以战略视野与创新作为,大力推进跨域扶贫开发战略转型,更加注重以中心城市辐射带动贫困山区走向内生成长与跨越发展,在较高起点上进一步改善武陵山贫困地区的自我造血功能,利用新型城市化发展的绝佳机遇,构筑区域发展的战略高地,实现以点带面、工商惠农、城市聚富。通过激活独特资源优势、最优产业基础和鲜明文化特色的成长势能,吉首市可望在国家新一轮扶贫开发与新型城镇化战略中加速崛起,成为引领跨域协同发展与扶贫攻坚的强大核心动力。

2. 培育吉首区域性中心城市,是遵循区域经济极化成长规律,以优势城市率先崛起带动全域共生发展的战略使命,有利于引导并促进武陵山区域城乡统筹发展

根据增长极理论,区域经济增长源于区域增长极,经济增长通常是从一个或数个"增长中心"逐渐向其他部门或地区传导,推动空间经济共生发展。引领和带动区域发展,应选择最适宜空间并最具成长性的主导型中心城市,培育核心增长极。实践证明,特定区域的经济发展可以优先发展区位条件好、资源禀赋优的少数城市,使之成为区域发展的增长极核,通过集聚效应与扩散效应带动和促进整个区域发展。武陵山区域自然物产资源丰富,但资本性、技术性、人才性经济要素资源不足、分散面广,只有树立极核思维、共生意识,注重推进区域经济发展的非均衡性与非均匀性,首先在一个政治、经济、文化、生态等资源相对富集并最具爆发性成长的潜力"点"或发展"核"上,充分集聚优势要素并深广释放活力潜能,形成一定规模的层级势差与核心增长极,才能更好更快地带动区域经济的共生发展和累积式膨胀,最终产生"极核"传导扩散效应,促进整个区域共同繁荣与进步。通过放大吉首市的城市经济功能与辐射带动作用,有利于加快推动新型工业化、现代服务业与山地农业的融合发展,进一步转移农村人口,拓展市场空间,促进社会消费,促进产业集聚与业态创新,以城市市场、技术及其他全要素优势,统筹组配山区社会经济资源,引领特色资源、优势产业加快发展,积聚充沛能量,带动湘西州乃至武陵山地区实现全面小康。

3. 培育吉首区域性中心城市,是提高民族文明美誉度,推进新常态下武陵山区域"四化"协同发展的重要举措,有利于加速少数民族聚集区经济社会发展转型

武陵山地区是我国跨省交界面积大、人口最多的少数民族聚居区,更是生态环境优异、人文底蕴丰厚且民族风情浓郁的偏僻山区,促进武陵山民族地区的经济繁荣、社会发展转型和多民族区域团结进步,需要积极适应国内经济社会发展的新常态,大力转变落后发展方式,全面优化经济结构,促进"四化"协同、优势优先、创新驱导。营造强大的区域中心城市,有利于全方位、多层面吸附民族集聚区和山地封闭区分异零散的优势社会资源,激发内生活力,带动区域产业升级、文明进步。近年来,吉首市城市品牌创建与经济结构优化步伐全面加快,内生发展动力不断增强,连续 6 年被评为"全国最具投资潜力百强中小城市"。通过培育区域中心城市,大力推进新型城镇化,积极吸纳武陵山近邻地域农民加快转变为城市市民,减少农村居民对于生态环境资源的消耗与破坏,更多集汇并更好地传扬灿烂悠久的经典民族文化,进一步发挥社会进步的示范作用、文化繁荣的引领作用和生态保护的先锋作用,促进武陵山地域的转型升级与跨越发展,更好地实现国家重要生态功能区的协调优宜发展。

4. 培育吉首区域性中心城市,是抢抓新型城镇化发展机遇,加速壮大跨省边际城市综合竞争势能的迫切需要,有利于深度聚集并释放优势特色资源要素的长远红利

作为集中连片贫困的武陵山地区,也是国家重要的生态安全功能区,实现跨域协同发展、提升边际势能、构筑生态屏障,必须突破齐头并进的传统均衡型发展模式,通过培育相对强大的区域中心城市,作为开发边际资源、维护边界稳定、促进边区融聚、保育边境生态的安邦重器与富民载体,才能保持区域长期发展红利和综合竞争优势。历史上,吉首市是湘鄂渝黔省际边界区域传统的民族商贸中心、文化中心城市,当地少数民族地缘相近、文源相同、习俗相传,在各民族世世代代的生活习性中具有极强的认同感、归属感、影响力和凝聚力,具有担负支撑并优化武陵山区域经济结构,引导、培育和促进武陵山经济协作区文化旅游产业、特色资源产业开发的综合优势,通过国家支持、区域协作与自主奋进,可复兴并保持城市传统的优势竞争地位,让古城增添新活力、焕发新光彩,再次脱颖而出,带头实现经济、社会发展模式的优化再造,大规模释放积淀潜能,形成催生长远发展红利的强大阵地与支撑平台,有利于在率先发展中推助武陵山区域跨越发展。

二、吉首建设武陵山区域中心城市的有利条件

吉首作为湘西自治州的首府和传统影响力较强的边界城市,在新型城镇化进程中,培育区域中心城市,强力整合边际资源,构建区域核心城市经济圈,具有相对优越的成长基础与重要条件。

1. 多边接壤区位优势突出

吉首市位于武陵山地区的中心地带,自古以来就是湘、鄂、渝、黔四省市边区的交易中心和物资集散地。湘西州(吉首市)是唯一与武陵山地区 5 个地市州均接壤的地区,区位优势突出(见图 6-1)。吉首市综合交通运输体系已初步形成,是被国家交通部门规划为全国 146 个公路枢纽城市之一和 18 个高速公路枢纽城市之一。通过多条高速公路与恩施、张家界、怀化、铜仁、黔江等省内外中心城市连通,成为中东部地区经济向中西部地区辐射的战略型节点城市。其中,长沙至重庆高速公路的建成将使吉首市成为湖南省乃至广大东部地区通往西部主要通道和向西辐射的"桥头堡"(见图 6-2)。吉首市同武陵山地区内其他六个中心城市的距离之和最短(见表

6-1）。独特的区位,既为接受辐射增强经济实力提供了便利,又为产生扩散带动周边地区发展创造了条件,可以成为武陵山地区核心增长极培育的首选之地。同时,吉首市东连泸溪,南临凤凰,西接花垣,北与保靖、古丈两县毗邻。以吉首市为核心,以上周边五县均坐落于通勤半径50公里范围之内,且均有高速公路相连,从空间上具备组团式发展中心城市的条件。在此范围内,面积达3000平方公里,人口达200万,具有形成空间集群发展的现实基础和成长潜力。

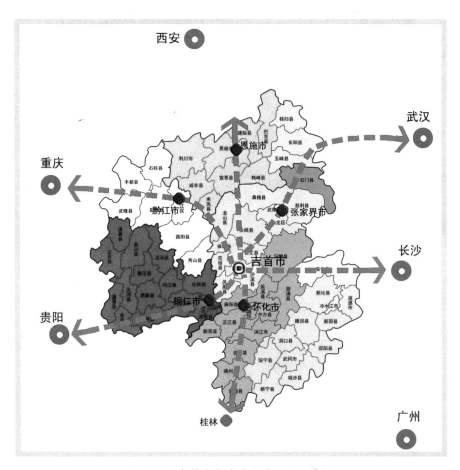

图 6-1　吉首市在武陵山地区区位分析

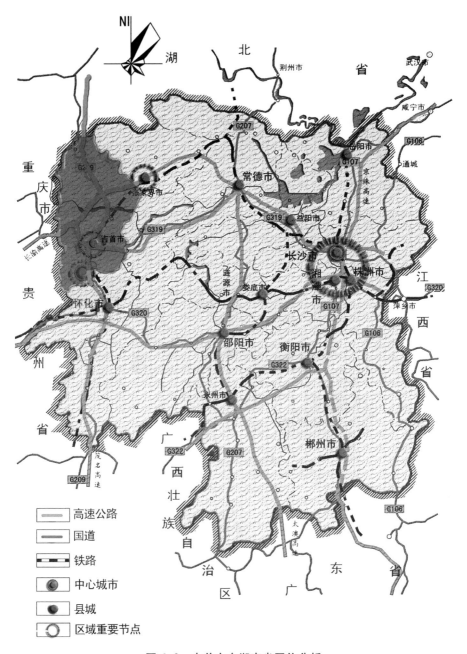

图 6-2 吉首市在湖南省区位分析

表 6-1　武陵山地区中心城市之间公路里程　　（单位：公里）

	吉首市	怀化市	张家界市	铜仁市	黔江区	恩施市	备注
吉首市	—	138.2	239.6	109.1	278.5	410.8	1176.2
怀化市	—	—	279.4	174.1	414.8	549	1555.5
张家界市	—	—	—	347.8	304.4	326.2	1497.4
铜仁市	—	—	—	—	281	413.8	1325.8
黔江区	—	—	—	—	—	153.1	1431.8
恩施市	—	—	—	—	—	—	1852.9

注：备注为以各中心城市为起点，到其余五中心城市的距离之和。

2. 传统历史重镇底蕴深厚

历史上，吉首一直是大湘西与武陵山地域密切联系的传统重镇。这里，聚居着以土家族、苗族为主题的多个少数民族，商贾云集，经济活跃，人才辈出，文化灿烂，是一块神奇而令人向往的土地，许多绚丽多姿的民间歌舞、经久未息的传统戏曲、独特朴美的手工技艺、广博深厚的民间习俗，令人称奇，广为传颂。2004 年，湘西州被列为第二批中国民族民间文化保护工程综合试点。2010 年，文化部批准设立武陵山区（湘西）土家族苗族文化生态保护试验区，是国家设立的第 6 个国家级文化生态保护试验区，也是湖南首个获批设立的国家级文化生态保护试验区。目前，各级文物保护单位 396 处，有"国字号"文化旅游品牌 50 多个，国家级非遗项目 24 项，省级非遗项目 50 项；国家级非遗项目代表性传承人 18 人，省级非遗项目代表性传承人 44 人。湘西州荣膺"中国十佳魅力城市"和"中国最佳旅游去处"，"神秘湘西"品牌已蜚声海内外。有民族英雄罗荣光、民国总理熊希龄、文学大师沈从文、民族实业家李烛尘、著名画家黄永玉、著名歌唱家宋祖英、奥运冠军杨霞、龙清泉等许多古今杰出的名人新秀。

3. 自然资源禀赋独特丰沛

吉首市地处北纬 28°08′~28°29′之间，是国内罕见并极其典型的亚麻酸带、发酵带与富硒带地域，各类自然资源富集度高，优势度强，开发潜力巨大。现已探明的矿产资源 63 种，其中锰、钒、汞、铝、紫砂陶、铅锌矿、含钾页岩、大理石居湖南省和武陵山地区之首,尤其钒矿、含钾页岩居全国第一,锰矿、汞居全国第二,铅锌矿居全国第三,素有"锰都钒海"之称。拥有中药材资源2000多种,享有"生物基因库"和"中药材宝库"之美誉。农产品甚为丰富,是世界最大的有机富硒猕猴桃基地、全国最大的椪柑产业基地、国家烟叶新区开发和全国现代烟叶农业示范区。"酒鬼酒""古丈毛尖""湘西椪柑"等湘西特产名声远播。更为独具特色优势的是,吉首具有三个独特的自然资源带,即气候上的微生物发酵带、土壤中的富硒带和植物群落里的亚麻酸带,这就为利用农产品,发展生物制药、绿色食品加工业的培育和发展奠定了坚实的基础。

4. 特色产业发展基础厚实

作为湘西州重要的经济中心城市,经过长期发展的历史积累,城市产业特色明显、竞争基础优势突出。工业方面,初步形成了以锰锌为主的矿产品加工业、以白酒为主的食品加工业、以中药材加工为主的生物制药业、以民族工艺品为主的旅游商品加工业四大产业集群。其中,锰产业是国家"锰深加工高新技术产业基地"和"湖南省锌深加工高新技术产业化基地",产业基础雄厚,技术全国领先,电解锰生产技术处于世界先进水平。农业方面,初步形成了以椪柑、猕猴桃为主的水果业,以优质烟叶、茶叶为主的高效经作业,以牛、羊为主的草食畜牧业,以青蒿、百合为主的中药材产业四大特色产业。其中,已有通过GMP认证医药加工生产企业8家,已取得"国药准字"文号58个,并具有数百种饮片的生产加工能力。产业结构合理,是典型的"三、二、一"结构。

5. 改革开放内生动力强劲

高等教育实力强。坐落在市区的吉首大学是武陵山地域规模最大、层次最高、科研实力最雄厚的综合性大学,也是全国少数民族自治州中最优秀的综合性大学,有13大学科门类,现有本科专业75个(见表6-2)。仅2015年度,学校就承担了国家自然科学基金课题27项、国家社会科学基金课题18项。学校立足湘西,面向湖南,辐射四省市边区,培养了大批实用型、一专多能的各类人才,在湘鄂渝黔边区的影响卓著,为吉首培育武陵山地区核心增长极提供了不懈动力源泉。

表 6-2　武陵山地区部分大学比较（2015 年）

	吉首市（湘西州）	张家界市	怀化市	黔江区	铜仁市	恩施州
学校名称	吉首大学	张家界航空工业职院	怀化学院	重庆旅游职院	铜仁学院	湖北民族学院
设置专业数	75	31	52	17	38	57
招生人数	6711	2979	3914	984	1816	4097
毕业人数	5471	1562	3723	608	1806	4589
承担国家课题数	45	0	7	0	11	64
研究生点数	92	0	0	0	0	32
重点基地数	35	5	13	0	5	14

注：怀化学院、铜仁学院招生人数为 2015 年计划数，铜仁学院承担国家课题数为近三年总数。

　　科技发展进步大。拥有 4 个省级工程（技术）研究中心和 2 个省级企业重点实验室。2015 年，全市年内实施科技项目 42 项，其中省级 9 项、州级 4 项、市级 29 项。全市高新技术产业实现产值 8.15 亿元。新认定高新技术企业 1 家，通过高企认证复审 2 家。企业与高等院校、科研院所签订产学研合作协议 16 项。完成国家专利申请 305 件。

　　医疗卫生优势多。吉首市内的湘西自治州人民医院是湘、鄂、渝、黔四省市边区学科齐全、设备精良、技术力量雄厚的三级综合性医院。建筑面积 10 万余平方米，开放床位 1000 余张，设有 44 个临床和医技科室，拥有现代化医疗设备 500 余台（套），年门诊量 35 万人次，是全国 500 家大型综合医院会员医院，卫生部批准的国际救援中心网络医院、中南大学湘雅医院定点指导医院、南华大学教学医院和中国香港"关怀行动"湖南工作站。全市有各级各类医疗卫生事业机构达 404 个，社区卫生服务中心覆盖率达 100%。

三、吉首建设武陵山区域中心城市的战略构想

1. 基本思路

把握新常态下国家推进新型城镇化战略与武陵山连片特困地区扶贫攻

坚的有利机遇,立足山区特点、民族特色、时代特征,以建设绿色城市、智慧城市、人文城市为导向,以产业推动、跨域联动、创新驱动为路径,以构建空间结构优化的新型城镇体系为突破口,着力推进交通枢纽中心、旅游集散中心、商贸物流中心、绿色加工中心、教育医疗中心和文化创展中心建设,促进吉首市加速崛起成为引领武陵山地区协同发展与可持续繁荣的战略增长极。为此,应坚持以下基本原则。

优化布局,集约高效。根据资源环境承载能力,科学规划城市空间功能分区,积极推进主体功能区建设,严格控制城市建设用地规划,合理控制开发边界,优化城市空间结构,实现城市紧凑集约发展,提高国土空间利用效率。

转型升级,优势互补。立足区域优势资源和本土产业基础,积极把握我国产业发展的趋势和方向,加快发展新材料、新能源、生物科技等战略性新兴产业,进一步提高新型工业化水平;大力推进民族文化旅游产业、商贸物流业和现代农业升级,着力培育吉首市的特色优势产业集群。

城市带动,城乡统筹。突出中心城市辐射带动作用,以综合交通网络和信息网络为依托,加快城市扩容提质进程,提升吉首市作为州府的城市品牌影响力,促进吉首市在四省(市)边区的快速崛起;加快美丽乡村建设,推进城乡发展一体化。

集群发展,共生成长。通过深化改革和推进体制机制创新,加强与周边城市的协同发展,形成区域合理分工协作发展的新格局。按照统筹规划、合理布局、功能互补、以大带小的原则,遵循城市发展客观规律,加快与周边城镇的组团发展,积极培育区域城市群。

生态优美,绿色低碳。以创造优良人居环境作为中心目标,把好山好水好风光融入城市,大力推进绿色发展、循环发展、低碳发展,最大限度地减少对自然的干扰与破坏,积极探索绿色低碳的生产生活方式和城市建设运营有机结合的模式。

2. 发展定位

城市愿景定位。通过持续推进新型城市化,不断提升城市品质,强大城市势能,力争将吉首市建设成为"一城三谷六中心"。"一城",即武陵山区域性中心城市；"三谷"，即演绎并张扬中国谷韵之都品牌魅力的"神奇谷、神秘谷、神仙谷"；"六中心"，即区域性交通枢纽中心、武陵山旅游集散中心、民族性文化创展中心、现代化商贸物流中心、资源性绿色加工中心、高质量教育医疗中心。

　　城市空间定位。根据吉首市自然环境、地理区位与现有交通组织特点，市域未来发展的空间形态与总体布局定位为"一心、两轴、三圈"（见图6-3），形成布局合理、开放有序的市域城镇结构体系。

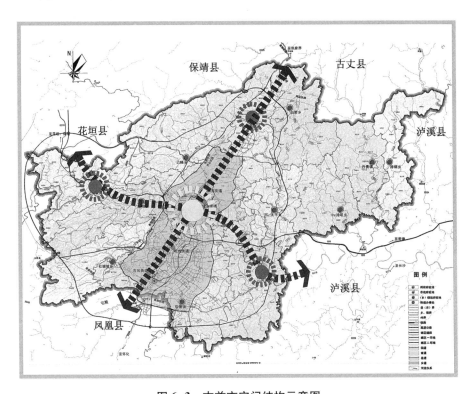

图6-3　吉首市空间结构示意图

　　"一心"。即吉首市主城区，通过中心城区分异组团发展，带动市域经济的全面发展，建成武陵山区旅游中心城市、商贸物流中心和具有浓郁民族特色的生态宜居城市，形成武陵山地区核心增长极。

　　"两轴"。是指东西向杭瑞高速、319国道经济发展轴和南北向包茂高速、209国道—S229省道经济发展轴。东西轴主要发挥东西部连接带与武陵山区域互动带作用,对内连接峒河风光带。南北轴主要发挥长江经济带与海上丝绸之路的呼应作用,带动沿线城镇产业经济聚集发展,对内衔接万溶江风光带。

"三圈"。以河溪镇为中心的河溪卫星城镇圈、以矮寨镇为中心的矮寨卫星城镇圈和以马颈坳镇为中心的马颈坳卫星城镇圈,分别对接凤凰、泸溪、花垣、保靖、古丈、永顺。

城市职能定位。吉首市中心城区作为湘西自治州的中心城市,既是湘西全州政治、经济、文化中心的首府,也是湘、鄂、渝、黔四省市边区的重要中心城市和大湘西文化旅游经济圈的战略支点,更是具有浓郁民族特色的山地生态宜居城市。在城市职能定位上,主要应担当五大角色。

一是政治职能:湘西土家族苗族自治州的政治中心。

二是经济职能:湘西土家族苗族自治州的经济中心,武陵山旅游集散中心、现代商贸物流中心、资源性绿色加工中心。

三是社会职能:武陵山地区民族融合发展模范区,国家扶贫攻坚主战场。

四是文化职能:湘鄂渝黔边区的教育、医疗、科技中心,湘西土家族苗族民族文化展演传承中心。

五是生态职能:武陵山片区国家生态文明建设先行示范区,武陵山地区文化生态旅游目的地。

城市形象定位。根据吉首城市独特自然地理环境与历史人文资源禀赋,结合南开大学对吉首城市品牌研究策划与设计创意,吉首市的城市形象宜定位为谷韵吉城。

谷韵,指吉首市最具魅力与独特性的城市主品牌是"谷韵吉首",又从"神秘湘西"中衍生出"神奇谷""神秘谷""神仙谷"三个子品牌,形成"中国谷韵之都"的城市形象品牌;

吉城,指吉首城市最具亲和力与归属感的传播形象是中国吉祥之城、吉地之首与吉利州府,结合多年来"神秘湘西"的影响效应,其形象广告语可概括确定为:神秘吉城。

因此,吉首市的城市形象定位就是谷韵吉首,神秘吉城,简述为谷韵吉城。

3. 战略目标

从多元综合要素优势审视,吉首城市发展的总体战略目标是:建成具有山区特点、民族特色、时代特征的武陵山区域中心城市。到 2020 年,市域总人口规模达 57 万人左右,远景城市规模增容至 80 万人左右,市域城镇化水平超过 90%,以吉首为核心的"1+5"城市圈聚集人口总量达 200 万人左右,成为武陵山地区重要的城镇集群体和经济增长极。

区域性交通枢纽中心。充分利用较为优越的对外交通条件,进一步完善对外交通设施,大力发展高速公路运输,合理调整对外交通线路,以公路、铁路运输为主体,其他运输方式为补充,构建功能强大的公、铁联合运输交通网络,形成多元化、全方位、联运功能强大的综合性对外交通体系。

武陵山旅游集散中心。发挥吉首中心城市作用,依托吉首市旅游资源丰富和地处张家界至凤凰旅游黄金线的中心优势,完善城市旅游服务功能,切实提高旅游食宿接待能力。加强与长沙黄花机场、张家界荷花国际机场、铜仁·凤凰机场、怀化芷江机场、恩施钱家坪机场、黔江舟白机场、常德桃花源机场、邵阳武冈机场、凯里黄平机场等航线对接,形成便捷的区域性空中交通网络。建立并不断完善全市旅游信息咨询、安全保障、交通便捷、便民惠民、市场监管五大服务体系,构建吉首旅游公共宣传平台和营销平台,完善旅游公益宣传机制。建设完善旅游服务中心、旅游交通引导标识。进一步推进游客中心规范化、旅游厕所标准化和停车场、汽车营地建设,不断提升旅游气象服务水平。

民族性文化创展中心。利用凤凰古城、乾州古城、芙蓉镇、龙山里耶秦简、土家摆手舞、苗族"四月八"、傩戏、矮寨德夯、苗鼓文化、烧龙、百狮会等特色民族文化品牌众多的优势,依托湘西非物质文化遗产园以及吉首大学、湘西民族职业学院、浯溪书院,深入挖掘湘西土家族、苗族颇具特色的民族文化内涵,大力弘扬民族文化。规划兴建"武陵山区民族文化产业园""峒河黄永玉文化艺术公园"以及四省市边区电视台——武陵山电视台,完善博物馆、图书馆、文化馆和体育运动中心,不断壮大民族文化产业,营造武陵山区民族文化硅谷,努力抢占武陵山区民族文化产业制高点。

现代化商贸物流中心。依托位于我国中西部结合部的中心和西部大开发地区东缘这一独特的自然地理区位条件,充分发挥全国 18 个高速公路枢纽城市之一的交通优势,依托中心城镇,建设一批现代化物流专业园区,组建培育专业化大型物流企业。重点发展以锰、锌、钒等为代表的有色金属采购物流中心,积极建设面向武陵山地区的农产品、中药材、工艺品等交易市场。同时,加速金融、信息、配送等服务体系建设。

资源型绿色加工中心。充分发挥自然物产、矿产资源富集的原材料优势,综合考虑市场需求、环境容量、交通运输等相关条件,规范资源开发秩序和市场主体行为,注重综合、循环利用,扶持培育骨干企业,以园区为空间载体,形成以农林产品、中药材和锰、锌、钒等矿产品为主的绿色精深加工中心。

高质量教育医疗中心。科学布局,大力建设完善学前教育、基础教育、高等教育和职业技术教育体系,形成结构优化的多元办学教育新格局。依托吉首大学、湘西职业技术学院、湘西州民族中学、吉首市一中等现有名校,统筹发展各类教育,努力把吉首建设成为武陵山区文化教育中心。依托湘西自治州人民医院的基础装备与医疗技术人才资源优势,构建专业齐全、分布合理、规模适度医疗卫生服务体系,成为武陵山区域医疗技术精湛、设施先进、服务优良的现代化医疗中心。

四、吉首建设武陵山区域中心城市的现实路径

1. 强大特色产业,提升城市经济实力

大力发展优势制造业。按照"扩量转型"的基本思路,依托吉首市制造业产业基础,充分发挥本底优势,以转型升级为主线,以市场为导向,着力增强企业加工制造能力、产业配套能力、自主创新能力、服务增值能力,推动优势制造业向集群化、智能化和生态化方向发展。

特色农产品加工业。鼓励引进国内外农产品加工知名企业和战略投资者,采取参股、并购、直接投资等多种形式,培育聚集带动能力强的农产品加工龙头企业或企业集团,引导和支持中小企业向园区集聚,促进农产品精深

加工,不断提高农产品加工转化率。塑造独特的"绿色、生态、有机"农产品品牌,培育深加工与市场营销龙头企业,支持企业进行农产品商标注册、有机食品、绿色食品和无公害食品的产地认证和产品认证,形成一批龙头企业和名牌产品。

生物医药产业。发展以天麻、黄柏、杜仲、土茯苓、何首乌等区域优势药材资源为基础的生物医药产业。重点发展中药饮片、虎杖、苦参、土茯苓等湘西特色中药材提取物、中药滴丸、心脑健滴丸和脑心清滴丸、双氢青蒿素、复方青蒿素、皂素等生物医药产品。支持"土药""苗药"等特色民族药品生产。加快形成生物医药产业集群和现代中药产业链体系。

新材料新能源产业。依托国家锰、锌深加工高新技术,统筹规划,适度发展锰、钒、钾及石材等地方矿产资源精深加工业,延长产业链条,发展新材料产业。抓住国家发展绿色能源产业的机遇,立足资源优势、产业基础,加快水电、分布式太阳能、农村沼气工程等项目建设,尽快形成规模效应、品牌效应,把新材料、新能源产业打造成为吉首市重要的战略性新兴产业。

文化旅游商品制造业。大力支持具有浓郁民族风情和地方民俗文化特色手工艺品、特色旅游纪念品发展,重点支持具有非物质文化遗产认证的手工艺品制作业发展,推进民族手工艺传承与创新,对非物质文化遗产传承人兴办的传统手工艺品制作企业,给予优惠政策和优先支持。

大力发展现代服务业。以市场化、产业化和社会化为导向,促进生产服务业集聚化、生活服务业便利化、公共服务业均等化,壮大服务业规模,拓宽服务业领域,优化服务业结构,推动服务业与新型工业化、城镇化的融合与互动,全面提升服务业总量和质量。

加快发展特色文化旅游业。通过充分发挥文化旅游资源富聚的存量优势,促进旅游产业与文化产业多元融合,构建以"神秘湘西,谷韵之都,吉地吉祥,吉城吉首"为主品牌和以"神奇谷、神秘谷、神仙谷"三个子品牌为辅翼的文化旅游产业新格局,形成"一核两圈五廊七节点"的文化旅游空间结构体系(见图6-4),大力发展民族文化娱乐业,着力建设智慧旅游城市、智慧旅游景区与智慧旅游企业,把文化旅游产业培育成为支撑吉首未来发展的战略性支柱产业,建成文化旅游经济强市。

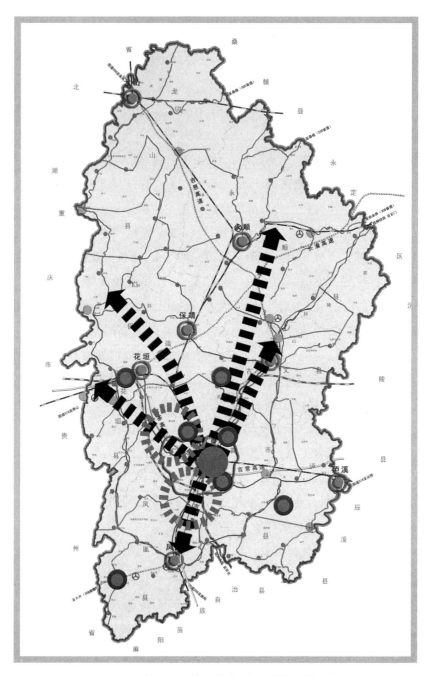

图6-4 "一核两圈五廊七节点"文化旅游空间示意图

突出发展边贸型物流业。充分发挥吉首的交通优势和集散能力,优化物流企业供应链管理服务,提高物流企业配送的信息化、智能化、精准化水平,推进云计算、物联网、北斗导航及地理信息等技术在物流智能化管理方面的应用,建设区域综合性物流中心。培育一批销售收入过千万元的批发零售企业、销售收入过亿元的大型市场和电商主体。

积极发展生产性服务业。以产业转型升级需求为导向,进一步加快生产性服务业发展,完善城乡金融服务体系,推进面向产业集群和中小企业的专业化公共服务平台建设,发展科技和信息等专业化服务。搭建各类农业生产服务平台,加强政策法律咨询、市场信息、病虫害防治、测土配方施肥、种养过程监控、环保检测监测等服务。加快互联网、大数据等信息技术的应用,促进生产制造与信息技术服务融合。

提质发展生活性服务业。围绕满足人民群众多层次、多样化需求,大力发展生活性服务业,丰富服务供给,完善服务标准,提高服务质量,不断满足广大人民群众日益增长的物质文化生活需要。重点发展健康、养老服务和信息消费服务等生活性服务业,使生活性、生产性服务业协同并进,为经济社会持续健康发展打造新引擎。

培育现代服务业新业态。大力支持以"互联网+"为基础技术支撑的金融服务业、软件和信息技术服务业、电子商务服务业和基于移动互联网的大数据开发服务等业态发展,促进节能环保服务业、人力资源服务业、融资租赁服务业和总部经济等新型业态加快成长。鼓励各类市场主体从事家政、社区照料、病患陪护等家庭服务业。

大力推进产城融合发展。进一步优化园区的投资硬环境,搭建企业发展平台,加快园区内基础设施和配套工程建设,推动产城互动融合发展,按照产城一体发展思路,统筹各产业集聚发展平台和城市建设,强化功能集合构建。推进产业园区内金融、邮政、卫生医疗、生活服务区等功能设施项目的建设,推进城镇与产业集聚园区发展规划和设施建设的无缝衔接和功能共享,提升产业集聚园区的综合承载能力。产业园区要引进一批劳动密集型企业,发挥好产业集聚人流物流信息流资金流的作用,带动产业新城的城市综合体开发,将园区建设成为城市的新组团。

2. 完善基础设施,增强城市承载能力

构建快速便捷的综合交通体系。抓住武陵山片区中心城市建设的政策机遇,加快交通干线通道的论证与建设,抓紧国省干线公路、重点旅游路干线、物流、客货运站、铁路等重点综合交通项目的研究争取工作,尽快实施吉首绕城高速公路、遵义至吉首铁路、吉首通用机场建设等重大项目,加强吉首至贵州玉屏高铁、G209－G319 矮寨坡路段改线等重大项目的论证和储备,提高综合运输能力;加快完善县际、乡际等边界通道、网络路、旅游路及重点产业路等农村路网与配套基础设施,提高运输应急保障能力与安全管理水平,努力破解市域经济发展的交通瓶颈,逐步实现全市城乡交通一体化发展,全面形成便捷、快速、经济、安全的运输网络。

构建保障有力的能源供应体系。全市能源供应近期以液化石油气为主,远期根据川气入湘的发展速度,以天然气取代液化石油气供应城市,供应方式以管道天然气为主、瓶装液化气和管道液化气为辅,加强燃气储配站、供应站建设,提升能源供给的覆盖面和效率;完善全市域电网改造,加大对电网的规划与投资建设,提升输变电效率;坚持开发与节约并重,加快生物质能源造林项目与新型能源建设,改善农村能源结构;积极做好开发新能源的准备,远景积极发展太阳能光伏发电等新能源,逐步淘汰火电,形成以太阳能、生物质能等为主的清洁、安全、高效能源供应体系;着力推进工业锅炉、窑炉、供用电设备的节能改造,认真抓好工业余热余压利用和空调系统节能、能量系统优化等重点节能工程。

构建功能完善的市政设施体系。按适度超前原则,加大市政基础设施和公共服务设施的规划与建设力度,完善市政设施的建设,优化功能配置。加快城市旧城区道路交通的提质改造,优化路网结构,不断改善城市交通环境;加大对城镇供水、污水处理和垃圾处理为重点的环境配套设施建设支持力度,按新增需求,合理布局和新建污水处理厂及污水提升泵站;推动市政设施建设跨区域协调,促进吉首市与周边城市的公共设施体系相互连通,互为补充,提升市政设施使用实效;创新体制,以市场为主体,采用股权、产权转让等激励方法,不断吸引外来资本投资市政设施建设,提高城市资产资源利用效率;做好城市环卫设施规划,按照"无害化、减量化、资源化"的要求,

实现城市垃圾集中收运,逐步取消垃圾桶、实行分类袋装化,采用汽车分片定时密闭收运。

推进"智慧城市""智慧旅游"建设。完善信息化基础设施。以信息化、智能化助推城镇发展,加快"智慧吉首"建设。推动公共通信网、有线电视网、公共数据网等不断向更高水平发展。全面实施对现有有线电视网络的光缆改造,建设以程控交换机、光缆为核心的多功能市话网,推进现有通信网向图像、数据信息网过渡;贯彻"统筹规划,鼓励竞争,联合建设,互联互通"方针,加快宽带化、智能化、个人化、现代化的电信、电视、计算机三网融合,形成覆盖全市、连接全国、通向世界的高速信息网络,培育发展现代城市物联网,将吉首市建成武陵山区域引领型智慧城市。

加强电子政务建设。以提高社会管理能力和公共服务水平为重点,进一步扩大全市电子政务的应用范围,升级改造现有政务网络,整合政务需求,构建布局合理、节能环保的政务数据中心体系。积极整合电子政务网络和部门办公应用系统,构建覆盖全市各级政务部门的统一电子政务和办公服务平台,形成服务公众的高效化、集约化政务数据中心。推动政府核心业务跨部门协同,全面推行网上办公、无纸化会议和行政许可在线办理。全面普及基层信息数据采集体系,建设全市统一的社区信息采集服务平台,提供基础信息数据服务,完善市区(县)及跨部门政务信息资源共享交换机制。

提升信息化应用水平。加强人口、法人、自然资源、空间地理等公共基础数据库建设,统筹推进城市规划、国土利用、环境卫生、城市管网、园林绿化、生态保护等市政基础设施管理等重点领域的数字化和精准化应用,促进部门公共服务资源共享与业务协同。加快旅游资源、游客服务、景观地理、旅游设施、文化产业等文化旅游数据库的建设与功能完善,推动文化旅游数据库在武陵山地区应用共享。积极推动数字城市、数字旅游、智能电网、智能管网、智能交通、智能水务、智能建筑、智能环境监测等基础设施试点建设,促进重要资源利用和重点领域管理的智能化转型,实现信息技术与吉首文化旅游、城市发展、公共服务深度融合。积极实施以数字图书馆、档案馆、博物馆和文化馆等为重点的文化信息资源共享工程。

3. 推进城乡统筹, 释放城市发展潜力

统筹城乡基础设施建设。科学甄别环吉首经济圈的城镇职能, 依据城镇主体特色, 按综合型、旅游型、商贸型、工贸型、边贸型五类城镇发展能要求, 高标准编制城乡路网、公共交通、供水排水、电力通信、治污排污等基础设施专项规划, 统筹指引市域城乡一体化发展。加强分类指导, 优化空间布局, 促进相向对接与功能互补, 构建覆盖城乡、综合配套、高效有序的基础设施运行体系。加快建设全域覆盖、方便快捷的城乡公共交通系统, 服务完善的商贸物流系统, 功能健全的社会公共服务设施系统, 高效安全的现代信息网络系统, 精准防控的生态环保监测系统, 促进城乡一体化发展。

推进城乡产业融合互动。加快文化与旅游的深度融合, 积极将本土文化资源优势转化为旅游文化产业优势, 深入实施"八景公园、九业农庄、十品村寨"等现代农业示范工程, 以湖南省历史文化名村和中国传统村落为节点, 带动美丽村寨建设, 催生乡村休闲旅游热点; 以城市品牌元素为引领, 以非物质文化遗产为重点, 强化城乡产业关联, 大力开发民族民间文化旅游产品, 做精做强"吉首吉"系列旅游商品; 以地方特色农产品为核心, 积极扩大米醋、茶叶、酒类等地域性特产品的产业规模; 以茶叶、蔬菜、水果、中药材、花卉等产业为主体, 提高农业产业化企业科技水平与市场竞争力, 推进现代农业立体化、规模化、精品化发展, 建设高标准的现代农业观光园、山地农庄和农家旅游客栈, 促进现代农业与文化旅游产业融合发展。

推进山地美丽乡村建设。统筹编制市域城镇体系与村庄建设规划, 根据自然环境条件, 全面优化城镇发展、产业基地、基础设施、基本农田、生态保育等空间功能, 科学布局乡村居民集中居住的中心村及其行政中心, 形成"重点突出、梯次合理、特色鲜明、相互衔接"的空间组织结构和以中心城市、中心镇、一般乡镇、中心村、一般村、特色村为支撑的合理布局。调整撤并部分聚集度不高、不适宜居住的自然村组, 明确中心村和一般村的数量、功能与定位, 促进人口、产业、基础设施的适度规模化聚集。进一步完善矮寨、寨阳等旅游小镇的基础设施, 重点保护、修缮、开发中黄村、齐心村、小溪村、德夯村、司马村、吉斗寨等特色村寨, 推进"人无我有、人有我优、人优我特"的"一村一品""一村一景"特色乡村建设, 发展以"自然观光、度假休

闲、民俗体验"为主导的村寨生态游、农家休憩游与别致风情游,提升乡村旅游产品的市场影响力与吸聚力。

4. 示范生态文明,激发城市成长活力

合理开发利用资源。节约集约开发土地资源。不断完善和创新节约集约用地模式,在新城建设、旧城改造、园区发展、景区开发、村庄建设等各个领域,进一步完善合理规划、立体开发、土地综合整治等节地措施,创造新的节地经验。加强节约集约用地制度建设,从规划计划、考核评价、项目审核、监督检查等方面建立健全政策体系,全面形成促进集约用地的长效机制。

节约利用能源。突出抓好工业、建筑、交通、公共机构等领域节能。推进用能单位能源审计和节能规划编制,严格执行固定资产投资项目节能评估和审查,加强重点单位节能监管和在线监控,加快企业节能降耗技术改造,加快推进合同能源管理。积极推行绿色建筑、绿色市政,大力推进太阳能建筑一体化工程,推动住宅产业化和既有建筑节能改造。推进太阳能、生物质能、地热能、沼气等新能源的开发利用。

节约水资源。积极实施节约用水规划,制定完善水资源保护制度体系。大力推进城市中水回用、企事业单位和家庭节水改造、农业节水灌溉等示范项目建设,实施阶梯水价和超定额累进加价制度。

节约利用矿产资源。厘清矿产资源开发的权属关系,鼓励和支持民间资本投入矿产资源开发,以规模化开发促进资源节约集约利用。依靠科技进步,扎实做好先进适用技术研发推广,加快提高矿山企业装备水平与产品精深加工能力。强化企业在合理开发利用矿产资源中的主体责任。

切实改善生态环境。加快峒河、万溶江环境治理。与文化生态旅游发展相呼应,实施峒河、万溶江河道疏浚、防洪设施和河岸绿化工程。加强峒河、万溶江治污保洁工作,严禁往河中乱倒垃圾,杜绝污水直排,把峒河、万溶江沿岸建成优美生态景观带。

推进城乡环境同建同治。以创造生态化人居环境为目标,切实加强生态保护和建设。优化市区和中心集镇公园绿地布局,增加绿地总量,构建全方位、立体化的城镇绿化体系。制定实施农村环保行动计划,突出农村垃圾治理、污水处理和畜禽污染治理,全面改善农村环境面貌。加强城乡环保基础设施建设,完成监测站计量资质认证和标准化建设,实现环境监察、监测预警体系的数字化改造。

严格实行治污控污。实施城乡大气污染、水污染、土壤污染、工矿污染治理工程。推动工业向园区集中,工业企业全面达到国家规定的排放标准,实现主要污染物排放总量减少和达标排放;严控水体污染,加强对城区河段区水污染的整治,合理配套污水收集管网,加强工业废水、城镇污水无害化处理,减少化学需氧量和氨氮排放总量,逐步实行污水处理产业化;控制工业、生活废水污染、加强工业废水污染治理,全面推行排污许可证制度,实行排污总量控制;加大污水管网建设,确保污水处理厂正常运转;加强环卫工作,及时清运生活垃圾,垃圾堆放作防渗和无害化处理。

大力发展循环经济。全面推进园区循环化改造。按照"布局优化、产业成链、企业集群、物质循环、创新管理、集约发展"的要求,统筹规划园区空间布局,调整产业结构,优化资源配置,推进园区土地集约利用,大力推行清洁生产,支持企业间废物交换利用、能量梯级利用、废水循环利用,共享资源,共同使用基础设施,形成低消耗、低排放、高效率、能循环的现代产业体系,把园区改造成为"经济快速发展、资源高效利用、环境优美清洁、生态良性循环"的循环经济示范园区。围绕主导产业和优势产业,培育循环经济产业链条,完善上下游产品配套,着力构建循环经济产业链。建设再生资源回收利用体系。

5. 运营城市品牌,彰显城市个性魅力

围绕品牌主题提升城市品质。紧扣"谷韵吉首,带您走进神秘湘西"主品牌,按照武陵山区域中心城市的总体定位,协同推进"州府新城、产业新区"扩容和吉首—凤凰—花垣城镇带建设。加快矮寨旅游新城、乾北生态新城和武陵山民族文化产业园"两城一园"规划建设,进一步完善城乡教育、卫生等公共服务设施配套,统筹老城区、乾州新区扩容提质,全面提升人口、经济与环境的发展承载力。有序推进市区主要集贸市场的迁址、扩建,全面实行摊贩"退街进巷,退摊进店,引市入场",逐步解决主次街道两旁市场人流车流交错、卫生脏乱差等问题,加强城市综合执法,对违章门面、违规建筑、自发市场坚决依法取缔。推行杆线入地以及地下资源共享、弱电共沟的一体化管理,全面消弭"马路拉链"问题。

放大城市品牌核心要素功能。巧借"吉首"文化内涵以及本土优宜生态与神秘民族文化的影响,持续推进"城市品牌战略",让城市品牌更好地传扬名优特、吸聚广资源、催生新活力。以自然生态、文化特色优势培育城市品牌的核心竞争力,通过市树、市花、市鸟、市徽、城市吉祥物、城市文化标志、城市精神等文化产品的不断衍生,进一步扩大吉首城市主品牌"谷韵吉首,带您走进神秘湘西"及"神奇谷、神秘谷、神仙谷"三个子品牌的国内国际影响力;围绕城市品牌目标,全力推进城市发展转型与产业结构升级,加快城市建管、产业培育、农村建设的个性化、高端化、品质化发展进程。重点建设城市景观品牌体系、山水生态品牌体系、民俗文化品牌体系、体育竞技品牌体系、企业产品品牌体系及餐饮文化品牌体系,通过市场化运营,不断提升吉首城市品牌的影响力和辐射力,在更大空间和更新高度上塑树并推广吉首城市品牌。深入塑造城市发展之魂,进一步引导市民群众坚守并践行"信若山、怀若谷、气若桂、品若兰"的"吉首精神",全面提升城市知名度与美誉度,助推吉首更好更快发展。

全面提升城市人文生境魅力。充分发挥积淀丰厚的历史人文资源优势,进一步凸显灵秀山城、人文吉首的个性品质。通过多方位、多角度、多形态的要素整合,对吉首的区位、生态、产业、文化、风貌、民俗等特质禀赋实行全景化、立体式地创展运营,改变大众对老乾州、旧吉首的落后印象,全面提升吉首的城市综合竞争力;进一步保护、利用、开发和弘扬湘西优秀民族特色文化以及吉首传统的"东歌、西鼓、南戏、北狮、中春"等特色民间演艺文化,提取土家族、苗族等独特文化元素,融合形成城市风貌主基调;进一步优化城市产业结构,将城市的人文魅力融入产业中,凸显城市人文本底特色,增强城市亲和力。以城市品牌创建凝聚发展共识,以品牌引领城市发展,全方位提升州府吉首的政治、经济、社会、文化、环境的软实力。

五、吉首建设武陵山区域中心城市的保障策略

1. 强化规划引领

把以人为本、保育自然、传承文化、精明增长、绿色低碳等理念融入城市

规划全过程,科学编制市域城镇前瞻性发展规划。科学确定城市功能定位和结构形态,明确不同功能区的规划控制要求,以品牌定位指导规划,按山城特点、民族特色、时代特征要求,统领各类专业规划的编制,开创吉首大城时代,力争在 2030 年实现城市面积 60 平方公里、人口 50 万人的城市发展目标。高远谋划、务实推进环州府经济圈建设,加快编制并启动实施《吉首城市经济圈发展规划》,率先推动吉首、凤凰、花垣三地融城步伐。合理划定城市"三区四线",进一步明确限定城市规模、发展边界、开发强度和保护性空间与各级规划的强制性内容,确保下位规划的严格落实。科学编制城市景观规划,优化城市重要景观节点、主要街道、重要地区的特色风貌设计,注重形塑并彰显黔州古城等一批建筑群与标志性建筑单体的独特魅力。

2. 深化改革创新

按照省、州两级的统一部署,认真落实全面深化改革的任务。抓好政府机构、事业单位和行业系统改革,优化政府机构设置、职能配置、工作流程,公开权力清单与责任清单,严格问责追责,切实转变政府职能,提高工作绩效。坚持依法行政,完善行政执法程序,规范执法自由裁量权,加强行政执法监督,健全完善政府法律顾问制度,提升法治型政府建设水平。深化财税体制改革,巩固"营改增"成果。实施全面规范、公开透明的预算制度,深入推进预决算和"三公"经费公开。积极探索多元融资体系建设,开放城建城管投融资市场,推行政府购买公共服务,充分激发并释放市场主体的创造力。推进产权管理体制改革,落实不动产统一登记制度。实施农村综合改革,健全农村土地流转市场,完善市、乡、村三级农村土地流转服务管理体系。继续实施"红色股份"制度,积极培育专业大户、农民合作社、家庭农场、山地农庄等新型农业经营主体。加强和创新社会治理,加快形成党委领导、政府负责、社会协同、公众参与、法治保障的社会管理体制。

3. 注重项目支撑

坚持把项目建设作为经济社会发展的主动力。围绕州委提出的优势产业、基础设施、新型城镇、生态文明、民生事业"五大建设"发展战略,精准对接上级投资政策,以规划为引领,加大前期投入,深化前期论证,加强项目策划、开发、储备和建设力度,建立健全项目不断生成、滚动更新、有序跟进、综

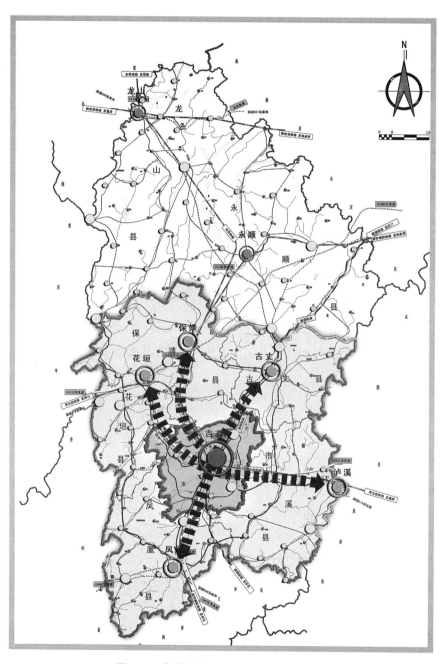

图6-5　吉首城市经济圈空间结构示意图

合甄选的长效机制。依法加大征地拆迁力度,加强施工环境整治,扩大投资规模,提升投资效益,充分发挥重大项目建设对经济社会发展的支撑拉动作用。落实重点项目目标管理制度,突出项目招投标、工程质量和资金安全监管,严格项目建设终身责任追究制,全面建设安全、优质、廉洁工程。

4. 推进跨域协作

继续深化开放,全方位扩大合作,增强发展后劲。一是借力共建共管。积极争取州委、州政府加大支持城市公共基础设施建设,加快推进州市共建重点项目和社区和谐文明共建,扎实推进社区生态绿化工程。二是扩大招商引资。一方面,重点抓好重大招商引资项目的跟踪落实,加强与世界五百强、全国五百强、民营五百强企业产业对接;另一方面,通过优化财政投资、引进股份制商业银行到进首设立分支机构、成立小额贷款有限公司等方式,千方百计拓宽产业发展融资渠道。三是拓展区域合作。加强与凤凰、张家界旅游协作,构建武陵山旅游核心走廊;启动与重庆、长沙、贵阳、南宁、西安旅游合作;加强与武陵山区域内州市区协作,推进跨区域重大项目、文化、旅游、产业一体化发展。加强与发达地区协作,主动承接珠三角、长株潭、成渝等发达地区产业转移。

县 域 篇

桃源县推进融入区域中心城市发展的理性选择

在国内经济社会发展步入新常态、区域城镇集群化纵深演进的宏观背景条件下,推进桃源县城与常德市城区、桃花源景区两城三地的相向对接与组团融合,是桃源县统筹城乡发展、推进新型城镇化的必然选择,是发挥县域比较优势、参与市、区两地协作分工的迫切需要,是加速转型升级、壮大县域经济的客观要求,是改善民生福祉、建设"四个桃源"①的根本途径。全力推进"融入常德城、对接桃花源"战略,对整合资源要素,实现错位发展、抱团壮大和互利共赢,打造桃源经济升级版,具有重大而深远的意义。

一、桃源县融城发展的态势分析

1. 桃源县融城发展的基础状况

县域城镇发展日趋加快,市县规模体量势差大。改革开放以来,随着经济的较快发展,桃源县的城镇化进程稳步前行,特别是"十二五"期间,城市化进入了快速发展阶段。2014年,全县城镇化率达33.48%(见图7-1),2010年到2014年,共提高5.95个百分点,城镇人口达32万人。同时,大力推进城市扩容提质,到2014年,县城建成区面积达19.1平方公里,人口为12.5万人。

在城镇化进程不断加快的同时,桃源县与常德市辖区的城镇化发展差距仍然较大。从表7-1可以看出,桃源县建成区面积占县城面积的比重比市辖区要高,但其城镇化率却比市辖区低了36.88个百分点,比鼎城区(44.51)也低了13.01个百分点,在常德市处于最低水平。

---

① 即美丽桃源、实力桃源、宜居桃源、幸福桃源。

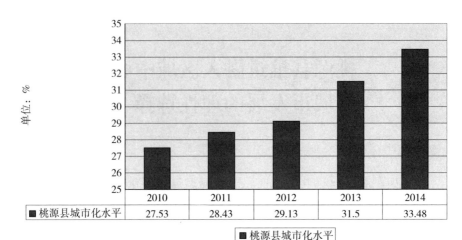

图 7-1 2010—2014 年桃源县城市化水平

资料来源:《湖南统计年鉴 2010—2014》。

表 7-1 桃源县与常德市区建设情况及城镇化率比较

	城区(县城)人口(万人)	城区(县城)面积(平方公里)	建成区面积(平方公里)	建成区面积占城区(县城)面积比重(%)	城镇化率(%)
常德市	151.96	848.26	195.58	23.06	44.38
市辖区	62.83	339.16	81.8	24.12	66.01
桃源县	12.04	56	17.1	30.54	31.5

资料来源:《湖南统计年鉴 2014》和《常德统计年鉴 2013》。

县城承载容量逐步扩大,集聚辐射组织功能弱。近年来,桃源县城基础设施建设投入力度不断加大,人居环境显著改善,综合承载能力逐步增强。先后完成了武陵路以北道路综合改造、路灯亮化升级改造、中区二期路网、生活垃圾无害化处理厂等项目建设,实施了南区路网、外滩公园、文化体育中心、五星级酒店、七里桥安置小区以及桃源大道示范带整体提质等重点建设工程。成功创建了省级文明县城,漳江镇已成为全市唯一的国家智慧城市试点镇。但县城发展基础薄、规模小,中心地位尚未充分显现,集聚带动作用仍然较弱。2014 年,县城所在的漳江镇人口超过 10 万人,占全县总人口的比重仅为 12.2%。

城镇结构体系不断优化,相向融城步伐进展慢。2014 年,全县 5 万—10 万人的小城镇有 2 个、3 万—5 万人的小城镇有 5 个,基本形成了以漳江镇为核心,以陬市镇、漆河镇、茶庵铺镇、热市镇等重点镇为骨干,一般乡镇为网络节点的 3 级城镇结构体系。在城镇结构体系不断优化的同时,与常德市城区、桃花源旅游景区的相向对接,却未被因势利导、重点推进,三地融城行动明显滞后。受行政区划影响,各种生产要素流通渠道不畅,特别是产业分工协作不密切,重复建设、各自为政现象突出,融城发展既缺乏高远的顶层设计和实施规划,更缺少健全的工作机制与强有力的推进措施。

社会开放水平明显提升,区域经济关联度偏小。近年来,随着对外开放的不断深入,桃源县紧紧抓住国际、国内产业转移加快的有利时机,发挥资源比较优势,着力发展开放型经济,以园区为载体,强化集聚效应,积极承接产业转移,招商外资取得了重大成就,促进了经济与社会开放的不断进步。全县对外贸易进出口总额由 2010 年的 5171 万美元增加到 2014 年的 5502 万美元,增长 6.4%。全县实际到位外资由 2010 年的 2319.58 万美元增加到 2014 年的 6117 万美元,增长 163.71%。在社会开放水平积极提升的同时,县域经济资源开发与要素潜能释放仍然囿闭于传统路径,与常德市区产业发展特别是与市级支柱产业配套协作的区域关联性弱、融合度低。

2. 桃源县融城发展的必要性

有利于市县新型城镇化的良性互动。通过融城发展,推动县城以及沿线建制镇与市城区的紧密联系,促进人、财、物、信息等经济要素的合理流动与优化配置,科学协调城乡统筹发展,加速县城与常德市主城区发展空间的对接,有利于承接市中心城区外向辐射能量,构建新型城镇化发展的新平台,实现大中小城镇相互促进、城乡共同繁荣。

有利于加速壮大县城核心组织功能。目前,桃源县城人口及其经济资源集聚度与全县存量要素总规模不甚相称,核心功能不突出,带动力不强。推进融城,将有效突破县域行政区划限制,加速两城三地特别是桃源县城与市城区的相向对接,将县城建设成为常德城市圈次中心城市,全面增强对县域乃至湘西地区的经济辐射作用与核心吸纳能力,形成增长极。

有利于优先分享市区经济溢出效应。桃源县作为人口、资源大县,具有邻近常德市城区与桃花源旅游景区的居中区位优势,推进三地组团融合、梯级递次发展,将带动桃源县城优先分享市区经济的溢出效应,有效激活并深度释放县域经济潜能,加速基础设施、配套产业、服务平台等转型提质步伐,促进关联区域在更高层次上跨越发展。

有利于构建常德桃花源文化旅游圈。桃花源景区是湖南省大湘西文化旅游圈的重要组成部分,也是常德市主要景区和驰名旅游品牌。桃源旅游资源丰厚,推进融城发展,有利于共借《桃花源记》意境大手笔创建国家 5A 级旅游景区,推进两城、三地景区景点旅游资源联袂开发、旅游功能差异组配与旅游市场深广融合,将进一步扩展桃花源旅游文化的丰厚内涵,协力塑造"大桃花源"旅游品牌,形成互融共通的一体化旅游发展新格局。

3. 桃源县融城发展的可行性

国家新型城镇化发展良机。《国家新型城镇化规划(2014—2020 年)》提出"四化同步,统筹城乡"的总体思路,要求推动信息化和工业化深度融合、工业化和城镇化良性互动、城镇化和农业现代化相互协调,促进城镇发展与产业支撑、就业转移和人口集聚相统一,促进城乡要素平等交换和公共资源均衡配置,形成以工促农、以城带乡、工农互惠、城乡一体的新型工农、城乡关系。特别是常德市成为《长江中游城市群发展规划》国家战略的 3 省 31 市范围,不仅对桃源县的城镇发展提出了新的更高要求,也为桃源县提供了主动参与市、县、区融城统筹的战略机遇。

市县近空间对接条件优越。常德市位于湖南省西北部,沅澧两水交汇其间,是国家重要交通枢纽之一,有 6 条高速公路和 2 条铁路(其中 1 条在建)在此交汇,区位优势比较明显;桃源县有 6 个乡镇与常德市鼎城区接壤,县城距常德市区只 35 公里,距桃花源机场仅 15 公里,同时拥有沅水"黄金水道",可常年通航 500 吨级各类船只,顺水而下可直抵长江沿岸各城市港口。桃源县位居常德市上游,是市区向西拓展的近邻空间与直接辐射地域,两城对接,在区位上具备显著的地利优势。

区间大交通组织基础良好。桃源县位于湖南省常德市西南部、沅水流域下游,是环长株潭城市圈连接成渝经济区的梯级节点和洞庭湖生态经济区的重要组成部分,也是湘西大开发的"桥头堡"和湖南"长益常张经济走廊"的中点,319 国道、S226、S306 省道与常张、常吉高速公路、石长铁路以及在建的黔张常铁路纵横穿越县境,加之机场邻近、水运条件优良,初步形成了内外联络的立体交通主骨架,构筑了市、县融城的运能组织基础。

经济资源关联互补性较强。桃源县拥有丰富的土地资源,矿产资源品种多样,所产大理石、辉绿石、玛瑙石驰名中外。县内盛产水稻、棉花、茶叶、竹木、油茶、烟叶、苎麻等农产品,是全国农业现代化试点县、全国无公害农产品生产示范县、首批全国绿化模范县、全国生态示范区及国家商品粮、优质油料、优质棉、瘦肉型牲猪、蛋品出口重点县和出口绿茶优势区域县。特别是桃花源景区坐落于桃源县境内,三地两城相连相融,既是释放常德市区辐射能量的重要战略取向,更是激发桃源县发展活力的积极举措。

县域综合支撑力日益成长。近年来,桃源县经济社会建设与各项事业发展正处于加快成长期。2014 年,地区生产总值达到 250.8 亿元,比上一年增长 11.4%。其中规模工业企业总数达 77 家,规模工业产值突破 200 亿元大关,工业增加值占地区生产总值的比重为 24.2%;高新技术产品增加值达到 20.7 亿元,占规模工业增加值的 37.5%;三次产业结构调整为27.2∶36.8∶36;城镇居民人均可支配收入达到 21600 元,农村居民人均可支配收入达 10213 元;实现财政总收入 14.16 亿元,比上一年增长 11.7%。工业集中区建设已基本完成漳江园区二期工程,创元园区晋升省级新型工业化产业示范基地。县域综合实力不断增强,为实施融城战略奠定了坚实的基础。

二、桃源县融城发展的战略构想

1. 基本思路

坚持以"四个桃源"建设为主题,大力实施"融入常德城,对接桃花源"战略,注重优化空间布局,加快基础设施建设,合理配置要素功能,引导产业集群聚集,加快农业转移人口市民化,统筹推进两城三地"空间融城、交通融城、产业融城、旅游融城"发展,有序扩大县城规模,不断提升综合竞争能力,努力把县城打造成"常德市区的西部新城,桃花源景区的休憩新区",带动县域经济社会又好又快发展。为此,应坚持以下基本原则。

绿色发展。坚持把绿色经济作为加快产业转型升级的重要抓手,以资源承载能力、生态环境容量为依据,积极推进三地产城融合,大力发展绿色低碳循环经济,科学优化空间布局,明确主体功能分区,加快培育并形成资源节约和环境友好的空间格局、产业结构与生产生活方式。

统筹发展。坚持规划共绘、设施共建、产业共兴、环境共保、利益共享,促进城乡互动、优势互补,深广拓展互融空间,整体提升桃源县新型城镇化、新型工业化、社会信息化以及产业现代化、开放化水平,加速缔造常德城市圈的次中心城市。

精明发展。坚持以人为本,特色发展,科学编制融城规划,积极优化县域主体空间功能布局,依托山水田园与历史文化底蕴等丰厚的特色资源,进行精心规划和精心设计,注重土地等不可再生资源的节约集约开发利用,强化要素高效组配和无缝对接,构建市域高成长的经济活力带、生境优宜区和旅游魅力城。

共生发展。按照城乡融合进程规律和市场经济发展规律,突破行政区划边界限制,促进空间资源、人力资源、资本资源、物产资源、旅游资源与文化资源的多元融合,优化基础设施与公共服务品的合理配置,激活市场主体与社会大众的共建热情,实现呼应共振、联袂成长。

2. 战略定位

总体定位:桃花源里的城市。抢抓国家新型城镇化战略机遇,推进两城三地"四个融城"发展,将全球华人深刻记忆、世代认同并普遍追求的"桃花源"品牌作为融城文化之魂,全方位激发并放大"桃花源"优宜生活情境的独特亲和力与强大感召力。依托有山有水、远山近水、山水交融的水乡城镇特色,遵循"跨江发展、沿线发展"的原则,引导城乡空间功能布局优化与资源集聚,构建以新型工业、新兴服务业为主导的现代产业体系,形成"一江两岸、一城四片"的空间格局,把桃源建设成为宜居、宜业、宜游的"桃花源里的城市"。

形象定位:人间仙境、世外桃源。城镇形象,是一座城镇历史人文底蕴及其品质风貌的经典阐释与生动体现,是驱导城镇发展、凝聚居民精神的力量源泉,彰显着城镇生境的独特个性与无穷魅力。桃花源是世界华人追梦的历史传奇和国内妇幼皆知、传颂至今的经典理想,既属于中国、属于世界,更属于作为桃花源原型地的桃源县。陶渊明笔下的桃花源原版理想,其核心内质是崇尚隐逸优裕的田园生活。桃源县通过与常德城区、桃源县城、桃花源旅游景区两城三地的线性组团式融合,充分放大桃源文化内核及其品牌效应,彰显富有浓厚优逸生境品质的经典风范与魅力形象。

功能定位:常德城市圈次中心城市。充分发挥桃源县作为常德市近邻重要版图、人口与资源大县的潜能规模优势,通过加快点、线、面的组团融城,进一步优化县域空间职能,不断完善跨域基础设施,密切两城三地的产业对接与深度协作,强化功能体系异质错位的关联配置与互补共生,壮大县域经济势能,全面提升县城的核心角色地位与综合竞争力,培育并缔造常德城市圈中心城市,形成资源要素高度聚合的武陵山片区强势增长极。

3. 发展目标

到 2020 年,桃源县城常住人口、建成区面积分别达 30 万人、30 平方公里,远景达到 50 万人、50 平方公里。县城与常德城区、桃花源景区在发展规划、产业体系、交通网络、旅游市场、生态保护以及社会治理等方面实现基本融合,县城辐射带动作用进一步增强,"大桃花源旅游经济走廊"初步形成,桃源县成为常德城市圈副中心城市、武陵山片区重要引领城市和洞庭湖生态经济区增长极。

三、桃源县融城发展的主要任务

1. 推进空间融城,强化城镇功能支撑

按照常德市沅水片次中心城市的发展战略定位,优化城镇功能布局,引导县城跨江发展,促进沿线乡镇、园区、景区相向对接,实现县城与常德城区、桃花源景区的轴线式组团融合。

一是加速县城扩容,增强融城功能。遵循"跨江发展、沿线发展、滨江亲水"的理念,根据"山、水、洲、城"的本底风貌元素与空间结构特征,加快

编制县城融城发展的控制性详规、修建性详规及其专项功能设施分布规划，着力构建"一江两岸、一城四片"的城镇空间格局，营造生态宜居的山水城市。充分发挥县城在县域经济发展中的先导、领跑作用，不断拓展县城的人口规模，增强产业活力，提升县域经济发展的带动力、影响力与辐射力。进一步优化县城发展空间布局与主体框架，科学配置公共基础设施，夯实融城发展的承载基础，扩大资源吸纳的负荷容量。东区依托临近空港、水运、高速公路的交通优势，积极对接桃花源旅游景区，集中发展现代新型服务业与商住旅游度假区；南区利用生态空间优宜特点，主要建设行政、文化、居住新区；西区以黔张常铁路及火车站连接线建设为契机，构建多功能现代物流中心；北区作为县域新型工业化集中空间，依托漳江创业园，努力建成"工业新城、城市新区"；中区以旧城提质升级为主要任务，建设商贸、游乐、憩居、文化中心。力争到 2020 年，县城常住人口、建成区面积分别达 30 万人、30 平方公里，将县城建设成为"产经宜业、山水宜游、生态宜居"的强势核心增长极。

二是优化镇域布局，构建融城网络。树立"全域桃源"理念，坚持县乡互动、以城带乡、城乡一体，完善以县城为核心，以"五带四极多点"为轴线的城镇结构体系。按照东部常张高速、南部常吉高速、西部张新高速、北部热黄线、中部黔张常铁路的交通组织职能，通过县域"五带"引导城乡空间集聚和功能布局优化的"环形带状"发展。将陬市镇、漆河镇以及桃花源管理区的桃花源镇联袂构建为县域三大经济增长副中心，培育县域"1+3 城镇发展群"。加快发展茶庵铺、三阳港、热市、盘塘等一批重点建制镇，加快枫树、青林民族特色乡镇建设。推动城镇基础设施向农村延伸、公共服务向农村覆盖，在保留村镇原始风貌的基础上，探索各具特色的城镇化发展模式，着力建设一批产业、商贸、旅游等特色名镇和代表湖乡风韵的生态乡村。

三是发挥节点功能，构建融城廊道。发挥桃常融城节点城镇功能，建设桃源大道城镇与产业园区密集带，力争常桃沿线集聚全县 50% 以上的人口、60% 以上的经济总量。对接柳叶大道、常德大道，推进陬市大道、桃花源大道建设。配合黔张常铁路建设，进一步缩短市县融城空间距离，及早实现交通融城。抢抓常德市城区西扩机遇，加快陬市建制镇提质、天然气"引常入桃"和常德市城区供水"引黄入常"等重大配套项目建设和常桃公共服务一体化进程,推进服务功能融城。对接常德市"1115"工程,壮大桃源工业集中区,打造创元—陬市—漳江创业园工业走廊,推进产业融城。全面整合县内旅游资源,加强与张家界、凤凰、柳叶湖、桃花源的运营合作,融入大湘西生态文化旅游经济圈,推进旅游融城。

2. 推进交通融城,完善现代交通网络

以"交通融入"为重点,统筹规划县域交通体系,着力提升交通运能,积极主动促进两城三地区域交通、城乡交通、综合交通网络一体化。以加快桃常交通融城为先导,全面推进邻近常德市区东部各乡镇的交通基础设施建设,优先集中实施一批连、改、扩的骨干架构体系工程,形成规划科学、结构合理、优势互补、衔接紧密、信息共享、便捷通畅、安全高效的现代化综合交通网络。

一是建设常德—桃源—桃花源快速干线。兴建沿柳叶大道西端至陬市,从陬市沿枫树、青林至桃源火车站连接线,再沿剪市至桃花源景区的旅游大通道;从常德诗墙经陬市、桃源至广福殿新村的滨江文化休闲大道;以沿线园区、城镇、集市为依托,对聚集新型工业、特色农业、现代商贸物流业的常桃发展大道全面进行提质拓展改造,形成两城三地融城的主骨架和主轴带。

二是加强交通主通道建设。利用黔张常铁路桃源过境段修建契机,进一步优化境内干线公路结构,加快改造升级国省道主干线,完善由北向南、由西向东的公路交通体系,重点改造桃源与慈利、石门、临澧、张家界等市县的域外联系通道,确保交通大动脉便捷畅通、安全高效。同时,充分挖掘沅水航道运输潜力,扩大运能,加快建设桃源航电枢纽工程。

三是改善城镇交通条件。加快县城交通设施配套建设,形成对接常德市区、联络全县各乡镇、通达成渝和湘西北等地的交通枢纽。依托黔张常铁路的辐射带动,在226省道西面规划兴修平行干道,将原226省道作为县城内部干道,为向西拓展提供空间。加强沅江东西两岸岸际线与亲水道联系,构建县城东西向的休闲游赏通道。

3. 推进产业融城,构筑产业发展平台

以"两区"(桃花源景区和产业园区)产业发展平台建设为重点,做强旅游业,做优服务业,做特新型工业,做精现代农业,以产业发展支撑并驱导融城进程。

一是加强"两区"规划,绘好产业融城发展蓝图。进一步深化对现有产业基础、发展前景与融城战略的研究论证,科学审慎决策融城对接方向、方式与重点,坚持大视野、高起点、高标准谋划产业园区发展。充分利用"十三五"规划编制机遇,调整优化"两区"规划。按照融城发展、功能互补、全域管控的要求,科学编制或修编发展规划与控制性详规,逐步形成统一衔接、功能互补的规划体系。

二是加强与常德经济开发区等园区的互动配套,注重异质错位发展。充分发挥资源、区位比较优势,合理确定园区主导产业,进一步调适园区产业分工,突出特色、差异竞争、错位成长,壮大优势产业,形成特色经济,强化区域分工协作、园区优势互补、上下游产业互动。漳江创业园以农副产品加工和电子信息为主,大力发展劳动密集型传统产业与技术密集型现代产业;陬市工业园以机械制造和商贸物流为主;创元工业园以有色金属冶炼和加工为主,发挥各自优势,积极发展下游产业,延伸产业链条。

三是加强园区基础设施建设,推进产城融合发展。顺应新型工业化、信息化、城镇化、农业现代化"四化同步"的新要求,进一步完善园区功能,促进园区从单一建区向综合融城转变,强化园区用地节约集约,大力改善交通、生活配套设施,推动园区功能转型升级,实现由"产业集聚"向"产城融合"跨越。合理规划生活服务区块布局,加快建设事关民生的学校、幼儿园、医院、公园、文化广场、核心商务园区等公共服务体系及城市综合体建设,着力提升城市功能和产业功能的融合度,推动园区由"形态开发"转向"功能完善"。

四是深化体制机制创新,打造管理升级新模式。围绕"精简、高效、服务、规范"的园区管理目标,深化体制机制创新,提升综合服务能力,打造园区管理模式升级版。建立健全园区"一权两制一司"的运行管理体制,推行"小政府、大社会、大服务"的管理模式。"一权",即集中审批权限——按照"政府委托、园区办理、部门备案"原则,依法用好上级下放的行政审批权。"两制",即探索建立财政体制和完善管理体制——工业集中区管委会财政比照一级财政管理体制独立运作,探索建立"独立运作、定期返还"的园区财政管理体制。同时,建立事权集中、高度统一的园区管理体制,由工业集中区管委会对园区进行统一领导、统一规划和统一管理,并根据授权行使相关职能,实现园区"封闭式管理,开放式运行"。"一司",即实行公司化运作——按照现代园区管理理念,加快园区开发公司改组步伐,大力推进园区经营事务市场化、服务性事务社会化。科学经营园区"无形资产"与"有形资产",积极探索多元化投融资机制,确保滚动开发、长远发展。

4. 推进旅游融城,彰显城镇特色魅力

以推进旅游融城为抓手,彰显桃源城镇特色魅力,将"旅游融城"理念贯穿于融城进程,突出桃源"山、水、文"特色,建设"城在林中,城在绿中,城在景中"的绿色城市、智慧城市、文化城市和宜居城市,彰显融城特色,建成常德的后花园、桃花源的休憩城。

一是建设"绿色桃源",推进生态旅游。坚定生态文明建设的战略方向,注重在保护中开发、在开发中保护,积极发挥"山"的优势,全面做活"水"的文章,坚定不移地走生产发展、生活富裕、生态良好之路,努力打造现代都市"世外桃源"。重点抓好"一江一湖"(沅江和黄石湖)的保护和治理,努力构建山清水秀、绿树成荫、生态良好的宜居城镇。积极开展国家级、省级生态县创建行动和园林县城、森林城镇创建行动,大力推进城镇、集镇、乡村"三位一体"生态绿化,努力构建"大绿环城、小绿扮城、绿景串城、绿水映城"的城镇生态景观和现代田园风光的优美农村风貌。同时,抓好森林公园和自然保护区基础建设,主要加强以桃花源、乌云界国家自然保护区、桃源沅水国家湿地公园、夷望溪景区、星德山景区、黄石水库以及沅江两岸沿线为主体的生态旅游网络体系建设,构建集生态教育、生态科普、生态旅游、生态保护于一体的复合型生态产业体系。

二是建设"文化桃源",推进人文旅游。桃源具有丰厚的人文资源和历史底蕴,拥有"人间仙境、名人故里、革命老区、诗词之乡"等诸多名片。近年来,桃源不断加强文化设施建设,为"文化桃源"建设奠定了良好的现实基础。为进一步彰显桃源文化特色,应不断深化文化体制改革,大力繁荣文化事业,加快发展文化产业,塑树城镇文化品牌。充分利用丰富的红色文化、名人文化、宗教文化等文化资源,依托近代"桃源三杰"——宋教仁、覃振、胡瑛故居,湘西北第一个红色政权——徐溶熙苏维埃政府旧址、浯溪河红军烈士纪念碑、红军长征大水田纪念地以及红二、六军团桃源指挥部旧址等革命遗址,著名史学家翦伯赞故居,中共湘西特委委员李庆兰、胡佐武等革命烈士的墓地,突出革命老区的红色文化特色。大力发展以陶潜文化为核心、以星德山为代表的宗教文化和以维吾尔族回族民俗文化为特色的多民族文化,充分发掘、宣传并深化陶潜文化中"天人合一"的和谐精神,推动文化与山水完美结合,努力建设充满田园诗意、浪漫多彩的现代都市桃花源。

三是建设"智慧桃源",推进智慧旅游。抢抓国家大力推进智慧城市试点示范战略机遇以及"智慧常德"建设要求,大力促进信息技术与城镇功能的深度融合发展,建设"智慧桃源"。加快宽带桃源建设,大力推进骨干网、城域网和接入网升级改造,推进通信基础设施共建共享,提升"三网融合"工程,实现宽带无线网络全覆盖。着力推动信息技术在完善城市管理和提升综合服务功能方面的实际效用,积极探索云计算、物联网、大数据和移动互联网在城镇交通、管网、教育、卫生、绿化、环境监测、节能减排、防灾减灾等方面的智慧应用,建设城市综合管理指挥调度中心,不断深化城镇智能化、精细化管理。提升政府公共服务平台信息化、智慧化水平,着力推进智慧社区、智慧楼宇、智慧安防、智慧监管、智慧交通、智慧城管等领域的智慧应用。大力引导信息应用与城镇人的融合发展。围绕增进居民群众的健康品质,全面推进智慧医疗、智慧教育、智慧养老、智慧保障、智慧就业等公共服务体系建设。通过更直观的信息感知、更全面的互联互通、更协作的关联应用、更深入的智能管理,促进城市的人流、物流、信息流、资金流的协调高效运行,全面提升城市公共管理效能、居民生活幸福感程度以及经济发展水平,把桃源建成一座有观感、有体验的智慧型城市。

四、推进桃源县融城发展的措施建议

1. 科学编制融城发展规划

加强与常德市域城镇体系规划、市区总体规划以及桃花源旅游区发展规划的横向衔接,明确融城发展战略定位、目标取向,协调制定两城三地的融城行动路线图。特别是要力争将"桃源县融城发展战略"纳入常德市"十三五"经济社会发展规划。推进融城发展必须强化顶层设计,以规划引领并驱动融城进程。尽快编制桃源县融城发展规划,科学统筹、精心谋划融城轴带区域的城乡空间功能布局、基础设施体系配置、产业分工协作模式以及生态环境保护措施,超前防避重复建设性浪费,切实强化规划的指导、协调和约束作用。

2. 创新融城发展体制机制

充分认识两城三地融城发展的重大战略意义,形成上下左右的共识行动,建立市、区、县整体推进融城基础设施与产业分工协作的互动合作机制,采取多种有效形式,全面加强在资源配置、项目布局、对外开放、一体化公共服务和其他重大问题上的统筹协调,探索实行城镇建设用地增加规模与吸纳农业转移人口落户数量挂钩政策,适度增加集约用地程度高、发展潜力大、吸纳人口多的中心城区和县城建设用地供给。通过创新金融服务,放开市场准入,逐步建立多元化、可持续的新型城镇化建设资金保障机制。逐步完善推进城镇绿色低碳循环发展的体制机制,实行最严厉的生态环境保护制度。进一步扩大县和重点镇经济社会管理权限,开展行政区划调整改革试点,推助融城轴线区间城乡与产业园的加快成长。

3. 着力强化政策支持引导

积极寻求常德市委、市政府对两城三地融城发展的决策认定与政策支持,在基础设施建设、用地指标、财政投入、项目布局等方面适当给予积极倾斜。同时,加大县内政策支持力度,在基础设施融城、城乡统筹融城、产业集聚融城、商贸流通融城、旅游合作融城等方面出台相关优惠政策,引导土地、资本、人才等要素围绕融城发展聚集。重点突出对常桃发展大道和创元—陬市—漳江创业园工业走廊建设的积极扶持。

4. 强化重大项目支撑作用

重大项目建设是推进两城三地融城发展的驱导动力,各级各部门应以重大项目的运筹、建设作为融城工作的切入点和突破口,根据融城发展的目标任务,积极谋划并储备一批重大项目,抓紧开展项目前期工作,积极创造条件争取提前实施。采取多种措施,多渠道筹措建设资金,加快现有相关项目的实施进度。同时,加强对重大项目的监督管理和加大项目建设的考核力度,推行重大项目责任制,明确各级主体责任,确保重大项目建设的顺利完成,全面加快融城步伐。

景 域 篇

桃花源旅游管理区"十三五"新型城镇化路径指引

桃花源作为我国重要的旅游风景名胜区,随着近年来旅游基础设施的进一步改善,全区加快推进新型城镇化、实现城乡统筹发展已具备良好条件。应以创造优良人居环境作为推进新型城镇化的中心目标,抢抓国家新型城镇化战略机遇,依托山水交融的特色旅游资源禀赋,引导城景空间功能布局优化与资源集聚,把好山好水好风光融入城市,营造人在城中、城在景中、城景交融的优美城市生境。

一、桃花源旅游管理区城镇化发展基础

1. 发展基础

城镇规划引领作用增强。管理区坚持规划先行、科学规划,严格实施控制性规划约束管制。《桃花源旅游管理区总体规划》《桃花源风景名胜区总体规划》(调整)、《桃花源镇总体规划(2011—2030年)》《桃花源古镇控制性详细规划》《桃花源镇工程管线专项规划》《桃花源缘溪及入口景区规划设计》等已报批获准实施;《桃花源风景名胜区世外桃源景区区域详细规划》《桃花源旅游管理区村镇布局规划》《常吉高速桃花源互通口连接线两厢规划设计》《319国道沿线街道景观改造规划》已经进入法定审批程序;《秦境桃花源修建性详细规划》《旅游产品产业园控制性详细规划》《世外桃源美丽乡村概念性规划及交通组织规划》以及美丽乡村规范等一系列规划的编制已经启动,推进新型城镇化发展的规划体系初步建立,城镇规划对新型城镇化的引领作用显著增强。

城镇发展格局不断优化。围绕城乡发展一体化,实施桃花源管理区全

域城镇化战略,城镇空间布局不断优化,规划形成了"一城两镇"的发展格局。"一城":即在龙虎片区稳步推进"五园"(田园、菜园、花园、果园、草园)、"五改"(改路、改厕、改院、改水、改厨)、"五区"(农耕体验区、运动休闲区、户外露营区、乡村旅馆区、特产展示暨体验购物区)、"五化"(乡村主体景观化、农耕作物商品化、乡土特产精品化、加工流程体验化、农业生产服务化)等项目,打造"国际慢城"基地。"两镇":即世外桃源古镇和现代旅游特色城镇。

城镇基础设施逐步完善。内通外联的交通体系建设取得重要进展。319国道桃花源改线、常吉高速桃花源互通两大交通主干线项目成功获批,极大地改善了桃花源的外围交通条件,加快了桃花源与常德城区、大湘西生态文化旅游圈的融合步伐。桃花大道、滨江大道、桃仙路、沿湖路、缘溪路等6条镇区内路网项目串起了桃花源特色城镇8平方公里面积、8万常住人口的城镇骨架。污水处理厂、自来水厂、管道燃气、四星级酒店等项目,旅游农贸大市场新建、龙虎小学改建、中心幼儿园新建、中心卫生院扩建,以及医疗、教育、商业等基础设施的建设,使城镇承载能力进一步增强。1.5公里的沿街整治、按照古建筑风格统一规划,给沿线房屋的"穿衣戴帽"工程,增添了城镇景观,增强了文化品位。

城乡居民生活显著改善。2014年,全区城镇居民可支配收入达23779元,比2011年增长41.5%,年均增长10.4%;农民人均纯收入11030元,比2011年增长66.9%,年均增长16.7%。收入增长呈上升趋势,且农民人均纯收入增长比例高于城镇居民可支配收入增长速度。伴随城市和景区建设的提质增速,新增就业岗位逐年增加。覆盖城乡局面的社会保障体系得以建立,各类保险参保人数持续增长,五保、低保、新农合等救助标准逐年提高,重度残疾人护理补贴、高龄老人生活补贴等新型救助制度得到落实。

2. 主要挑战

要素资源的快速集聚。经过近四年的积累,桃花源区前期开发的能量将开始释放,尤其是常德市简政放权和体制机制改革创新的推进,常年要素资源短缺的被动局面会发生根本逆转,大批生产要素必将快速在桃花源管理区集聚。在可能获取加快发展、有利可图的大好机遇的同时,面临着选择性招商引资、要素优化配置和创新社会治理的巨大考验,对干部素质、公共服务、发展环境等提出了更高的要求。

城镇特色的个性缺失。城镇特色是新型城镇化的基本要义,更是桃花源管理区发展旅游特色城区的关键。面对快速城镇化过程中存在的"贪大求洋""千城一面"的城市特色趋同问题,如何在桃花源区功能个性、布局特点、文化底蕴、生态环境、区域特色、建筑风格和基本色等方面克服急功近利,强化对物质遗产、非物质遗产以及历史文化传统的保护,防止过于追求城镇化的形式与速度而忽视其内容与质量的行为,是一项重要挑战。

生态环保的硬性约束。把生态文明建设融入经济建设、政治建设、文化建设、社会建设各方面和全过程,是新型城镇化的基本内涵。桃花源区城乡基础设施建设还存在短板,城市内涝、废水排放、河流污染等问题逐渐暴露了城市生态的脆弱性。在新型城镇化推进中,必须充分考虑自然生态、资源禀赋、经济实力、人口密度等因素,必须接受新《环境保护法》的强力规制,必须面对资源利用、环境保护、生态建设等方面的硬性约束,这给转变发展方式,协调好新型城镇化与环境保护的关系带来了重大挑战。

体制机制的创新阻力。体制机制创新是增强新型城镇化发展动力的重要基础。由于不具备法定的城市建成区行政区划编制身份,体制不顺导致开发建设经常遭遇难题掣肘。在管理区内部,行政区与景区,政府与市文旅投公司等方面存在一定的特殊性,如何将上级给足的政策转变为发展的动力,如何激活社会资本有效参与新型城镇化建设,如何进一步改善桃花源区的发展环境,如何激发广大干部群众的参与建设的积极性等,都给体制机制创新带来巨大压力。

3. 发展态势

项目引领发展势头依然强劲。市委提出要"南攻桃花源、北战壶瓶山、中取柳叶湖"的战略布局,将桃花源的开发建设上升为全市经济工作的重点。桃花源古镇、实景桃花源、国家慢城、城乡基础设施等项目及其相关配套设施建设蕴藏着巨大的项目库,再加上市委、市政府"能支持的项目全力支持"的政策承诺,未来五年必然呈现出投资拉动、项目引领的发展格局和强劲势头。

市级新型城镇化驱动能量大。随着以人为核心的新型城镇化推进,常德市市县互动、以城带乡、城乡一体的"全域常德"城镇发展体系的不断形成,作为常德市"一城五区"的重要组成部分,桃花源管理区必将以市域新型城镇化为基本依托,城镇空间布局进一步优化,城镇产业体系进一步发展,城市建管水平进一步提高,城镇发展体系进一步完善,新型城镇化进程将加快推进。

周边景区关联共生活力勃发。桃花源景区是以张家界为龙头,环状连接凤凰、桃花源等景区的湖南大湘西文化旅游圈的重要组成部分。基于便利的交通区位优势和文化特色,常德逐渐成为国内知名的旅游目的地和区域游客集散中心。放眼湘西北的旅游格局,未来五年桃花源景区与市内与柳叶湖、壶瓶山等景区,以及市外张家界、凤凰、长株潭等省内其他重要景区相互烘托联动发展的格局日趋明显。

产城融合发展态势日趋明朗。随着"旅游立区、项目兴区、产业富区"战略的不断推进,产业支撑城镇发展的态势已经形成。2014 年旅游人次超过 74 万,旅游综合收入 3.65 亿元,其中门票收入 1112 万元。旅游产业吸纳农村剩余劳动力的数量逐年增加,使越来越多的农民就地实现了职业转换。未来五年,随着城镇基础设施的完善、景区提质升级的推进,文化旅游业主导的产业体系将会更加成熟,产城融合发展的态势将日趋明朗。

二、"十三五"时期新型城镇化发展总体构想

1. 基本思路

紧紧围绕提高城镇化质量,坚持创新、协调、绿色、开放、共享的发展理念,加快转变城镇化发展方式,以人的城镇化为核心,全面实施"旅游立区、项目兴区、产业富区"战略,全面增强旅游产业支撑效能,着力提升城镇基础设施和公共服务水平,实现全域规划建设、公共服务、社会保障一体化,着力打造常德市的生态、宜居、唯美、休闲、浪漫新城区,实现从"乡村小镇"到"国际文化旅游度假区"的完美蝶变,加快建成具有仙境品质、驰誉海内外的精致精美城镇和人见人爱景区。为此,应坚持以下基本原则。

以人为本,城乡统筹。合理引导人口流动,有序推进农业转移人口市民化,稳步推进城乡要素平等交换和公共资源均衡配置,使城镇基本公共服务常住人口全覆盖。

旅游导向,产业兴城。按照打造5A级景区和新型旅游风情小镇的总要求,大力发展文化产业、旅游服务业,为新型城镇化建设提供产业支撑。

生态文明,绿色发展。把生态文明理念全面融入城镇化进程,推进绿色发展、循环发展、低碳发展,节约集约利用资源,强化环境保护和生态修复,创造优良人居环境。

文化传承,突出特色。以秦溪古镇建设为抓手,保护历史文化遗产,传承优秀传统文化,展示有历史记忆、文化脉络、地域风貌、民族特点、自身特色的城镇风貌。

政府引导,市场主导。正确处理政府和市场关系,更加尊重市场规律,切实履行政府制定规划政策、提供公共服务和营造制度环境的重要职责,调动各方面力量参与城镇化建设。

2. 战略定位

总体定位:国内外知名的文化旅游度假目的地。

世外桃源主题文化原型地。以《桃花源记》为主题,大力开发桃花源文化旅游精品,将桃花源打造成为国际知名的旅游品牌景区、世外桃源主题文化原型地。充分挖掘桃花源的历史人文价值,修复和保护好桃花源文化遗存,构建一幅和谐安定、民风淳朴、自由平等、恬淡安逸的乡村田园景象,让更多游客不仅在景观上享受桃花源的山水田园之美、寺观亭阁之盛、诗文碑刻之丰、历史传说之奇,更从心灵深处感悟桃花源的生境愉悦,体认先祖们向往追求丰衣足食、勤俭持家的理想生活方式。

世界华人的"灵魂故乡"。大力张扬桃花源在世界华人群体中久远深厚的普遍性历史影响,让人们在休闲旅游的过程中净化心灵,对自己的人生进行理性思考,获得灵魂的升华和心灵的愉悦;让《桃花源记》走进人们的内心,让游客在桃花源找到"灵魂的故乡";通过改造提质核心景区,让桃花源以全新面貌呈现在世人面前,促使"桃花源"真正融入中华民族的文脉、植入中华民族的集体人格,成为每一位中国人心中的净土和天堂,圆所有华人"到桃花源,就能找到灵魂的故乡"的最朴素梦想,切身体认桃花源"秦溪弄芳草,桃林听落英;一梦千年逝,古今烟雨中"的实景真情,成为世界华人诗意生活追求感悟地。

大湘西旅游经济带战略支点。以开发沅水风光带和完善景区功能配套为重点,大力发掘本地丰富独特的自然景观和人文资源,重点突出桃花源文化、民俗风情、自然风光等特色,加强休闲度假和专项旅游产品建设,深度开发观光旅游产品。实施区域联动与协作,扩大桃花源在湘西北旅游圈中的接待服务优势,大力构建对外畅通的区际交通通道。通过旅游空间地域的资源互补、市场互育,加强桃花源与张家界等大湘西其他旅游景区的联系,使其完全融入大湘西旅游经济区,成为大湘西旅游经济带的战略支点。

全产业链的美丽经济新高地。按照创建国家 5A 级景区的目标要求,加大投资力度,打造美丽经济的全产业链,加强桃花源品牌建设,重点推进桃花源古镇、核心景区提升、环境整治和基础设施配套建设,提升山水观光产品,发展特色休闲产品,适当发展主题度假产品,融入文化体验功能,创新打造一批质量高、环境优、特色鲜明、主题突出的景区,通过精品化的旅游景区建设,带动旅游业的整体提升,让普通民众享受旅游业发展带来的收益,使桃花源成为旅游产业转型发展和常德旅游提升的战略引擎。

3. 发展目标

经过五年的努力,将桃花源管理区建设成为功能定位清晰、空间布局合理、经济繁荣发达、服务功能完备、生态环境优美、体制机制灵活的国家 5A级景区和国内外知名的文化旅游度假目的地、世界华人的"灵魂故乡"。

城镇化水平稳步提升。城镇化进程加速,2020 年常住人口城镇化率达到 65%左右,户籍人口城镇化率达到 50%左右。农业转移人口市民化进程明显加快,产业支撑能力明显增强,产城融合发展态势良好,吸纳就业能力显著增强,新增 1 万以上农业转移人口和其他常住人口在城镇落户。

城乡一体化扎实推进。以城带乡的能力进一步增强,城乡产业、生态保护融合联动,城乡一体的户籍、就业、社保、土地、投资和公共服务体制得以确立。具有景区特色的城乡社会治理新机制基本建立,社会更加和谐稳定。

城镇个性化特色明显。桃花源古镇按照规划提质改造完成,《桃花源记》意象得到完美呈现,城乡文化特色得到保护与传承,旅游名镇个性鲜明、形象突出、文化特色浓郁。

城镇绿色化步伐加大。生态文明理念贯穿于城市规划和建设的全过程,绿色生产方式、生活方式和消费模式得到广泛认同。污染防治与生态环境保护取得有效进展,区域防灾减灾能力进一步提高。到2020年城镇绿色建筑占新建建筑比重达到90%,人居环境得到显著改善。绿色旅游品牌效应日益突出。

三、"十三五"时期新型城镇化发展主要任务

1. 优化城镇空间结构,统筹城镇、景区、村庄发展

实施功能分区。按照"一核四轴三组团"的空间布局,促进城镇、景区和村庄协调发展。

一核:重点建设桃花大道两厢的滨江居住区,加强老镇居住区改造,适当在桃源风情古镇区域新建传统风情商住小区,将古镇区打造成为以桃花源风景区为依托的区域旅游服务基地,以发展特色旅游产品加工为主导,兼具有商贸、流通功能的区域中心城镇。依托较好的环境条件、传统民居本底条件和较充足的用地条件,开发建设"一心"(故渊湖游览服务中心)、"两区"(桃源古镇游览接待功能区、生态宜居功能区),适度开发特色度假酒店、餐饮广场、演艺场所、培训中心、景观地产等项目,使其成为自然景观优美、人文活动丰富的旅游服务综合体,创建全国特色景观旅游名镇。

四轴:南北方向上,重点发展桃花大道和双湖大道城镇发展轴,东西方向上,重点发展武陵路滨江居住生活发展轴、桃花源风情古镇旅游发展轴,四轴以现状交通干道为基础,形成居住用地、工业用地、商业用地、旅游生态用地等多种用地形态合理布局、效益良好的"井"字形空间发展格局。

三组团:临沅江往西利用双湖大道,规划一个新镇区的滨江商贸发展基地,为镇区的旅游服务产品提供贸易用地,双湖大道两厢发展商业配套,形成新滨江商贸组团;桃花大道以西,芳草溪南北两带相邻地块,集中布置居住用地,规划为镇区主要居民区,形成新镇居住生活组团;环双湖周边发展

旅游度假和休闲用地,临沅江处布置居住用地,形成双湖生态度假组团。

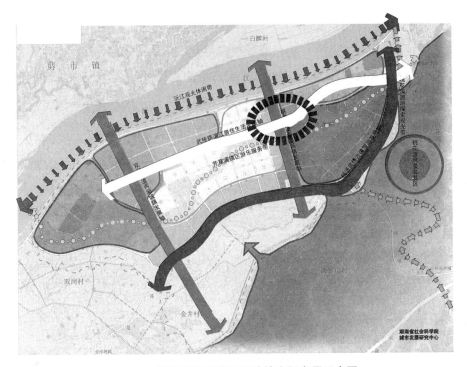

图 8-1   桃花源旅游管理区城镇空间布局示意图

推进城景融合。统筹布局城镇、景区、村庄道路交通、能源、给排水、环卫等基础设施,将旅游景区的旅游线路、产业链延伸至乡村地区,将当地居民的生产生活纳入旅游产业链各环节之中。将桃花源文化由桃花源风景区延伸至古镇再延伸至乡村,打造以乡村休闲度假为主要功能的村落体系,形成以城带乡、以乡促景、城景融合的发展格局。

建设美丽乡村。以旅游开发为契机,用足用活上级优惠政策,积极整合资金和项目,按照美丽乡村建设规划,以集镇区、县道、旅游区周边、中心村庄等为重点,组织开展美丽乡村建设。强化乡村田园度假功能,打造具有典型地域特色的乡村接待设施、原生态的乡土住所。加强村庄环境治理,推进农村土地综合整治,提高生态文明水平。积极引导集中居住区建设,打造功能完善、环境优美、管理民主、治安良好、生活便利、人际和谐的美丽乡村。

2.强化基础设施支撑,增强城镇综合承载功能

互联互通体系建设。加快构建立体交通网络,将桃花源管理区无缝对接并全方位融入周边景区、常德市区、大湘西生态旅游圈乃至全国旅游交通体系。加快发展陆路交通,稳步发展水路交通,积极发展航空交通,使桃花源风景名胜区与国际旅游接轨。完善景区内部的水、路交通体系,加强景区意境桃花源板块、沅江风光带板块、桃花源古镇板块和国际慢城板块之间的交通联系。各板块内部结合现有的城市道路、国道、县道、乡道等道路,形成完善交通网络。

立体交通体系建设

1.陆路交通:沅澧快速干线第四大道(S240)桃源火车站—甘潭—桃花源;快速干线第六大道汉寿太子庙—鼎城许家桥—桃花源;常吉高速与319国道桃花源互通口建设项目;319国道鼎城区斗姆湖至桃花源段拓宽项目;桃花源至张家界—凤凰旅游线路的连接公路项目;桃花源至花岩溪、桃花源至夷望溪、桃花源至乌云界、至芦花的旅游公路项目。
2.水路交通:建设桃花源至夷望溪,桃花源至柳叶湖,桃花源至洞庭湖的旅游航线;高速公路互通口经水溪至沅江的旅游航线。
3.航空运输:争取将桃花源机场列为口岸机场;新增常德到武汉、天津、重庆、昆明、西安、广西、浙江等旅游城市与省份的航线;新增北京、上海、广州等大城市的航班到每日一班。
4.城镇交通:沅江大桥:连接沅江风光带板块和桃花源古镇板块;邑人大桥:连接桃花源古镇板块和意境桃花源板块;桃花源—芦花县公路:连接桃花源古镇板块和国际慢城板块。

城镇市政设施建设。根据常住人口需求和游客需求,科学测算市政设施的需求量,合理布局给水、排水、供电、通信、燃气、环境卫生、综合防灾等市政设施。新建污水处理厂。实施城镇规划区内水电管网改造升级工程。加强自来水厂建设,实现新老管网并网供水。实现燃气管道进入城镇规划区内居民小区。建设中心汽车站、展示馆、城市广场、体育中心等公共设施。增加银行自助服务、邮政、公用电话等公用事业。对接4G网络建设启动移动通信升级换代工程。完成镇区200户棚改工程及智能交通系统建设。全面完成镇区道路花化绿化亮化。

景区配套设施建设。根据旅游资源的空间分布特点、各旅游功能区的性质定位及旅游项目空间分布,按照5A级景区标准建设综合服务区、服务中心、服务站三级服务基地,配套完善旅游交通、游览服务、旅游住宿、旅游餐饮、旅游购物、旅游娱乐、急救救援、医疗服务等设施。建设生态停车场和旅游码头,完善景区游步道系统和自行车租赁系统。完善景区标识系统和解说系统。

3. 推进产城融合发展,构建旅游主导产业体系

调整结构。以打造"美丽经济全产业链"为目标,加快产业结构调整力度,构建具有旅游特色的现代产业体系。第一产业与旅游市场需求结合,转变农产品方向,发展有机食品业,培育乡村景观,发展休闲农业;第二产业结合旅游业发展的需要,发展生态工业,严禁发展高消耗、高污染行业,发展旅游商品制作业;第三产业以旅游业为龙头,带动文化产业、休闲服务业、商贸业的快速发展。

优化空间。以桃花源风景名胜区为核心,以桃源镇古镇为旅游综合服务中心,沿沅江、水溪两带向外辐射四大功能区片,形成"一核引领,镇村依托,两带延伸、四区支撑"的旅游导向产业体系空间布局。其中,桃花源核心景区提质升级,发挥旅游导向产业体系的龙头作用;桃花源镇区及周边一带,发展旅游服务业、文化创意产业、旅游产品加工制造业和商贸流通等产业;沅江西北区域的广福殿村、张家湾村片区,发展国际高端养生和会务产业;龙虎片区积极发展有机农业、观光农业和农家餐饮业。

提质升级。加快世外桃源古镇和现代旅游特色城镇建设,为产业提质升级提供载体。着力建设核心景区,推进生态移民搬迁,开辟好旅游线路,丰富好旅游产品,建设世界精品景区。将城乡居民纳入旅游产业链各环节之中,扩大城乡居民收入渠道,实现经济增长与扩大就业的良性互动。推进旅游产品多元化发展,推进旅游与移动互联网、现代金融业、现代农业、现代服务业和文化产业深度融合,实现旅游产品向观光休闲度假复合型转变,旅游产业向质量效益型转变,旅游品牌向国内外知名旅游胜地转变。创新旅游宣传营销,推进旅游服务精细化、标准化、特色化、亲情化,着力打造旅游服务品牌。

4. 推进生态文明建设,提高城乡绿色化水平

严格生态保护。认真贯彻落实国家法律法规和《桃花源旅游管理区总体规划》,协调好项目开发与生态保护的关系。建设沅江和水溪河滨水生态景观廊道、沿高速公路和国道的生态景观带、南部田园生态景观保护区和山林景观保护区,打造稳定的生态安全格局,营造园林化旅游镇村的生态氛围。

加强环境治理。以镇区和核心景区为重点,实施生产生活废水集中处理、垃圾站点建设等环卫基础设施建设。围绕农村饮用水源地保护、生活污水处理、生活垃圾处理、畜禽养殖污染防治、农业面源污染防治、农村生态示范建设、农村环境监测、监管能力建设、农村环境保护宣传教育领域,实施整区推进农村环境综合整治项目。加大村居级环卫配套设施扶持力度,建立城乡环境治理投入保障机制。制定村居分类分级标准,强化环境治理的考核力度,建立长效保洁机制。

促进绿色低碳。落实能源消耗总量控制、耕地保护红线、水资源总量控制、生态红线等制度,将单位 GDP 能源消耗强度和二氧化碳排放强度作为招商引资和产业承接的重要参考指标。健全促进生态农业发展的政策体系,为生态农业发展创造宽松的制度环境和政策环境。按照减量化、再利用、资源化原则,实现资源高效利用,促进绿色发展。逐步实现古镇和核心景区高碳化石能源零消耗。大力发展太阳能、生物质能等可再生能源。倡导低碳旅游、低碳消费。

5. 完善社会公共服务,推进转移人口市民化

城乡一体布局。按照重心下沉的原则,将公共资源尽量投向村居一级。发挥公共服务设施布局的导向功能,引导移民搬迁、产业布局、农村人口向中心村或者城镇集中。综合配套农村基本医疗卫生、义务教育、远程培训、农民教育、扶贫培训、镇村文化建设以及留守儿童和老人关怀等社区公共服务功能。根据人口的迁移动态和公共服务供给的服务半径适时对城乡教育、医疗、文化设施的布局进行相应调整,切实扩大公共产品和服务的供给效率。

实行供给均等。彻底取消户籍的公共服务区隔功能,使常住居民就近平等享有各项基本公共服务。完善城乡社会保险的转移接续制度,促进劳动力自由和有序流动。推行教育、医疗卫生等领域的管理人员和专业技术

人员在城乡区域的轮岗制度,逐步减少公共服务质量的差别。建立对进城农业转移人口就业培训、子女入学等方面的针对性服务,使其尽快融入城市生活。

提升保障水平。不断完善城乡一体的社会保障制度。扩大城镇医保、新农合、大病医疗保险、城乡养老保险、企事业单位工伤保险的覆盖面和参保率。提高新型农村合作医疗保险和新型农村养老保险的水平和标准,解决历史遗留问题,逐步与城镇基本医疗和养老保险制度相衔接。调整财政支出结构,逐步加大公共服务投入力度,确保公共服务投入与经济社会发展的速度相协调。

6. 统筹城乡社会治理,强化新型完美社区建设

创新社会治理。整合城乡各类社会服务管理资源,建立覆盖常住人口的一站式社会服务管理综合平台。引导农业转移人口有序参政议政和参加社会治理,实现个人融入企业、子女融入学校、家庭融入社区、群体融入社会,建设包容性城市。依托中小学、村委会和农村社区普遍推行关爱服务,切实保障留守儿童、留守妇女、留守老人权益。加强特殊人群的引导、服务和管理,健全社会弱势人群关怀帮扶体系。深入推进完美社区建设,探索建立"3+N"社区治理模式,推进社区网格化管理。有效开展"六五"普法教育,引导干部群众用法治思维和法治方式应对征地拆迁等领域的矛盾和冲突。

保障公共安全。加大食品药品安全、生产安全的执法力度。加强消防体系及消防设施建设。完善社会治安防控体系。加强核心景区、城乡社区公共安全设施建设和群防群治等基层基础工作,实现物防、技防配套设施与主体建设项目同步规划、同步建设、同步验收,保障城镇安全有序运转。完善供水、供气、供电、消防、治安、轨道交通等突发公共事件应急预案。建立健全地质灾害调查与评价监测预警、综合防治和应急管理体系。

提高居民素养。按照全国文明城市的要求,大力弘扬社会主义核心价值观,把全面提高城乡居民素质作为一项基础性、战略性工程,持之以恒地提升城乡居民的思想道德、科学文化、身心健康素质。以从农业转移到旅游及其相关产业的从业人员为重点,加强职业教育与技能培训,提高农业转移

人口的就业创业能力,形成产业结构与人口结构互动提升的有效机制。建立健全新型职业化农民教育、培训体系,大力培养一批科技素质高、职业技能好、经营能力强的新型职业农民和农村实用人才。

四、"十三五"时期新型城镇化发展战略举措

1. 创新投入机制

合理配置资源,提高融资能力。采取政府投入、金融机构信贷、争取国债资金等多种方式,积极争取省级资金,同时开放准入管制,探索政府与社会资本合作模式,大力吸引社会机构、市场主体和民间资金,多渠道参与城镇建设。充分发挥财政资金的引导作用,加大对试点镇建设的投入,新区管委会安排一定的专项资金以投资、贴息和补助等方式,用于镇区的公用基础设施建设。充分利用土地资源,加强土地开发管理,盘活城镇存量土地,释放资源潜能。

2. 用好用足政策

深刻领会中央扶持文化旅游发展、环洞庭湖生态经济圈获国家批准、湖南"511"重点投资计划等蕴含的政策机遇,吃透国家政策,加强与相关部委的沟通和协调,积极对接上级政策导向,做好申报工作,力争享受上级政策优惠。认真落实市委、市政府开发桃花源区的系列政策部署,深入推进体制机制改革创新,将政策实施到位、执行到底,务求实效实绩。建立各项政策执行的督导、评估、反馈、调整机制,建立科学、全面、客观、公正的政策实施考核评价体系,形成用好用足政策、加快发展步伐的强大推力。

3. 推进项目建设

项目建设是加快推进新型城镇化建设的载体。要着眼于履行常德市辖区的城市功能,建设 5A 级景区的目标,增强新型城镇化支撑能力,谋划一批、储备一批打基础、管长远的基础设施建设项目、产业建设项目、民生建设项目和生态建设项目。构建有利于项目建设的体制机制,做好项目策划、包装和宣传,运用市场运作、政府调控的方法解决项目建设的资金问题。加强对重点项目的跟踪服务,推行领导干部项目责任制,全力解决工程和项目建

设中的问题,确保项目早开工、早竣工、早见效。严格落实政府投资项目建设招投标、财政预审、审计全程监管及决算审计,加强项目全程质量、安全和工程监理,确保项目资金运行和质量安全。

4. 优化发展环境

认真落实市委关于给予桃花源管理区在行政、经济、社会管理等方面的市级管理权限特殊政策,做好相应的行政管理体制改革和其他配套工作,为投资者和创业者提供更为宽松、快捷、便利的政务环境。加强制度设计,积极应对、妥善处理征地拆迁中发生的矛盾纠纷,大力宣传桃花源区推进新型城镇化建设的新思路、新举措,使桃花源区的大开发成为广大群众充分理解、全社会高度认同并广泛参与的共同行动,为新型城镇化的推进营造良好的社会环境。加强社会治安综合治理,不留治安死角,善于运用法治思维和法治方式处理新型城镇化推进中的各种问题和矛盾,为新型城镇化发展营造良好的法治环境与社会诚信环境。

5. 建立考评机制

完善新型城镇化工作考核指标体系及考核办法,把推进新型城镇化工作纳入目标管理考核范围,作为评价各级领导干部实绩的重要依据,加大监督考核力度,切实调动各镇、街道、各部门的工作积极性。区委区管委主管部门定期对推进新型城镇化工作进展情况开展督查,及时通报工作进展情况,充分发挥督查考核的导向作用。

镇 域 篇

桂东县沙田镇国家
"建制镇示范试点"实施方案

　　沙田镇是湖南省桂东县管辖的建制镇,地处湘、粤、赣三省边际地区,位列"湘南六大集镇之一",被列为全国重点镇和省级示范镇。镇情可以概括为"三地三镇",即第一军规颁布地、群众路线发祥地、红军长征首发地,全国重点镇、罗霄文化名镇、省际边贸重镇。推进"建制镇示范试点",探索城乡发展一体化、公共服务供给、建制镇投融资、优化产业发展环境等领域体制机制改革,建立健全有利于山区建制镇健康发展的体制机制和政策措施,可为革命老区、省际边区、贫困山区建制镇发展提供可借鉴推广的经验和模式。

一、沙田镇实施"建制镇示范试点"的现实依据

1. 沙田镇实施"建制镇示范试点"的充分理由

　　国家级"建制镇示范试点"的入选数量有限,投入资金有限,建设周期有限,试点要求较高,即要在短期内探索出为全国建制镇发展可借鉴推广的经验和模式,这对示范试点镇应该具备的条件提出了较严格的要求。而沙田镇有充分的理由实施"建制镇示范试点"。

　　(1)示范试点区位特。沙田镇东与江西上犹、崇义相邻,南与湖南汝城接壤,是桂东县域内最大的中心镇。境内综合交通体系初步形成,区位优势明显。其中,湘深高速公路和国道106贯穿全境,省道S201纵贯南北,省道S352横贯东西。距离规划中的遂桂新高速公路出口15公里,距离井冈山机场2小时车程。规划研究中的咸韶铁路(湖北咸宁至广东韶关)也经过沙田。随着省道S201升级改造工程(从江西省五指峰至汝城县濠头乡)与

沙田二级甲等汽车站工程的开工,沙田镇的区位优势将更加突出,将成为辐射周边乡镇、推动区域发展的重要节点。因此,在沙田镇开展"建制镇示范试点",有可能在罗霄山片区产生极其重要、可供推广的试点经验。

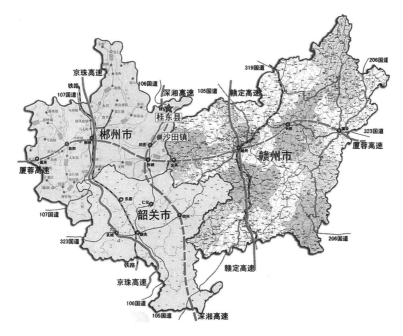

图9-1　沙田镇与周边三市的位置图

(2)示范试点条件好。沙田镇是湘粤赣省际边界中心城镇,具有较好的试点条件。一是经济社会发展水平较高。2014年,实现地区生产总值3.86亿元,全社会固定资产投资5.05亿元,财税总收入2552万元,主要经济指标总量、均量和运行质量均居桂东县前列。镇域经济的发展辐射范围广、带动能力强,依托独特的地理位置和资源优势,沙田将成为湘粤赣边区极具发展潜力的区域。二是基础设施承载能力较强。镇区主要道路经过提质改造,供排水管网铺设、通信线路下地及街景美化、亮化等工程都已竣工;农村电网改造、110千伏变电站升级、燃气供应站、沙田货运中转站、中石化沙田加油站等公用事业正常运行;垃圾填埋场、分类垃圾箱、洒水车和垃圾中转等环保设施一应俱全。三是城乡公共服务较好。实现广播电视村村通、路灯村村亮、所有行政村通水泥路或柏油路,沙田至县城的城乡公交车开通运营,省级示范性幼儿园投入使用。1680套保障性住房、沙田公寓式敬老院、沙田中心小学扩建工程、自来水厂扩建、污水处理厂、垃圾中转站建设、江湾三角坪综合停车场正在逐步推进落实。金融网点发达,境内有农业银行、邮政储蓄银行、农村商业银行的服务网点,居民生活日益便利。

(3)示范试点基础实。沙田镇是全国小城镇建设示范镇、综合改革试点镇,湖南省城乡一体化建设示范镇,同时,该镇又是国家"四大"示范区(即国家罗霄山片区区域发展与扶贫攻坚示范区、国家主体功能区建设试点示范区、国家生态文明示范工程试点地区、国家中西部承接产业转移示范区)的组成部分。沙田镇在推进这四大示范试点工作时,坚持以改革创新为动力,在行政管理权限、财税分成体制、社会公共服务、城乡治理机制、生态文明制度、产业准入机制等方面获得了更多的改革红利,这为开展国家"建制镇示范试点"打下了坚实的体制机制创新基础,"建制镇示范试点"政策红利叠加的"聚集效应"也将更加明显。

(4)示范试点效果大。沙田镇按照"发展旅游兴镇,经营城镇强镇,壮大产业富镇,保护生态靓镇"的发展思路,以桂东工业园沙田南片区建设为契机,进一步调优产业结构,大力发展生态农业产业、小水电、农副产品加工、特色旅游工艺品加工,壮大圣亚手袋制品有限公司、活性炭厂、旅行者箱包有限公司等劳动密集型产业。整合人文资源与生态资源,积极发展旅游产业,红色文化旅游业已成为沙田镇的一大主导产业。沙田镇作为2015年中国(湖南)红色旅游文化节暨中国(桂东)首届养生休闲避暑节这一活动的主会场,一大批基础设施、农业产业、旅游产业、社会事业发展项目全面开工建设,促使沙田镇进入了打造"实力沙田、魅力沙田、活力沙田、效力沙田"的新的建设高潮,全镇真正发生了日新月异的变化。沙田有望成为罗霄山片区率先达到全面小康和城乡发展一体化目标的建制镇。而且沙田镇新增农业转移人口市民化成本相对较低,示范试点更容易取得实效。

(5)示范试点作用广。沙田镇不仅是湘粤赣边区的中心镇,是国家罗霄山西片区扶贫攻坚和桂东经济社会发展走廊的重要支点,也是区域商贸物流中心,是桂东县大塘、新坊、普乐、东洛、青山、贝溪、宋坪林场等乡镇场,汝城县濠头、田庄、南洞及江西上犹县的上堡、五指峰等所在区域居民生产、生活物品的商贸集散地,信息流、资金流的聚集洼地。将其纳入国家"建制镇示范试点"建设,在城乡发展一体化、公共服务供给、生态文明建设、投融资体制机制、扶贫开发机制创新上先行先试,使其成为引领周边地区发展新的增长点,将为革命老区、省际边区、贫困山区建制镇的发展提供有益的实践经验,发挥更大更好的示范试点作用。

2. 沙田镇实施"建制镇示范试点"的优势条件

将沙田纳入"建制镇示范试点"建设,具有相对突出的几大优势,成为确保示范试点成功实施的有力支撑。

(1)政策叠加效应。沙田镇正处于新一轮国家扶贫开发、罗霄山片区区域发展与扶贫攻坚、国家级南岭山地及生物多样性重点生态功能区试点示范建设、赣闽粤原中央苏区联动发展、湘南地区承接产业转移、湖南"一带一部"战略定位的历史机遇期,恰逢桂东县大力实施"一三五"发展战略,享受国家、省、市、县多层级的优惠扶持政策,多重政策的捆绑使用和政策效应的叠加能够集聚大量的生产要素,成为推进"建制镇示范试点"有效实施的重要保障。

(2)产业特色鲜明。沙田镇形成了以红色旅游与绿色生态为基础的产业体系。一是以"群众路线发祥地"和"第一军规颁布地"为品牌的红色旅游。近三年来,到沙田旅游的人数以每年25%的速度递增,红色文化旅游业已成为沙田镇的一大主导产业。二是以优质生态条件为基础的农产品加工业。生态农业产业、小水电、农副产品加工、特色旅游工艺品加工等劳动密集型产业发展态势良好。三是服务于旅游和县城发展的第三产业。随着旅游业的发展,餐饮和旅馆业等配套行业也呈现出良好的发展势头。

(3)人文底蕴深厚。沙田历史底蕴浓郁,历来商贾云集,素有"湘南六大集镇之一"的美誉,蕴藏着丰富的市场意识和集镇建设与治理的经验;沙田又是一块红色土地,毛泽东、朱德、陈毅等老一辈无产阶级革命家曾在此开展革命活动,成为沙田宝贵的革命遗产。在军规精神的指引下,沙田人民质朴、勤劳、乐观,沙田干部责任意识和进取精神强烈,坚持以军规精神干事创业,这些宝贵的人文积淀是推进"建制镇示范试点"顺利实施的重要精神力量。

(4)生态环境优美。沙田镇属山区镇,植被保护完好,年平均气温17.4℃,年均降雨量1670毫米,无霜期233天以上,境内森林覆盖率达70%以上,林木储积量丰富,野生动植物种类丰富。全镇四季分明,冬暖夏凉,夏季平均气温比长沙低6~8℃,空气中负氧离子含量高,平均值达2.52万个/cm³,最高瞬时值高达15万个/cm³,是名副其实的"天然氧吧、自然空调"和远近闻名的"养生天堂、避暑胜地"。2014年投入3000万元大力实施的"碧水、蓝天、净土"工程,使天更蓝、山更绿、水更清,呈现出美丽乡村的画卷。优质的生态环境成为推进"建制镇示范试点"的重要依托。

(5)发展活力较强。得益于得天独厚的区位优势和政策支持,沙田正进入快速发展期。全镇已建成专业市场2个,有个体工商户764户,商铺商贩300余家,小水电、光伏、环保化工和竹木加工等企业200余家也落户沙田。2014年到沙田的游客总量达20余万人次,旅游总收入突破1.5亿元。同时,货运物流畅通发达,有申通、圆通、韵达、EMS等10多个快递公司服务点,镇域发展活力日益彰显,将为"建制镇示范试点"的有效实施提供不竭动力。

3. 沙田镇实施"建制镇示范试点"的重要意义

"建制镇示范试点"的最终目的是探索具有可复制性的体制机制和发展模式。基于沙田镇的区位特点、山区特征、历史底蕴和发展基础等典型性特征,实施"建制镇示范试点"具有重要的示范价值和现实意义。

(1)有利于构筑革命老区、苏区振兴跨越发展新平台。革命老区、苏区为中国革命作出过重要贡献和牺牲,实现这些地区跨越式发展,改变发展滞后的被动局面是时代赋予的政治责任。在经济新常态下,推进革命老区、苏区振兴跨越最有效的驱动力在于推进新型城镇化。沙田镇是革命老区、苏区建制镇的典型代表,将其纳入"建制镇示范试点"建设,培育经济新的增长点,增强内生发展活力,探索出一条行之有效的发展路径,能很快复制到赣闽粤革命老区和苏区,有利于为这些地区振兴跨越发展搭建新平台。

(2)有利于创新特困地区基本公共服务均等化新机制。集中连片特困地区基本公共服务供给不足和供给的非均等性问题具有一定的普遍性。桂东县是国家扶贫开发重点县、罗霄山片区区域发展与扶贫开发工作重点县，省委副书记、省长杜家毫联系的新型城镇化试点县，省委副书记孙金龙联系的精准扶贫工作试点县。将沙田镇纳入"建制镇示范试点"建设，就是要在对公共服务供给继续加大投入的同时，切实解决城乡之间、区域之间、群体之间的非均等化问题，有利于探索出一套特困地区基本公共服务均等化供给的新机制。

（3）有利于开拓山地经济区农业转移人口市民化新路径。农业转移人口市民化是新型城镇化的重要内容。不同经济区农业转移人口市民化的具体路径各不相同。沙田镇属于典型的山地农业经济形态，是罗霄山片区乃至其他山区建制镇经济形态的缩影。探索出农业转移人口市民化的具体路径是"建制镇示范试点"的题中应有之义，将沙田镇纳入"建制镇示范试点"建设，通过城镇建设吸引、扶贫移民、生态移民等，有利于开拓全国类似山地经济区农业转移人口市民化的新路径。

（4）有利于探索山地城镇产业升级与生态文明共进新模式。产业发展是镇域经济发展的龙头和核心，也是城镇化的重要载体。在传统城镇化、工业化模式中，生产发展和环境保护是一对难以克服的矛盾。沙田镇的产业体系具有山地城镇的典型特征，传统山地农业、低层次的农产品加工业和文化旅游业是产业主体，推进传统产业转型升级与建设生态文明示范区是桂东县正在推进的重要工作。将沙田纳入"建制镇示范试点"建设，将为新型城镇化与生态文明建设协同推进提供新的试验场，有利于探索出山地城镇产业升级与生态文明共进的新模式。

（5）有利于形成城镇社会治理创新与低成本融合新经验。沙田镇城镇化率相对较高，而且镇区总体规划打捆纳入了桂东县城总体规划，全镇2/3的人口集中居住在镇区，城乡的融合度相对较高，这种人口居住的高集中度基本都是在市场机制作用下的自发现象，城乡融合发生的成本相对较低。这种在山区建制镇中呈现的人口高集中居住率和城乡之间的低成本融合现象值得认真总结，且有推广价值。将沙田纳入"建制镇示范试点"建设，有利于形成城镇社会治理创新与低成本融合的新经验。

二、沙田镇实施"建制镇示范试点"的总体构想

1. "建制镇示范试点"的基本思路

紧紧围绕国家"建制镇示范试点"的总体要求,以人的城镇化为核心,以改革创新为动力,以"四个沙田"①为目标,立足"四区示范"②和全国重点镇、省级示范镇建设,积极探索城乡发展一体化、公共服务供给、建制镇投融资、产业发展环境等领域体制机制改革,建立健全有利于山区建制镇良性发展的体制机制和政策措施,走出一条以人为本、四化同步,具有山区特点、文化特色、时代特征的沙田新型城镇化道路,为革命老区、省际边区、贫困山区建制镇发展提供可借鉴推广的经验和可复制的模式。

2. "建制镇示范试点"的基本原则

以人为本,城乡统筹。坚持以人的城镇化为核心,全面统筹城乡规划建设,合理引导农村人口向城镇转移,促进城镇发展与产业支撑、就业转移和人口集聚相统一;有序推进城乡资源要素合理流动,促进城乡要素平等交换和公共资源均衡配置。

改革创新,务实高效。坚持以改革创新为动力,根据资源环境承载能力构建科学合理的城镇化布局,严格控制城镇建设用地规模,合理控制城镇乡村开发边界,提高土地空间利用效率,促进城镇化和新农村建设协调推进,形成体系更加完善、定位更加明确、分工更加有序的城乡布局形态。

生态文明,绿色低碳。坚持把生态文明理念全面融入城镇化建设全过程,构建绿色生产方式、生活方式,着力推进绿色发展、低碳发展,节约集约利用土地、水、能源等资源,强化环境保护和生态修复,减少对自然的干扰和损害,走集约化、绿色化、低碳化、宜居化的城乡生态文明和可持续发展道路。

文化传承,彰显魅力。凭借沙田镇丰富的红色历史人文资源,大力保护

---

①　即实力沙田、魅力沙田、活力沙田、效力沙田。
②　即国家罗霄山片区区域发展与扶贫攻坚示范区、国家主体功能区建设试点示范区、国家生态文明示范工程试点地区、国家中西部承接产业转移示范区。

历史文化遗产,传承优秀传统文化,体现区域差异性,展示有历史记忆、文化脉络、地域风貌、独具一格的美丽城镇,形成独具红色文化传统特色的城镇化发展模式。

政府引导,社会参与。正确处理政府和市场关系,更加尊重市场规律,使市场在资源配置中起决定性作用和更好地发挥政府作用,切实履行政府整合资源、经济调节、规划实施、社会管理、提供公共服务和营造制度环境的重要职责,调动各方面力量参与"建制镇示范试点"建设。

3. "建制镇示范试点"的发展定位

老区、苏区振兴发展首善区。凭借沙田镇良好的经济发展基础,加快公路建设,改善交通条件,增强城镇活力,努力构建上接城市、下联乡村的综合服务平台,提高基本公共服务保障能力和发展水平。完善中小学基础设施,实现教育资源优化配置;提升医院整体医疗水平,改善群众就医环境,力争新建或引进一所"软实力"与"硬实力"更强的医院;扎实推进保障性住房建设,加强农村危房改造,努力实现"居者有其屋",力争沙田镇的民生社会事业发展走在老区、苏区前列。

罗霄山片区产业升级样板区。依托沙田镇优越的区位交通、特色鲜明的生态环境以及别具一格的红色资源,将镇域经济发展和农村经济发展有机结合,培育文化旅游业、生态农业、环保产业等主导产业,壮大镇域经济规模;以培育各类专业性合作组织和服务组织为重点,促进镇域产业和现代农业发展;推动建制镇市场建设,发展农产品等流通市场和生产要素市场。优化产业布局,调整产业结构,推进城镇经济转型升级,促进农业转移人口充分就业,构建结构优化、技术先进、附加值高、吸纳就业能力强的现代产业体系,为罗霄山集中连片特困地区的产业转型升级提供样板。

省际边区城乡一体化先导区。立足沙田镇地处湘粤赣三省边区的独特区位优势,规范城乡开发建设行为,统一城乡要素市场建设,不断完善城乡发展一体化体制机制。坚定不移地实施总体规划、总体控制性详规及专业性规划,坚持"一本规划一张蓝图干到底"。注重加快新型工业化和城镇化步伐,突出集中集聚集约开发,增强吸纳要素和资源的能力,提升对周边地区的辐射带动作用。持续推进城乡规划、产业发展、基础设施、公共服务、就业社保和社会治理"六个一体化",促进城乡协调发展和共同繁荣,推动沙田镇成为在全国山地经济区中率先实现城乡发展一体化的典范。

山区城镇投融资体制创新区。推广运用PPP(政府和社会资本合作)、BT(建设—移交)、BTO(建设—转让—经营)等模式,发展混合所有制经济,鼓励、支持和引导社会资本平等参与城镇建设,努力实现投资主体多元化、资金来源社会化、经营机制市场化、管理方式科学化。保障投融资的运行安全,规避偿还风险。完善信用健全、监管有力的投融资环境。推动社会资本参与镇域道路、供排水、燃气管道、信息网络、集中供热等基础设施投资、建设和运营,实现可持续发展和资源永续利用。

4."建制镇示范试点"的主要目标

建立连片特困地区公共服务优化配置共享机制。充分利用沙田镇享受国家、省、市各级政府对罗霄山连片特困地区的各项扶持政策,努力推进城乡公共服务均等化、优化公共服务设施布局、构建连片特困地区全覆盖公共服务体系、创新连片特困地区公共服务供给模式,建立罗霄山连片特困地区公共服务优化配置共享机制。

建立革命老区、苏区振兴跨越发展的内生机制。以创建产业培育与生态文明协调发展新机制为着力点,依托沙田镇拥有丰富的历史人文和得天独厚的生态资源,大力发展红色旅游经济和绿色产业经济;充分发挥沙田镇地处湘粤赣省际边界中心城镇的优势地位,大力发展省际边界商贸业,从而激发贫困山区自我造血功能,不断增强内生发展动力,建立革命老区、中央苏区振兴发展的内生机制。

建立山地建制镇多元化、可持续的投融资机制。积极借鉴沿海发达地区和内地发展先进地区好的经验,结合沙田镇自身特点,奋力开拓,勇于创新,加强投资融资模式的有益探索,积极尝试PPP、"建设—移交"的BT模式、资本置换等投融资方式,引进民营资金、社会资金投入基础设施建设,解决资金困难,实现山地建制镇多元化、可持续的投融资机制。

建立山地农业转移人口市民化的成本分担机制。根据农业转移人口市民化的成本性质,确定农业转移人口市民化的成本承担主体和支出责任,建立财政转移支付同农业转移人口市民化挂钩机制。强化政府责任,充分调动社会力量,建立政府主导、多方参与、成本共担、协同推进的山地农业转移人口市民化成本分担机制。

三、沙田镇实施"建制镇示范试点"的主要任务

1. 创建推进山区城乡一体化、促进城乡融合新机制

沙田镇不仅与县城在空间上职能互补,而且周边分布着若干小城镇,围绕城乡一体化发展目标,通过创新农业转移人口市民化成本分担机制、山区农村土地流转机制、城乡一体化社会治理体制机制,有利于实行城镇组团融合发展,实现农业转移人口市民化的核心任务,探索推进山区建制镇城乡一体化、促进城乡融合发展新机制。

(1)创新山区农业转移人口市民化成本分担机制。农业转移人口市民化成本巨大,单靠政府、企业或个人任何一方均无力承担,必须在小城镇综合体制改革的基础上,探索建立"政府、企业、社会组织、农业转移人口"四级山区农业转移人口市民化成本分担机制,成本以政府承担为主,企业、社会组织、个人为辅。政府承担相应的兜底责任,完善镇域内公共服务设施,全面增强城镇综合承载能力和公共服务水平,提高吸纳就业和人口集聚能力,承担农业转移人口市民化在义务教育、就业、基本养老、基本医疗卫生及城镇建设与维护的成本等方面的支出责任;企业主要分担农业转移人口的劳动保障、技能培训、住房补助等市民化成本,同时企业还要按城市市民相同的标准,为农业转移人口缴纳"五险一金"。社会组织为山区转移农业人口提供职业技能、城市融入能力不强、社会交际闭塞等一些问题干预。各类以公益慈善为目的的基金会可以为解决农业转移人口困难提供一定程度的资金帮助。山区农业转移人口承担生活成本与自我发展成本。可以通过土地、林地、宅基地等资产确权,提高农业转移人口持有资产的变现能力,使他们成为市民化成本分担机制中的一部分。

(2)优化空间布局,实施沙田与县城组团发展新格局。根据自然生态环境承载能力,优化沙田空间布局,统筹基础设施建设,实现沙田—县城组团发展,把沙田镇打造成县城副中心、罗霄山脉扶贫攻坚示范带战略支点、

文化生态旅游主阵地。

优化空间布局,构建区域增长极。利用地处湘赣粤边区交通便利的区位优势,构建区域增长极。以万寿宫社区、燕岩桥社区为城镇中心,把城镇周边的江湾、周江、大河、文昌纳入规划区,进行统一规划设计,合理安排镇域城镇建设、农田保护、产业集聚、村落分布、生态涵养等空间,形成"一中心、二轴、三区"空间格局。"一中心"即以沙田镇区为中心,"二轴"即西面的岳汝高速、106 国道发展轴、东面的沤江经济发展轴,"三区"即北为工业区,西为中心区(以行政、服务、物流、商贸为主),东为文教生活区(以集贸、教育和卫生为主)。按照村庄规划,推进集镇、中心村、村庄工程,建设各具特色的美丽乡村。

强化基础设施,建设县城副中心。桂东县城东、西两城区建好后,发展空间基本饱和,需要寻找新的发展极,而沙田镇则是首选之地。按照"区域协调、共建共享"的总体思路,扎实推进自来水厂、沿江大道、周江大桥、生态河堤、污水处理厂、江湾三角坪停车场等基础设施建设,加快县城基础设施向沙田镇延伸与对接,推动水、电、路、气等基础设施对接联网、共建共享,实现沙田与县城基础设施一体化,进一步完善城镇功能,努力把沙田镇建设成为"桂东第二县城"。

加强园区建设,建设经济副中心。重点抓好桂东县工业园沙田南片区及配套项目建设,提升服务水平,用好产业政策,完善生产、生活设施,形成有利于企业发展的长效机制,积极引进技术含量高、带动能力强的企业入园,促进劳动就业,吸引人才回流。利用沙田三大硅冶炼厂的优势,带动全县的硅冶炼企业,整合资源,抱团发展,形成合力,组建光伏集团,搭建上市平台,创建更广泛的融资渠道。积极培育新的经济增长极,不断壮大沙田经济,建设桂东名副其实的经济副中心。

完善交通路网,建设流通副中心。高效推进 S201 线泥塘至石壁山公路改建项目、竹山下至贝溪乡公路建设、省道 S201 线改造等项目,抓好炎汝高速互通口提质亮化工程、沙田汽车站建设,加快推进城乡路网建设,到 2017年底实现辖区内所有村民小组通公路,支持发展农村客运服务,扩大农村客运覆盖范围。完善湘赣粤边贸大市场配套建设,构筑农产品、光伏产品、家电数码等产品的中心交易市场。加快物流仓储设施建设,建立商贸物流园,使沙田成为周边地区的产品交易中心和货物集散地。

发展社会事业,建设宜居副中心。充分注重民生需求,进一步推动科教文卫等各项社会事业全面协调发展。加大民生投入,大力实施"民生100工程"。积极推进桂东二中改扩建、一完小二部扩容改建工程,高标准建设现代化、功能齐全、设施完备的中心小学,推动沙田镇教育事业发展。新建或引进一所"软实力"与"硬实力"更强的医院,提档升级沙田镇就医条件,满足沙田镇及周边群众就医需要,实现大病难病不再需要到县城就可以解决。

挖掘人文资源,建设旅游主阵地。立足"红色沙田"品牌,利用军规广场、万寿宫、沙田戏台、同益店、"三大纪律·八项注意"颁布纪念地等人文景观,办好中国(湖南)红色旅游文化节暨桂东县养生休闲避暑节,完善旅游设施、创造旅游产品、提升旅游形象。全力建设好群众路线教育实践基地(军规广场二期工程),增强沙田特色旅游的可观赏性、体验性、休闲性、养生性价值,大力发展文化生态旅游产业,促进农民就业,推进旅游扶贫富民。

(3)探索山区农村土地流转制度综合改革新模式。农村土地流转是推进农业规模化和现代化的前提条件,也是新型城镇化发展的重要内容。推进农村土地流转制度综合改革就是要在保持集体土地所有权不变的前提下,明晰所有权、放活经营权、落实处置权、确保收益权。

探索土地分类流转新机制。积极开展农村集体建设用地、农村闲置土地、闲置宅基地和荒山荒地普查,搞好农村集体土地所有权、使用权和宅基地确权颁证工作。根据土地功能的差异探索山区农村土地分类流转,即将个人产权土地(宅基地)与集体产权土地分开、农业用地和非农用地分开、山区农村土地与镇中村(社区)土地分开,在此基础上建立不同的流转方式,实现土地使用率最大化、效益产出率最大化。制定《沙田镇集体建设用地使用权收益分配使用管理办法》,依法征收集体所有土地,提高农民在土地增值收益中的分配比例。探索集体建设用地在符合土地利用和城镇建设总体规划的前提下,采取出让、租赁、作价出资、转让等方式依法进行流转。探索山区农村土地组建土地股份合作社,实现土地集中流转、规模化运作,为产业聚集、集约经营和公共基础设施建设开辟新的空间。支持村组集体经济组织、各农业经营主体、承包农户共同创办农村土地股份合作社,承包农户以"农村土地承包经营权"入股,实行按股分红。

建立健全土地承包经营权流转激励机制。引导土地向新型农业经营主体流转,鼓励农民专业合作社、农业龙头企业、农业大户和家庭农场等新型经营主体以租赁、转包、互换和股份合作等形式承包流出土地,实现农业和林业的规模化、专业化经营。引导属于同一集体经济组织的村民之间依法互换承包地块,实现连片经营。对土地流转面积大、期限较长的项目给予奖励,优先安排农业综合开发、农田基本建设、土地整治等项目。

建立农民宅基地退出补偿激励机制。坚持自愿、有偿原则,探索建立符合农民合理需求的宅基地退出补偿激励机制,允许转户农民在自愿基础上通过市场流转方式出让宅基地,同时保留农村承包土地、林地的经营权,节约农村建设用地,吸引农民聚居,形成有一定规模和特色的中心村庄。

(4)推进建制镇城乡一体化社会治理体制机制创新。建制镇是基层社会治理的综合平台,也是各种利益关系的交汇点、各种社会矛盾的集聚点。创新建制镇社会治理,要以民主、法制为原则,健全以乡镇党组织为核心、群众自治组织为主体、社会各方广泛参与的新型城乡社会治理机制。

大力推进网格化社区管理。以"数字网格"和"电子地图"为基础,建立完善镇—村—小区(屋场)三位一体、动态更新、连通共享、功能齐全的社区网格综合服务管理信息系统,建立网格管理员信息采集、社区前台受理、部门(服务组织)后台办理、社区前台办结回复的工作机制,实现群众利益协调、诉求表达、矛盾调处、权益保障等诉求在网格化管理中基本得到满足。

积极推进政府职能转变。按照"减放并举、能放就放、权责一致、提高效能"的原则,积极探索政府职能转变的有效途径,创新管理方式,提升服务水平,着力提高沙田镇政府对区域经济社会发展的统筹协调、自主决策和公共服务能力。

推进村(居)民自治管理。完善村(居)民自治章程、社规民约、村(居)民会议和村(居)民代表制度、社区党务居务公开和民主评议监督制度。完善村(居)民委员会、村(居)民代表会议、社区社会组织相结合的社区自治组织体系。支持社区社会组织参与社区管理和服务,组织村(居)民开展自我管理、自我教育、自我服务等自治活动。

培育发展社区社会组织。鼓励社区邻里互帮互助,通过政府购买服务、设立项目资金等途径,培育发展一批社区社会组织、社区志愿者协调会和各类兴趣小组,并在登记备案、组织运作、活动场地等方面提供方便和帮助。

2. 创建适应山区建制镇多元化可持续的投融资新机制

"钱从哪里来"是困扰山区建制镇发展的一道大难题。要为山区建制镇发展"输血液",两眼光盯着上面不行。必须探索多元化可持续的投融资机制,逐步将政府主导的或依附于财政的投融资平台推向市场,建立政府引导、市场主导、社会参与、方式多元的山区建制镇发展投融资新体系,并结合重大基础设施和民生工程项目,制定投融资计划,明确重大项目资本运营方式,助推"四个沙田"目标实现。

(1)针对不同项目设计差别化投融资模式和偿债机制。结合沙田实际,创建适应山区建制镇多元化可持续的投融资新机制,首先就是要根据沙田投融资体制改革的具体内容,不断优化与创新建制镇投融资管理机构和管理方式的具体路径与对策,特别是要根据不同项目的类型,采取不同的政策引导资本进入,从而为山区建制镇发展提供可持续的资金来源。

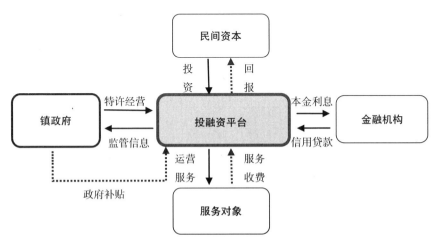

图9-2 投融资模式结构图

非经营性项目投融资模式。主要对镇区道路、环境治理、河道治理等公益性强、经营性弱的基础设施项目,建立以国家专项投入、地方政府财政投入为支撑,以银行贷款和发行建设债券建立"沙田镇发展基金"为渠道,以沙田镇未来财政收入为偿债来源的非经营性投融资模式。同时针对镇区环境卫生保洁、景观绿化等项目的维护管理引入竞争机制,公开向社会招标,有偿转让维护管理权以节省开支。

半经营性项目投融资模式。主要针对污水处理、客运站建设、停车场建设等具有一定公益性质、价格不能完全开放的基础设施项目,由沙田镇政府确定规划、确立设施标准(包括设定产品标准)、制定服务价格、出台各类运营价格补偿政策,吸引和引导社会资本参与建设。建立以银行贷款间接融资、企业债券直接融资为主要方式,以政府投资公司和民营资本组建的混合公司为主体,以项目未来经营收益、政府配套资源经营收益、发行政债为偿债来源的投融资模式。

沙田镇污水处理工程项目 PPP 模式

建设内容及工程概况:以甲方提供的施工图纸内容为准,包括新建预处理、JSBC工艺综合生物池、二沉池、紫外光消毒池、污泥泵站、污泥浓缩池、污泥调理池、污泥脱水间及加药间、鼓风机房及变配电间、仓库机修间、综合楼、传达室、河堤等,以及施工道路、绿地、道路广场、围墙等附属工程。
投资规模和模式:项目计划总投资约 5000 万元,具体额度以施工图、施工内容为准(含设计变更和增加工程)。工程招投标造价由桂东县财政投资评审中心按照设计施工图纸进行预算评审。如因客观原因局部不能按图施工时,由甲方商设计单位、图审单位出具意见,同意变更后通知乙方,最终造价以审计结论为准。

经营性项目投融资模式。主要针对物流园建设、遗址保护工程等项目收益完全能覆盖项目支出的经营性基础设施项目,放宽民间资本准入条件,依市场机制配置资源的原则,引导利用保险、融资租赁等民间资本投入项目建设中,允许民间资本发起设立用于投资公共事业领域的融资租赁产品或资金信托计划等。在沙田镇政府统一规划和规范管理的前提下,鼓励民间资本和其他投资主体单独投资进入法律法规未禁入的基础设施、公共事业及其行业。利用 BOT 或 TOT 及镇政府基础设施项目的经营权拍卖方式,在不改变项目原有用途的前提下,有偿并在有期限期内转让项目经营权,实行

部分公用事业项目特许经营、产业化经营,引入竞争机制,促使沙田镇走上自我积累、自我发展的良性发展道路。

城乡垃圾综合利用处理 PPP 模式

> 对城乡环境卫生进行综合系统性治理,实行城乡垃圾回收处理再利用。采取PPP 模式,引进投资公司,共同建立垃圾回收再利用处理系统。项目总投资约 600 万元,沙田镇政府负责提供项目建设用地、关系协调和投入项目资金 200 万元,投资公司负责垃圾回收再利用处理系统的建设和运营。通过再生资源回收系统、城市环卫清运系统、城乡环境治理系统的立体化有机结合,对回收城乡垃圾进行分类处理后再进行 RDF 深加工,生产再生燃油、沼气发电、可燃固体燃料等,进行二次循环利用。对二次循环利用超声的经济效益双方按投资比例分成。

沙田镇自来水厂 PPP 模式

> 沙田镇自来水厂总投资 7500 万元,采取 PPP 模式招商引资,由镇政府负责选址和提供项目建设用地,投资公司进行前期规划、设计,并与沙田镇政府合资建设,建设完成后,所有权归沙田镇政府所有。根据投资方投资额度和自来水厂的产能效益,由投资方进行经营管理 5—10 年,5—10 年后,沙田镇政府将经营管理权收归政府所有。

(2)创新山地城镇融资平台,提高融资能力和规模。坚持市场化的投融资体制改革方向,通过推进地方融资平台公司制和股份制改革,健全公司法人治理结构,明确责任主体,探索建立市场化、可持续和稳健的山区建制镇发展融资平台。

规范融资平台,设立国有资本投融资公司。按照项目统一整合不同类别融资平台,壮大资本实力、统一管理、分项目运作,形成权属清晰、治理结构完善、规模较大的统一融资平台。根据沙田镇现有经济社会发展需求,整合现有资源成立沙田镇地方政府投融资平台公司,主要服务于沙田镇基础设施项目的建设、经营和转交,偿债主体为资本投融资公司,偿债来源主要为经营性项目收益、资源经营收入及财政资金等。

引入民间资本,实行公司制和股份制改造。国有资本投融资公司不仅只是政府投资,应引入社会资本参与平台改制,通过注入资金、分配股权、赋予特许经营权等方式,充实公司资本实力,使其发展成为治理规范、信用良好、财务可持续的市场化投融资主体。通过招募入股、定向入股等形式,发展混合所有制经济,符合条件时可进行上市融资。

创新资本注入方式,提升可持续发展能力。盘活政府基础设施存量资产,有偿转让项目经营权、维护管理权,优先选择将如文化品牌开发权、红、绿色景区开发经营权、自来水厂、土地建筑物抵押等资金注入国有资本投融资公司,建立集资本融资、项目融资、抵押融资等多种融资方式于一体,形成"融资—投资—建设—经营—偿债"的良性发展机制,提升政府融资信用度,进一步促进融资规模扩大,为沙田镇建设提供强有力的资金保障。

(3)创新城镇建设投融资方式,拓宽投融资渠道。沙田镇基础设施项目在资金运用、权限管理、利益分配等方面各有利弊,需要镇政府针对不同的项目类型,设计合理的投融资方式。

创新与国有政策性银行的合作机制。对于投资周期长,资金需求量大和投资风险较高的项目,政府一旦确定了投资项目,财政资金又不能满足投资需求,则由政府通过政策性贷款、专项贷款和专项资金等政策性融资方式向银行贷款,但贷款数额必须控制在财政长期预算收入的可偿还的范围内。

创建建制镇公共资源交易平台。建立沙田镇资源交易中心,将各项目用地、可经营性项目、半经营性项目、非经营性项目等全部进行招标市场化交易,公开竞价,拒绝以出卖土地为主的"土地财政"。逐步完善形成项目建设的价格机制,提高成本透明度,提高项目建设准入门槛,提高公共服务的效率和质量,进一步为项目证券化做好定价基础。

积极拓展山地城镇投融资渠道。在继续巩固传统信贷融资渠道的基础上,加快拓展新的信贷融资模式,稳定信贷融资比重,通过积极发展银团贷款,进一步提高银团贷款占信贷融资的比重;推进信贷转让市场建设,加大对信贷转让市场的财税政策支持力度,拓展市场交易主体,引入信托公司、财务公司、资产管理公司等非银行机构投资者参与信贷转让市场交易,积极推进信贷资产证券化,增强其与信贷转让市场的协同效应。合理选择部分适宜项目由沙田镇政府或其授权代理机构(如银行)发行债券以弥补投资的资金缺口,允许项目证券在有关法律法规框架下自由流通。

(4)创新山区建制镇债务管理机制,防范债务风险。建立动态资产负债表。明晰沙田镇政府负债情况,设立动态资产负债表。资产负债表的主体不仅包括政府投融资平台、机关事业单位、国有企业,还包括由政府担保、公私合营等的隐性负债主体。根据资金变更情况定期及时更新,同时针对基础设施建设"一次建成,长期使用"的特点,逐步建立跨年度的资本预算,提高沙田镇政府债务的透明度,方便上级监管和市场监督。

设立项目评估管理中心。成立沙田镇基础设施项目评估中心,建立评级体系。评估中心主要负责基础设施项目的可行性分析和在建项目的管理监督工作以及建成运营的管理协调工作。同时,利用资产负债表,从政府偿债能力、财政表现、发展前景等方面评价政府信用风险,为沙田镇基础设施项目建设确定合理的融资成本。在项目建设过程中,评估管理中心须跟踪项目建设过程并参与管理,帮助解决建设过程中的各种问题,以确保项目如期如质完工。

建立建制镇财务预警制度。针对沙田镇经济发展情况,合理确定建设债券规模,建立财务预警制度,以此明确债务上限。在项目融资贷款或发行建设债券时,严格遵守上限。对资产负债表中的项目,按项目负债率程度,设立财务警戒等级制度。对于风险较大、负债率超过100%的项目,应考虑财政计划进行调整,削减支出、控制举债。对于风险极大,负债率超过110%预警则必须严格限制债券发行。对于负债率超过120%的债务项目设置为最高预警程度,则应考虑多种形式进行债务重组。

建立风险债务偿还专项基金。为防范政府债务局部流动或突发性风险,稳定借贷银行、民间资本进入者的市场预期,沙田镇政府在财政预算收入、政府基金收入、土地出让收入等中提取小额比例,设立全镇的政府性风险债务偿还专项基金,制定项目偿债计划,进行专账核算,专款专用。

3. 创建连片特困地区公共服务公平共享、优化配置新机制

连片特困地区一个最大的特点就是公共服务短缺。如何构建连片特困地区公共服务公平共享、优化配置机制,是作为连片特困地区"建制镇示范试点"急需解决的一个重大问题。沙田将以改善社区服务、养老服务、公共交通、文化娱乐、休闲健身等设施和服务为重点,以现有的公共服务提供模式为基础,创新沙田镇PPP公共服务供给模式,构建高效、公平和权责对称的公共服务供给机制。

(1)推进连片特困地区城乡公共服务均等化。结合连片特困地区精准扶贫工程实施,加大农村公共服务投入,合理配置城乡教育、医疗卫生、文化体育等公共服务资源,提升公共服务水平,实现连片特困地区城乡基本公共服务均等化。

构建城乡一体就业创业服务体系。探索创建镇村联动创业服务网络,建立健全公共就业服务机构,为农民提供免费就业失业登记服务,免费提供政策咨询、职业指导、职业介绍、创业服务等;对符合条件的困难人员,开展就业援助。建立健全农民培训长效机制,加大财政扶持力度,立足旅游等服务业发展,加强农民职业技能培训,提高其就业创业能力。

构建城乡一体社会保障体系。加快推进以城乡低保、五保供养、临时救助、社会保险等为主体的城乡居民统一的社会保障体系建设。继续推行"阳光低保",不断扩大农村低保覆盖面,提高农村低保保障水平,逐步实现城乡居民最低生活保障标准统一。大力开展大病医疗救助工作,解决好弱势群体的生产生活问题。推进新农保和城居保合并实施,建立统一的城乡居民基本养老保险制度,并适时提高基础养老金水平。完善城乡统一的居民基本医疗保险,逐步提高补助标准。

促进城乡教育均衡发展。加大对教育投入,推动义务教育阶段中小学标准化、教育信息化、教育设施建设,支持和鼓励县城的重点中学到沙田镇联合办学校,开工建设一完小二部扩容、龙头村小学扩建工程,加快推进桂东二中改扩建项目,规划建设高标准幼儿园6所,提高义务教育均衡发展水平。

促进城乡医疗均衡发展。建设1所具有二级医院服务能力的综合医院,加大社区卫生服务站、村卫生室建设和改造力度,实现新型医疗服务设施全覆盖,不断改善群众就医条件。巩固和加强农村卫生保障制度建设,建立乡镇公共卫生信息网络,建立健全镇村门诊统筹管理系统,提高参合农民住院费用补偿比例,实现新型农村合作医疗保险参保率99%以上。

积极发展城乡文化事业。推进社区文化、企业文化、广场文化、校园文化、村落文化建设。依托沙田文化站和"第一军规"广场,开展群众喜闻乐见的文化活动,丰富人民群众的精神文化生活。抓好合格文化站创建工作,建立群众健身活动中心、休闲读书吧,实行农家书屋全覆盖,建成完善农村电影放映服务网络,完善公共文化服务体系。

完善镇村基础设施建设。实施农村水电增效扩容改造,改善农村水电基础设施,提高水电安全生产、水能资源利用水平,加快推进自来水厂提质扩容建设和农村安全饮水工程,保障居民饮水安全。加快城镇信息基础设施建设,全面推进广播电视村村通、直播卫星户户通等工程,推动实现城乡广播电视通讯基本公共服务均等化。

(2)优化连片特困地区公共服务设施布局。优化公共服务设施布局是降低连片特困地区公共服务成本、提高公共服务质量的关键环节。沙田镇身为连片特困山区的建制镇,公共服务设施布局要在保证机会均等和可达性均等的前提下,采取"镇区+新型农村社区+廊道"相结合的服务布局模式,实现公共服务成本降低和服务质量的提升。

增强城镇公共服务设施辐射农村能力。按照现代小城市标准,优化配置沙田镇各类基础性、公益性城镇资源,加快道路交通、供电、供水、供气、环保等市政设施建设,按照工业进园区、住宅进社区、商贸进市场、农业进基地的要求,统筹安排好工业区、农业区、居住区、商贸区等空间布局,大力推进公园、广场、运动场、菜市场、停车场等场馆建设,合理配置教育、卫生、通信、社区管理、文体、商务服务等,全面增强镇区综合承载能力和公共服务水平。推进镇域基础设施和公共设施与周边辐射区域的延伸和共享,实现城乡之间在经济、社会、文化、生态等各个方面的融合共进、协调发展。

促进公共服务设施向新型农村社区集中。积极推进新型农村社区建设,组织实施好农村环境综合治理项目、农村"五改"工程项目,因地制宜地推进村民集中居住、基础设施和公共服务集中建设与供给。在征求群众意愿的基础上,根据新型农村社区人口聚集规模,结合土地综合整治和农村新型社区布局,确定各类公共服务设施规模,预留土地,满足公共服务设施建设用地面积,做到社区住宅与公共服务设施同建同用,增强农村公共服务供给水平。

以交通廊道整合优化现有公共服务设施。在镇域范围内的省道、县道、乡道等交通廊道上,选择人口集中度高、交通方便、原有服务设施较好的村落,推进便民服务站、农业综合信息服务站、公交站点、商贸综合体等公共服务设施扩建兴建,提高公共服务能力,实现公共服务网络的有机串联。

(3)建立连片特困地区全覆盖公共服务体系。按照扶贫帮困"一个都不能少"的原则,依托信息服务体系、综合服务平台,改革公共服务管理,提高公共服务水平,构建连片特困地区发展均衡、服务可及、覆盖广泛、群众满意的公共服务体系。

构建覆盖城乡的信息服务体系。以沙田镇政务外网建设为基础,全面构建覆盖城乡的一体化农村发展信息服务体系,使农产品供求信息、农业实用信息进村入户,提高农民的生产能力。依托政务网络体系,整合沙田镇社会组织、企事业单位、镇村资源等基础信息,稳步推进以社会救助、新型农村合作医疗、社会保障、"三农"服务等重点的信息化体系建设,全面拓展政府公共服务功能。

推进综合公共服务平台建设。推进沙田镇政务服务中心、以沙田镇政务服务中心、社区公共服务部、村公共服务服务点为载体,以全乡镇信息化框架和社会管理平台为基础,通过全乡镇网络服务中心、信息数据汇集与交换中心、管理数据访问通道等搭建沙田镇居民参与乡镇建设和享有乡镇服务的平台,形成乡镇、街区、村委三级信息网络体系和服务支撑体系,实现公共服务体系全覆盖。

完善公共服务管理制度。加快建立集中办理、运作顺畅、便民高效的审批服务机制,以人为本、有法可依、关口前移的行政执法体制,统一政策、统一管理、统一服务、统一培训、统一维权、统一保障的就业保障服务机制,源头治理、动态管理、应急处理的应急维稳机制,提高公共服务水平。

(4)创新连片特困地区公共服务供给模式。在明晰公共服务供给中各级政府应承担责任的基础上,鼓励和吸引各类社会组织在连片特困地区共同投入和发展公共服务事业,支持和引导市场主体参与公共服务,创新分类授权、分层负责的公共服务 PPP 供给模式。

纯公益类公共服务供给模式。义务教育、公共卫生、社会保障、社会救助等纯公益类服务项目具有根本性、基础性和效益外溢性的特征,其投资收益难以覆盖成本,应该坚持政府在公共服务供给中发挥主导作用,全面推行政府负责、政府付费方式为主的 PPP 供给模式来提供。在试点阶段优先选取沙田镇卫生基础设施建设、沙田镇敬老院改扩建工程等进行尝试。

准公益类公共服务供给模式。供水供电供气、污水及垃圾处理、环境保护等市政基础设施和社区养老、文体活动等公共服务项目，其社会效益高于经济效益，单纯的使用者付费难以确保社会资本的合理利润空间，单纯的政府供给又容易丧失效率和增加财政负担，可采用政府适当补助的 PPP 供给模式，弥补运营成本加合理利润与社会承受能力之间的差额。在试点阶段可以优先选取沙田镇污水处理设施建设工程、河道治理工程、农村环境综合整治等项目进行尝试。

经营类公共服务供给模式。客运站、公路、桥梁、通信等基础设施，医疗、旅游、教育培训、健康养老等公共服务项目，以及生产生活所需的商品经营服务、电视电信服务等，大多具有相对完备的收费机制且投资收益比例稳定、资金规模比较大、长期合同关系比较清楚、技术发展比较成熟，可以利用相对成熟的使用者付费方式 PPP 供给模式，盘活社会存量资本，激活民间资本的投资潜力。在试点阶段可优先选取沙田镇旅游接待服务设施提质改造、沙田镇集中供水设施建设、S201 泥塘至石壁山二级公路、沙田二级客运车站建设等进行尝试。

4. 创建主体功能区产业培育与生态文明协调发展新机制

沙田镇作为国家主体功能区建设示范区，应严格实施主体功能区制度，与生态文明相协调，推动绿色发展、循环发展、低碳发展，积极探索"文化旅游业+"的模式，构建"绿色生态、红色旅游、园区经济"为主的生态产业体系，为沙田镇发展提供坚实的经济基础，从根本上缓解经济发展与资源环境之间的矛盾，提高发展的质量和效益。

（1）探索主体功能区建设中"产城融合"的新模式。按照"着眼全局、整体规划、科学设计、量力而行"的原则，以全国重点镇、省级示范镇建设为抓手，利用沙田镇区位优势，推动产业和城市融合发展，形成产业发展、城镇建设与人口集聚的有机统一。充分考虑生态农业、环保产业、文化旅游业与城区之间互动关系，按照布局集中、产业集聚、土地集约、生态环保要求，合理配置产业用地、布局产业发展基地，提高土地使用效率，推进产业集聚、集群发展。加强城镇建设与园区布局的统筹,结合省道 S201 改造,建设好沿江大道,进一步扩大镇区规模,将特色鲜明的江湾工业园区、大坪工业园区纳入城镇统一规划,并对接桂东县城园区建设,推动沙田镇产业布局与城镇空间协调互动,实现园区建设与城镇建设、生态建设有机衔接。加快推进污水处理厂、自来水厂、沙田汽车站等城镇基础设施建设,进一步完善城镇功能,持续深入开展镇区交通秩序和环境卫生整治等行动,强化城管执法,逐步发展成为功能分区、功能完善、管理精细、特色鲜明的国家级示范性城镇。

(2)探索主体功能区新型主导产业培育的新机制。沙田镇主导产业培育机制的建立关键在于优化产业发展环境,完善地方政府制度体系,整合产业发展的人才资源、技术资源、金融资源和自然资源,增强优势产业发展动力,形成产业发展的良性循环,促进产业快速、持续、健康发展。

建立建制镇产业培育服务体系。通过制定发展绿色生态、红色旅游、园区经济为主的产业发展政策,对沙田镇现有产业结构变化进行有目的的调控,协调镇域范围内的产业配置,提高资源使用效率。根据产业发展方向,改善产业发展的投资环境和经营环境,制定明确切合沙田镇实际的产业发展规划,将有限的公共资源集中投入到主导产业发展所需的基础设施、人才培训、投资补贴中。做好行政协调,促进政府内部各部门、机构之间以及政府与产业之间更好的协作。提供信息跟踪服务,为企业及时提供宏观政策导向信息、需求信息、技术升级信息。做好宣传协助,通过诸如承办中国(湖南)红色旅游文化节暨桂东县首届养生休闲避暑节等,为企业提供广阔的宣传平台,扩大本土品牌的知名度和市场占用率。

完善建制镇主导产业能力提升体系。高素质的人才资源是产业培育的重要保障,沙田镇应该按照主导产业培育的方向和要求,根据主导产业人才队伍和所需人才之间的差距,科学编制产业人才规划,重点在文化旅游、生态农业、生态工业等方面加强人才资源的开发,完善人才管理体制机制和具体措施,大力培养、引进产业发展所需的高素质人才。

健全主导产业项目实施和扶持机制。建立政府产业扶持项目遴选机制,科学制定评审办法、评审程序,完善重点建设项目管理办法,建立主导产业培育的重点项目库,建立产业项目推进协调、激励和监督机制,推进项目前期工作,加快项目建设进度,完善项目后评估制度。集中资源,优先培育一批特色优势产业和骨干企业,在重大专项、科技经费、投融资政策、基地建设等方面重点向主导产业和骨干企业倾斜。

(3)探索主体功能区生态产业智慧发展的新举措。促进产业生态化,生态产业化是主体功能区建制镇产业绿色发展、创新发展、智慧发展的理性选择,也是山区建制镇沙田镇实现跨越发展的机遇和动力。应结合智慧城镇建设,实施产业智慧发展战略,大力推进商务、旅游、农业、物流等产业智慧应用,促进信息化与产业化融合发展。

推进智慧农业发展。应用智能化技术,实现农业生产过程与农业观光、旅游、休养、科普等有机结合,吸引市民到沙田镇蔬菜、水果等农业基地共同开展参与式农业生产,订制农产品,体验生产劳动,监控农产品生产过程,实现城镇与乡村融合、农民与市民互动、生产与消费联结,推动形成具有沙田特色的新型农业产业经营业态,从根本上实现传统农业向现代农业生产、经营方式的转变。加强对农业信息数字化、农业管理智能化的建设,以沙田生态休闲、科普教育、认养订购、农耕文化等为特色服务产品,建设基于物联网技术的现代农业观光旅游示范区,推动文化旅游业与现代农业融合发展。

推进智慧旅游业发展。发展沙田智慧旅游业,实现沙田镇红色绿色旅游资源与社会资源的有效利用和共享。支持景区管理部门和旅游企业开展网络营销、预订和支付,鼓励各类旅游信息化发展模式创新,推进旅游市场的分工重组,延长旅游产品链和产业链。推进沙田宾馆、饭店与景区景点、旅行社信息化建设,形成一批引领作用强、示范意义突出的智慧旅游企业和景区。

推进智慧服务业发展。重点支持物联网技术的应用和发展。融合互联网技术、电子商务与传统商贸物流产业,打造智慧商贸平台走新型网上与网下(OTO)商贸一体化发展模式。打造物流支持平台、快速公路货运网络、智慧物流网络节点,在运输、存储、包装、装卸、配送等环节实现物流系统的层次化、网络化、信息化和智能化,提升物流运转与服务效率。运用现代科技提升旅游服务水平,推动文化旅游业与现代服务业融合发展。

加快信息化、工业化深度融合。运用现代信息技术、制造技术,大力发展旅游食品、旅游工艺品加工业,促进文化旅游业与新型工业的融合。重点扶持沙田镇光伏产业等战略性新兴产业,积极引进技术人才,加大技术研发力度,抢占新一轮经济和科技发展制高点。加快传统工业技术创新体系建设,推进企业生产设备数字化、生产过程智能化和企业管理信息化,以信息化改造传统工业。

(4)探索主体功能区传统产业转型升级的新路径。促进传统农业转型升级。立足生态优势,壮大绿色农业。依托林木、楠竹等传统产业优势,做强做大生态林业,打造10万亩速生林基地;引导农民发展花卉苗木、反季节蔬菜、生态养殖等绿色产业,打造沿106国道观光带、无公害蔬菜基地、小水果基地、生态养殖基地;依托已有农副产品加工基地,对农副产品实行精、深加工,积极探索蔬菜、水果等产品的纵深、多次、多样化加工,提高产品技术含量,增加产品附加值。结合农产品特色产业基地,建设集休闲娱乐、现代农庄、农业观光休闲、苗木产业经营为一体的新型综合示范区。

促进传统旅游业转型升级。促进"红"+"绿"聚合,发展文化旅游业。依托沙田镇森林资源丰富的特点,着力扩大森林天然氧吧资源优势,打造以"观光""休闲""探险"等生态自然养生为主题的生态旅游产品。联动八面山国家级自然保护区、齐云峰国家森林公园等品牌,发展绿色、低碳、环保、永续利用并具有鲜明地域特色的生态旅游业。以"群众路线发祥地""第一军规颁布地"等人文景观为依托打造红色旅游经典景区,扩大沙田军规名镇的知名度。进一步对景区周边美化提质,完善景区旅游配套设施,加大旅游项目建设、包装、宣传力度。

促进传统工业转型升级。通过坚守生态保护红线,整治关停"三高"企业,坚决淘汰水泥、煤矿等高污染、高耗能产业,对沙田生态环境破坏较大的制砖企业等进行专项整治,强制要求污染企业进行环保技术升级。提高环保化工企业的准入门槛,走现代化"两型"企业道路,扶持民安化工、星科化工等新型环保产业。整合沙田三大硅冶炼厂资源,促进光伏企业进行技术升级。推动传统加工工业从简单加工装配为主向深度加工和全过程设计制造方向升级,提高产品智能化程度,推动传统产业从数量主导型向品牌效益型转变。

促进传统商贸业转型升级。依托区位优势,发展边贸经济。利用地处湘赣粤三省边境交界处和交通便利的地缘区位优势,完善物流设施布局,充分发挥区域通往广东、江西的交通优势和集散能力,以综合物流和专项物流为重点,大力发展边贸经济。制定边贸经济发展规划,结合商贸经济圈,进一步完善湘赣粤边贸大市场配套建设,优化交通运输,丰富边贸产品类型,建立物流园,提升城镇管理水平,使沙田成为周边县市区的产品交易中心和货物集散地。

四、沙田镇实施"建制镇示范试点"的保障措施

1. 组织机制保障

为确保"建制镇示范试点"工作的顺利实施,根据工作需要,成立桂东县"建制镇示范试点"建设工作领导小组,由县委副书记、县长黄峥荣任组长,县委常委、常务副县长何长青,县委常委、副县长周国栋,县人大常委会副主任黄冠斌任副组长,县住建局、县财政局、县发改局、县国土资源局、县城乡规划局、沙田镇等单位主要负责人为成员,县住建局、县财政局、县发改局、县国土资源局、县城乡规划局、沙田镇为成员单位。领导小组下设办公室,由县住建局局长兼任办公室主任。领导小组办公室负责"建制镇示范试点"各项建设项目的组织协调工作,对各建设项目加强调度、管理,协调处理项目建设中出现的困难和问题,监督检查工作落实、评估等。领导小组办公室设在镇政府,负责日常工作,确保"建制镇示范试点"工作有序开展。镇政府要落实专职工作人员、专用办公场所和工作经费,为"建制镇示范试点"综合配套改革提供组织保障。镇政府要依据本实施方案抓紧制定本镇"建制镇示范试点"实施方案,并报省"建制镇示范试点"工作协调推进领导小组办公室备案。

2. 责任体系保障

建立领导小组、镇政府、各部门、村四级责任联动机制。"建制镇示范试点"工作协调推进领导小组、镇政府及各部门要结合各自职能,围绕"建制镇示范试点"工作,细化支持政策。由"建制镇示范试点"工作领导小组

负责管方向、下任务、做协调、做评估、做决策,解决"建制镇示范试点"实施中的重大问题;领导小组办公室负责日常工作,开展督办、检查等工作;推行项目责任制,镇政府抓项目实施,落实"一个机构、一个项目、一名领导、一支队伍、一抓到底"的项目责任制,建立项目建设、招商引资等定期调度、专项督察机制。各部门、村以年度计划为抓手,形成上下任务明确,压力分担的责任传递机制。

3. 政策支撑保障

深化乡镇财政体制、投融资体制、行政管理体制改革,完善配套法规政策,积极营造生态型发展和可持续增长的良好政策环境。一是优化政策环境。不断优化行政管理体制,严格绩效考核体系和行政问责机制,提高政府行政效能、效率;加快转变政府职能,减少政府对微观经济活动的干预;优化政府服务环节,实施一站式审批、一条龙服务、限时办结;加强治安、市场等环境整治,规范沙田市场经济秩序,推动平安、公平、诚信制度建设,努力营造良好的沙田社会经济发展环境。二是完善土地政策。支持沙田加大城镇建设用地储备力度,盘活存量土地,保障建制镇重点项目建设专项用地指标。积极推进农村土地综合整治,严格规范全镇特别是城镇建设用地,实行征转分离用地模式,努力扩大中心镇区建设用地规模。三是健全环保政策。按照沙田镇打造"文化生态旅游镇"的战略部署,进一步健全环境保护政策。要严守生态红线,扩大城乡生态空间,倡导建立低碳、生态、绿色产业体系和消费,推进城镇乡村绿色发展,注重生态环保的宣传,增强居民生态环保意识。

4. 多元投入保障

构建多元投入机制,改革完善财政资金投入机制,整合财政支持资金,出台相应的扶持政策,县财政每年统筹安排专项资金用于"建制镇示范试点"工作,优先保障"建制镇示范试点"建设项目资金,各县直单位也要安排专项资金支持"建制镇示范试点"工作;积极创造条件使金融机构加大对"建制镇示范试点"建设的信贷投放力度,为"建制镇示范试点"建设提供资金保障;鼓励探索独资、合资、PPP 等投资方式,采用各种灵活开发建设模式参与建制镇的基础设施、公用事业、社会事业等领域的建设;加强招商引资力度,提高域外直接投资比重,积极推进投资主体多元化,广泛吸引社会资本、民营资本参与"建制镇示范试点"项目建设。

5. 绩效考评保障

加强"建制镇示范试点"建设统计工作,建立健全"建制镇示范试点"城镇化水平、公共服务、基础设施和资源环境等方面的统计监测和综合评价指标体系,完善"建制镇示范试点"工作考核绩效评价机制。领导小组要切实加强对试点工作的监督检查和具体指导,及时了解工作进展情况,研究解决存在问题,确保试点工作正常开展。领导小组每年要进行一次综合考评,将考核结果作为评价镇政府绩效和领导班子、领导干部实绩的重要依据。

参 考 文 献

1. 吴良镛:《城市美的创造》《城市环境美的创造》,中国社会科学出版社 1989 年版。

2. 朱铁臻:《城市发展研究》,中国统计出版社 1996 年版。

3. 陈忠:《什么是好的城市,如何建设好的城市——关于中国城市发展与城市研究的基础视阈》,《中国社会科学报》2011 年 1 月 13 日。

4.《国家新型城镇化规划(2014—2020 年)》,新华社北京 2014 年 3 月 16 日电。

5. 习近平:《在中国科学院第十七次院士大会、中国工程院第十二次院士大会上的讲话》,新华网 2014 年 6 月 9 日。

6. 倪鹏飞:《新型城镇化的基本模式、具体路径与推进对策》,《江海学刊》2013 年第 1 期。

7. 谢磊、李景保、何仁伟等:《环长株潭城市群区域经济时空差异演变》,《城市问题》2013 年第 11 期。

8. 王克修:《环长株潭城市群城乡一体化发展的现状分析和对策》,《湖南行政学院学报》2012 年第 2 期。

9. 彭小文、兰东、胡仁群:《城镇化进程中我国农业人口转移市民化问题研究》,《理论导报》2013 年第 11 期。

10. 胡雪:《户籍制度改革与农业转移人口市民化路径》,《长沙理工大学学报(社会科学版)》2014 年第 2 期。

11. 谭晓辉:《论我国建立普惠型社会保障制度的必要性》,《改革与战略》2010 年第 8 期。

12. 傅晨:《农业转移人口市民化背景下户籍制度创新探索——广东"农民工积分入户"研究》,《广东社会科学》2014 年第 3 期。

13. 傅东平:《农业转移人口市民化成本分担机制研究》,《广西社会科学》2014 年第 4 期。

14. 姚士谋、张平宇、余成、李广宇、王成新:《中国新型城镇化理论与实践问题》,《地理科学》2014 年第 6 期。

15. 陆大道、陈明星:《关于"国家新型城镇化规划(2014—2020 年)"编制大背景的几点认识》,《地理学报》2015 年第 2 期。

16. 仇保兴:《新型城镇化:从概念到行动》,《行政管理改革》2012 年第 11 期。

17. 张鸿雁:《中国新型城镇化理论与实践创新》,《社会学研究》2013 年第 3 期。

18. 杨剩富、胡守庚、叶菁、童陆亿:《中部地区新型城镇化发展协调度时空变化及形成机制》,《经济地理》2014 年第 11 期。

19. 曾志伟、汤放华、易纯、宁启蒙:《新型城镇化新型度评价研究——以环长株潭城市群为例》,《城市发展研究》2012 年第 3 期。

20. 中共湖南省委宣传部:《科学发展观在湖南的认识与实践·之五》,湖南人民出版社 2013 年版。

21. 童中贤:《中国城市化大趋势》,知识产权出版社 2013 年版。

22. 童中贤:《城市群整合论:基于中部城市群整合机制的实证分析》,上海格致出版社、上海人民出版社 2011 年版。

23. 童中贤、韩未名等:《区域城市群整合》,社会科学文献出版社 2014 年版。

24. 童中贤、刘晓、黄永忠:《环长株潭城市群融入长江中游城市群发展研究》,《企业经济》2015 年第 9 期。

25. 童中贤、佘纪国、熊柏隆:《长沙城市发展战略定位分析》,《中国名城》2012 年第 6 期。

26. 童中贤、曾群华、马骏:《我国连片特困地区增长极培育的战略分析——以武陵山地区为例》,《中国软科学》2012 年第 4 期。

27. 童中贤:《我国连片特困地区发展战略进路研究——基于武陵山地区城市增长极构建的视角》,《城市发展研究》2012 年第 12 期。

28. 童中贤、刘晓:《新常态下新型城镇化发展的推进路径——以湖南省为例》,《城市观察》2015 年第 3 期。

29. 童中贤、黄永忠、熊柏隆:《新常态下区域性中心城市跨越发展战略构想——以湖南省域常德市为例》,《中国名城》2015 年第 5 期。

30. 童中贤、罗波阳:《新空间下的湖南新型城镇化》,《新湘评论》2015 年第 21 期。

31. 中华人民共和国国务院:《长江中游城市群发展规划》,2015 年 3 月。

32. 国家发展和改革委员会:《洞庭湖生态经济区规划》,2014 年 4 月。

33. 陈德林:《长江中游城市群中的咸宁、岳阳和九江"小三角"发展战略研究》,《企业技术开发》2012 年第 19 期。

34. 白洁:《长江中游城市群产业分工协作的基础条件分析》,《湖北社会科学》2012 年第 6 期。

35. 吴道子:《长江中游城市群构建背景及发展对策》,《安徽行政学院学报》2015 年第 2 期。

36. 白永亮、党彦龙、杨树旺:《长江中游城市群生态文明建设合作研究》,《甘肃社会科学》2014 年第 1 期。

37. 龚胜等:《长江中游城市群合作机制研究》,《中国软科学》2014 年第 1 期。

38. 何胜、唐承丽等:《长江中游城市群空间相互作用研究》,《经济地理》2014 年第 4 期。

39. 张鸿雁、张登国:《城市定位论——城市社会与理论视野下的可持续发展战略》,东南大学出版社 2008 年版。

40. 张复明:《城市定位问题的理论思考》,《城市规划》2000 年第 3 期。

41. 李允光:《关于城市(发展)定位的几个基本理论问题》,《理论观察》2013 年第 2 期。

42. 仇保兴:《城市定位理论与城市核心竞争力》,《城市规划》2002 年第 7 期。

43. 李金滟、胡赓、方碧:《城市定位维度研究》,《商业经济研究》2012

年第 24 期。

44.天津经济课题组:《实现天津市城市定位的借鉴与参考》,《天津经济》2012 年第 9 期。

45.长沙市发展和改革委员会:《长沙城市发展定位研究》,第二十二届全国省会(首府)城市发改委主任联席会会议资料。

46.肖金成、杨洁、袁朱等:《打造中心城市:完善区域性中心城市功能》,中国水利水电出版社 2004 年版。

47.朱有志、童中贤等:《长株潭城市群重构——"两型社会"视域中的城市群发展模式》,社会科学文献出版社 2008 年版。

后　　记

　　2014 年 3 月,中共中央、国务院发布《国家新型城镇化规划(2014—2020 年)》,2015 年 12 月,我国再次召开中央城市工作会议,对新形势下我国新型城镇化和城市工作作出了战略部署。如何将国家城镇化战略的大政方针落实,很大程度上取决于区域层面的实践行动。因为没有区域层面的城镇化,也就不可能有国家层面的城镇化。

　　作为一个发展中的大国,目前区域发展千差万别,不同的区域,城镇化条件不一样,城镇化进程不一样,城镇化质量也不一样。本书立足新区域体系,从我国典型的流域、群域、省域、市域、县域、镇域、景域等区域实际出发,选择了长江经济带、长江中游城市群、湖南省以及长沙市、常德市、吉首市、桃源县、沙田镇、桃花源等个案,就推进新型城镇化的战略路径问题进行了系统性的实证研究。

　　本书阐明,在我国经济发展进入新常态条件下,过去"压缩型"的城镇化发展模式已不可持续,大量蔓延的"城市病"正倒逼经济增长方式与城市发展模式的快速转变。只有深刻认识城镇化发展规律,把握好城镇化的区域路径,才能走出一条中国特色的新型城镇化道路。本书还提出了推进不同层面区域新型城镇化颇具实证性、实用性、实效性的发展愿景、战略策划与行动路线图。

　　本书是由童中贤主持的国家软科学研究计划项目"中部地区新型城镇化重点问题研究"(编号:2014GXS4D134)的阶段成果,也是 2014 年以来童中贤主持的相关城市发展、城镇化、城市群课题成果的系统梳理。课题均由童中贤提出研究选题、研究方向、研究思路和研究提纲等,初稿完成后,由童中贤统稿修改定稿。这次集结出书也由童中贤整理、修订、定稿。参与各部分初稿写作的人员如下:

《"十三五"时期湖南省域新型城镇化战略设计》初稿写作的有童中贤、曾群华、刘晓、黄永忠、熊柏隆、马骏、胡守勇;

《湖南建设长江经济带的新型城镇化路径取向》初稿写作的有童中贤、黄永忠、刘艳文、刘晓、李海兵、胡守勇、邓吉祥;

《长江中游城市群融合中的城镇联动发展路径》初稿写作的有童中贤、刘晓、周海燕、黄永忠、邓吉祥、熊柏隆;

《国家战略背景下长沙城市发展定位优化设计》初稿写作的有童中贤、熊柏隆、刘晓、邓吉祥;

《常德构建泛湘西北区域中心城市重点问题研究》初稿写作的有童中贤、黄永忠、李海兵、刘晓、范东君、刘艳文、熊柏隆;

《吉首加快建设武陵山区域中心城市的战略进路》初稿写作的有童中贤、熊柏隆、黄永忠、刘晓、胡守勇;

《桃源县推进融入区域中心城市发展的理性选择》初稿写作的有黄永忠、童中贤;

《桃花源旅游管理区"十三五"新型城镇化路径指引》初稿写作的有胡守勇、童中贤;

《桂东县沙田镇国家"建制镇示范试点"实施方案》初稿写作的有童中贤、刘晓、刘艳文、李海兵、范东君、胡守勇、熊柏隆。

在课题研究和书稿整理出版过程中,得到了湖南省委政研室、湖南省科技厅、湖南省发改委、湖南省住建厅、湖南省社科院、湖南省商学院以及人民出版社等单位和相关市、县政府部门的大力支持,在此一并表示感谢。

本书参考和引用了国内外有关专家学者的研究成果,未能一一注明,特此表示感谢和歉意。

由于研著者水平有限,书中难免有不当之处,敬请读者批评指正。

童中贤
于长沙湘江岸边
2016 年 6 月 19 日

责任编辑:姜冬红

图书在版编目(CIP)数据

新型城镇化视角下的区域发展研究/童中贤等 著. —北京:
人民出版社,2016.9
ISBN 978－7－01－016487－8

Ⅰ.①新…　Ⅱ.①童…　Ⅲ.①城市化-研究-中国　Ⅳ.①F299.21

中国版本图书馆 CIP 数据核字(2016)第 166822 号

新型城镇化视角下的区域发展研究
XINXING CHENGZHEN HUA SHIJIAO XIA DE QUYU FAZHAN YANJIU

童中贤　黄永忠　刘　晓 等　著

人民出版社 出版发行
(100706　北京市东城区隆福寺街 99 号)

北京龙之冉印务有限公司印刷　新华书店经销

2016 年 9 月第 1 版　2016 年 9 月北京第 1 次印刷
开本:710 毫米×1000 毫米 1/16　印张:17
字数:240 千字

ISBN 978－7－01－016487－8　定价:43.00 元

邮购地址 100706　北京市东城区隆福寺街 99 号
人民东方图书销售中心　电话 (010)65250042　65289539